믿음이 이긴다
THE FIGHT

THE FIGHT
by John White

Originally published as The Fight by John White
Copyright ⓒ 1976 by InterVarsity Christian Fellowship of the USA.
Translated and printed by permission of InterVarsity Press,
P.O. Box 1400, Downers Grove, IL 60515, USA
All rights reserved.

Korean Edition published by Word of Life Press, Seoul 1982, 2010.
Printed in Korea.

믿음이 이긴다

ⓒ **생명의말씀사** 1982, 1995, 2010

1982년 6월 30일 1판 1쇄 발행
1995년 12월 10일 2판 1쇄 발행
2007년 10월 15일   7쇄 발행
2010년 3월 5일 3판 1쇄 발행
2024년 4월 22일   6쇄 발행

펴낸이 | 김창영
펴낸곳 | 생명의말씀사

등록 | 1962. 1. 10. No.300-1962-1
주소 | 서울시 종로구 경희궁1길 6 (03176)
전화 | 02)738-6555(본사) · 02)3159-7979(영업)
팩스 | 02)739-3824(본사) · 080-022-8585(영업)

기획편집 | 박혜주, 이은숙
디자인 | 오수지
인쇄 | 주손디앤피
제본 | 주손디앤피

ISBN 978-89-04-15893-5 (03230)

저작권자의 허락 없이 이 책의 일부 또는 전체를
무단 복제, 전재, 발췌하면 저작권법에 의해 처벌을 받습니다.

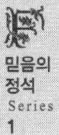
믿음의
정석
Series
1

믿음이
주와 함께 전진하는 그리스도인의 삶

이긴다

존 화이트 지음 | 유화자 옮김

생명의말씀사

CONTENTS

추천사 _ 빌 하이벨스 · 6

서문 | 싸움의 시작 |
그리스도인이 되었을 때
시작되는 것들 · 8

1부 | 출격 |
믿음을 얻기 위한 싸움 · 18

THE FIGHT 01 | 전투 |
흑암의 세력과 맞서다 · 20

THE FIGHT 02 | 방어 |
믿음을 성장시키다 · 48

THE FIGHT 03 | 전우 |
새로운 관계를 배우다 · 80

THE FIGHT 04 | 지휘 |
인도하심을 경험하다 · 124

THE FIGHT 05 | 작전 |
거룩함을 알아가다 · 162

2부 무장
삶을 승리로 이끄는 힘 · 196

THE FIGHT 06 **전략**
기도로 하나님과 접촉하다 · 198

THE FIGHT 07 **무기**
하나님 말씀으로 무장하다 · 226

THE FIGHT 08 **공격**
전도로 증인이 되다 · 248

THE FIGHT 09 **비밀 병기**
하나님의 관점으로 살다 · 272

THE FIGHT 10 **정복**
믿음의 싸움에서 승리하라 · 292

주 · 316

추천사

사역 초반에 누군가로부터 존 화이트의 《믿음이 이긴다 The Fight》라는 책을 받았다. 당시 나에게 매우 필요한 책이었다. 이 책을 읽고 기독교와 영적 성장을 위한 우리의 수고와 노력이 충분히 가치 있는 일임을 깨달았다.

이 책은 세상에서 일어나는 하나님의 일과 사탄의 일 사이에 벌어지는 전투를 실감나게 보여준다. 두 세력이 어떻게 대적하며 이 전투에서 내가 있어야 하는 자리가 어디인지도 이 책에서 배웠다.

개인적으로 이 책을 네다섯 번 정독했다. 이 책의 내용으로 시리즈 설교까지 했다. 나의 목회 사역에 존 화이트에게 큰 빚을 진 셈이다.

존 화이트의 《믿음이 이긴다》를 모두에게 적극 추천한다. 젊은 독자들이 이 책을 읽고 많은 도움을 받았으면 한다.

빌 하이벨스
(윌로우크릭 커뮤니티 교회 담임 목사)

전제와 같이 내가 벌써 부어지고 나의 떠날 시각이 가까웠도다 나는 선한 싸움을 싸우고 나의 달려갈 길을 마치고 믿음을 지켰으니 이제 후로는 나를 위하여 의의 면류관이 예비되었으므로 주 곧 의로우신 재판장이 그날에 내게 주실 것이며 내게만 아니라 주의 나타나심을 사모하는 모든 자에게도니라(딤후 4:6-8).

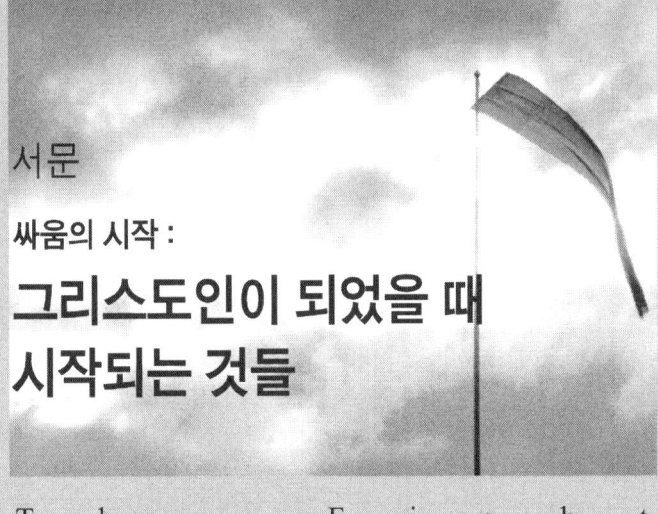

서문

싸움의 시작 :
그리스도인이 되었을 때 시작되는 것들

T h e   F i g h t

당신이 그리스도인이 되는 순간,

매우 중요한 수많은 사건들이 하늘나라와 당신의 몸에서 동시에 일어난다. 당신은 그것을 느낄 수도 있고, 느끼지 못할 수도 있다. 이 영역에서 그리스도인들의 경험은 매우 다양하게 나타난다. 어떤 이는 자신이 언제 그리스도인이 되었는지 정확한 때를 모르는 이도 있다. 그러나 단 하나 분명한 것은 지금 이 순간 역사 속에 실재하셨던 예수를 자신의 구세주와 하나님으로 고백한다는 사실이다.

무엇인가를 느끼든 못 느끼든, 그리스도인이 된 시점을 알든 모르든 내가 말한 사건들은 분명히 일어난다. 앞으로 그 사건들을 설명해 가면서 그리스도인이 진정 어떤 존재인지 정의 내릴 것이다.

모든 종류의 사상적 전환에는 심리적인 현상들도 함께 일어난다. 만약 공산주의나 다른 종교 또는 다른 세계관으로 사상적 전환을 해 본 적이 있다면, 그런 현상들을 경험해 보았을 것이다. 이런 심리적인 요소들에 대해서는 이미 오래전부터 잘 알려져 왔고, 설명도 잘 되어 있다. 그것들은 일시적인 '감정적 상태'를 조성하고, 한 개인의 인생관에 큰 변화를 가져온다.

그리스도인으로서의 개심(改心)에서도 그런 심리 현상들을 체험할 수 있다. 다만 그리스도인으로서의 개심이 다른 사상적 전환들과 다른 점은 거기에 초자연적인 사건이 발생한다는 것이다. 물론 그리스도인으로의 전환에서도 비기독교적 사상으로 전환할 때와 마찬가지로 감정은 일시적인 현상일 뿐이다. 그러나 감각으로는 느낄 수 없는 초자연적인 사건은 영원히 지속된다. 그 사건은 당신을 악령들에게나 천사들에게 색다른 존재로 부각시켜 준다. 그 사건으로 당신은 영원과 영원하신 하나님을 만난다.

하나님의 자녀로 입양되다

첫째, 당신은 의롭다 하심을 받는다.

이것은 당신이 실제로는 과거에 죄를 지었으며 앞으로도 죄를 지을 것이지만, 하나님께서는 당신을 완전히 의로운 사람으로 간주하시고 그런 존재로 대우해 주신다는 것을 의미한다. 이해하기가 어렵다 해도 이 사건은 이미 일어났으며 결코 변하지 않는다.

이 말은 하나님께서 눈가리개를 하셨다거나 당신의 현재 상태가 실제 모습보다 더 낫다고 보아주는 체하시는 것도 아니다. 하나님께서는 당신이 과거에 지은 모든 죄를 알고 계신다. 그러나 당신을 향한 하나님의 마음과 당신을 다루시는 태도는 당신이 지은 죄가 아닌, 그리스도께서 당신에게 부여하신 그 의에 기초한다. 당신을 예수 그리스도와 똑같이 의롭다고 보시는 것이다.

이 개념을 쉽게 받아들이지 못할 수도 있다. 그래서 이 책 전반에 걸쳐 이 문제를 좀 더 완전하게 다룰 계획이다. 이 책 마지막 장을 덮는 순간, 당신의 기존 관념은 놀라울 정도로 바뀌어 있을 것이다. 죄를 저지르고 싶기는커녕 오히려 자신이 어떻게 해방되어 거룩하게 되었나를 깨달을 것이다.

당신이 의롭다 함을 받은 사건은 하늘과 시공(time-space) 세계에서 동시에 일어난 사건이다. 예수님이 하나님의 보좌 우편에서 당신의 개인적인 보증인과 대언자로 계신다는 점에서는 하늘의 사건이다. 또한 지금 당신의 이름이 죄 없는 자들의 이름만 기록하는 하늘나라 생명책에 기록되어 있다는 점에서도 그것은 하늘나라 사건이다.

그러나 시공간의 제약을 받는 피조물인 당신이 영원하신 하나님의 존전으로 담대히 나아가 하나님과 대화할 수 있다는 점에서는 땅 위의 사건이다. 하나님께서는 당신이 그렇게 하기를 원하신다. 당신은 하나님 앞으로 나아갈 수 있도록 허락받았다.

당신의 몸 속에서 일어난 두 번째 사건은 거듭남(regeneration) 또는 신생(new birth)이라고 일컫는 사건이다. 이 일로 '영원'이 인간의 공간으로 들어왔으며, 당신의 인성이 '영원'과 영원한 연결을 회복했다. 하지만 어쩌면 당신은 이토록 심오한 사건이 일어났을 때조차 아주 미미하게 느꼈거나 아니면 아무것도 체험하지 못했을 수도 있다. 이 기적적인 신적 은혜에 힘입어 무한한 영적 생명이 당신 안에 뿌리를 내렸다. 당신의 육체에 주어진 생명이 지금 당신을 시간과 공간 속에 존재하게 한 것처럼, 어느 날 당신을 영원의 세계에 살게 할 것이다.

당신에게 흘러 들어간 그 생명은 하나님 자신의 생명이다. 이 땅의 부모는 당신이 태어날 때, 그들의 육체로부터 현재의 육신적 생명을 전수해 주었다. 동일하게 하나님께서도 당신에게 자신의 생명을 부여해 주심으로써 하늘의 아버지가 되셨다. 당신은 비유적인 의미에서만이 아닌, 글자 그대로 하나님의 아들이 된 것이다.

이 생명은 성장하고 발전해야 한다. 당신이 육체와 정서적인 면에서 성장해 감에 따라 부모들을 닮아 가는 것처럼 이 생명이 성숙할수록 그것을 주신 하나님의 형상이 당신을 통해 더욱더 많이 나타날 것이다. 당신 안에 있는 하나님의 생명이 자라 감에 따라 그것은 당신의 감성과 신체에도 영향을 미칠 것이다.

새 생명이 자라기 위해서는 적절한 영양 섭취와 운동이 필요하다. 그 음식은 성경이고, 운동은 믿음으로 하나님의 말씀에 순종하는 것이다. 기도 생활이 점점 발전하면서 하늘의 공기를 깊이 호흡해야 하는 필요성을 깨달을 것이다. 이제 당신은 '두 가지 생명과 두 가지 혈통을 소유한' 혼혈아다.

새로운 관계가 시작되다

하나님과의 새로운 관계. 한때 당신은 하나님을 멀리 떠나 있었지만, 지금은 하나님의 자녀가 되었을 뿐 아니라 하나님과 화목해졌다. 더불어 전에는 몰랐던 하나님의 독생자 그리스도와 관계를 맺었다.

그리스도와 우리의 관계는 여러 모양으로 나타난다. 그분은 당신의 목자이시며 당신은 그의 양이다. 그래서 시간이 흐를수록 당신은 점점 그의 음성을 분별해 내고, 그가 인도하는 어느 곳에든 따르는 일에 전문가가 될 것이다. 당신이 따르기만 하면 주님께서는 필요한 평안과 휴식을 보장하시며, 당신이 방황하거나 길을 잃을 때는 양우리로 다시 인도해 들이실 것이다.

또한 그분은 당신의 주인이시고 당신은 그분의 종이다. 그분께는 언제나 당신을 종으로 대할 권리가 있으시다. 그러나 그분은 결코 채찍질로 당신을 복종시키지 않으신다. 이와 같은 관계는 그리스도와 당신의 새로운 관계가 맺어질 때 그저 스스로 인식하는 데서 그칠 뿐이다. 왜냐하면 비록 그리스도께서 복종을 요구하시지만 결코 그것을 강요하지는 않으시기 때문이다.

그리스도께서는 당신에게 당신에 대한 그분의 권리 행사를 부인할 힘을 주셨다. 이는 당신이 그분을 무시할 수도 있다는 말이다. 그러나 그렇게 하는 것은 그에 대한 헌신을 파괴하는 것이며, 영적 건강을 해치는 결과를 초래한다. 그런데도 그분은 당신이 아무런 의지도 없는 자동인형이 되도록 하지 않으시며, 가혹하게 대하지도 않으신다.

우리 주 그리스도는 당신의 '대제사장'이시다. 그분께서 기꺼이 당신의 대제사장이 되어 주셨기에 당신이 하나님 앞으로 나아갈 수 있다. 당신이 연약해지고 또 절망에 빠졌을 때, 당신의 대제사장께서 인간인 동시에 신이시라는 사실을 기억한다면 새로운 용기를 얻을 수 있을 것이다. 그분은 인간이 당하는 모든 유혹과 고통을 친히 체험하셨기 때문에 당신이 생활하면서 느끼는 감정을 모두 이해하신다. 또한 당신을 지키시며 변호사가 되신다.

당신과 그리스도와의 관계는 이외에도 여러 가지로 표현할 수 있다. 전쟁터에서 그분은 당신의 사령관이 되시고, 당신은 그의 병사가 된다. 그분은 당신의 생명의 떡이 되시며 당신의 내적 어두움을 비추는 빛이 되신다. 이 모든 관계가 본질적으로 의미하는 바는, 당신이 그에게 속해 있으며 그는 또한 당신에게 속해 있다는 사실이다. 이 깊은 유대관계는 하늘이나 땅, 아니 지옥에 있는 어떤 권세도 깨뜨릴 수 없다.

사람들과의 새로운 관계. 이 밖에 다른 많은 관계들도 변화되었다. 당신은 지금 구속받은 무수한 사람들 가운데 한 사람이다. 이 사실은 현 세상에서나 죽음 후의 세계에서나 변하지 않는다. 당신은 순교자나 사도들과 동일한 하늘나라 시민이 되었다. 하늘나라 시민이 되었다는 의미는 이 세상 일상생활 속에서의 모든 관계에도 영향을 미친다는 것을 뜻한다.

형제가 여럿일 때는 형제 사이에서 원만한 관계를 이어 가는 일이 어려울 때도 있다. 하늘나라 식구들 사이에서도 마찬가지다. 그리스도 안에서의 형제들이라고 해서 모두 완전한 것은 아니다. 그리스도인 사이에도 쓴 뿌리가 존재하며, 공공연하게 서로 간에 적의를 표출하고, 또 상처 입히는 말다툼을 자주 한다.

또한 멍청하고 비열하며, 재치가 없고 잘난 척하는 그리스도인도 있다. 도저히 받아들일 수 없는 정치적 입장을 고집스럽게 고수하는 그리스도인도 있고, '후루룩 쩝쩝' 기분 나쁜 소리를 내며 음식을 먹거나 불쾌한 숨소리를 내는 그리스도인도 있다. 어느 순간 이런 생각이 들 수도 있다. '내가 어쩌다 이런 사람들과 관계를 맺은 것일까?'

이 부분은 나중에 자세히 살펴볼 생각이다. 먼저 기억할 것은, 비록 당신은 그들을 사랑하기가 어렵다 할지라도 하나님께서는 그들을 사랑하신다는 사실이다. 또한 당신에게도 그들 못지않은 추한 모습이 있을 수 있다는 사실을 겸손히 인정할 줄도 알아야 한다. 그 누구도 자기 자신의 모습을 정확히 바라볼 줄 아는 사람은 없기 때문이다.

마지막으로 새 생명이 당신 안에 있듯이 그들 안에도 새 생명이 있다. 새 생명의 기적을 입었다 해서 동시에 인격까지 아름다워지지는 않지만 그 생명은 시간을 거듭하면서 성장하고 발전해 나갈 것이다.

악한 세력과의 새로운 관계. 당신은 흑암의 세력들과도 새로운 관계를 맺었다. 그리스도인이 되기 전과 달리 이제 당신은 지옥의 무수한 적들과 불구대천의 원수가 되었다. 그들의 실체나 적의를 무시해서는 안 된다. 그렇다고 그들을 두려워할 필요는 전혀 없다. 당신 안에 계신 하나님 앞에서 그들은 두려워 떤다. 해치기는커녕 손도 대지 못한다.

그러나 적은 여전히 당신을 꾈 수 있으며, 그렇게 하려고 갖은 노력을 다 할 것이다. 그리스도에게 순종하려 하는 당신을 방해할 것이다. 물론 냉랭하고 열심 없이 생활하는 그리스도인이라면 그들이 전혀 괴롭히지 않을 것이다. 그러나 만일 그리스도 안에서 경건히 살고자 한다면 사탄이 덮쳐 올 적대행동을 언제나 예상해야 한다.

야고보는 "마귀를 대적하라 그리하면 너희를 피하리라"(약 4:7)고 기록했다. 예수님과 동행하는 삶을 살면 사탄의 권세를 이기고, 언제나 승리하는 유쾌한 생활을 지속할 수 있다. 단, 그 투쟁은 끝이 없다.

성령과 함께 성장을 위해 싸우라

그리스도께서 당신에게 오신 것은 당신이 그리스도인이 된 것과 연관해서 가장 중요한 사건이다. 당신이 그가 오신 것을 느꼈든지 그렇지 않았든지 상관없이 성령께서는 당신 속에 거처를 정하셨다.

그리스도께서 성령을 보내신 목적은, 사도들이 예수님과 함께 생활

했을 때 얻었던 교훈보다 훨씬 더 나은 가르침을 당신이 받도록 하기 위해서다. 예수께서 이 세상에 더 이상 계시지 않는다는 사실을 슬퍼할 수도 있다. 하지만 당신 안에는 하나님의 성령이 계신다. 이보다 더 큰 특권이 어디 있겠는가!

성령께서는 그리스도에 대해서 그리고 당신과 그리스도와의 관계에 대해서 알려주신다. 성령께서는 당신 안에서 진리가 생생히 살아 숨쉬게 하기 위해 이해를 도우신다. 이전에 당신에게 가르쳐 주신 일들을 기억나게 하시고, 인격적으로 미성숙한 당신을 어려운 훈련을 통해 연단시키신다. 더불어 낙심했을 때는 용기를 주시고, 여러 가지 방법으로 당신이 목자의 음성을 듣도록 도우신다. 성령을 의지한다면 분명 나날이 발전할 것이다.

당신은 그리스도인이다. 그리스도인으로 살아가면서 암흑과 의혹의 시기를 경험할 수도 있다. 또 고통스러운 갈등과 절망에 직면할 수도 있다. 물론 환희와 영광의 순간도 맞이할 것이다. 그러나 이 모든 일보다 더 중요한 것은, 당신이 자유를 누리게 될 것이라는 사실이다.

1부 | 출격

믿음을 얻기 위한 싸움

THE FIGHT 01 **전투** _ 흑암의 세력과 맞서다
THE FIGHT 02 **방어** _ 믿음을 성장시키다
THE FIGHT 03 **전우** _ 새로운 관계를 배우다
THE FIGHT 04 **지휘** _ 인도하심을 경험하다
THE FIGHT 05 **작전** _ 거룩함을 알아가다

01
전투 :
흑암의 세력과 맞서다

T h e F i g h t

서문에서 악한 세력과 당신의 변화된 관계에 대해 이미 언급했다. 당신은 그들과 관계를 가졌다는 것을 전혀 깨닫지 못할지도 모른다. 그러나 그것에 대해 깨닫든지 못 깨닫든지, 악한 영은 당신의 육체에서 역사한다(엡 2:2 참조). 그는 온갖 속임수로 당신의 사고를 흐리게 한 다음 자신의 사악한 음악으로 당신을 조종하려 든다. 그는 가능한 한 자신을 나타내지 않으려 한다. 그의 최대 기술은 당신이 스스로의 주인이라고 느끼도록 하는 데 있다.

루이스(C. S. Lewis)는 '인간은 마귀에 대해 두 가지 동등하면서도 정반대인 오류에 빠져 있다'고 말했다. 루이스가 말한 '두 가지' 가운데 첫째는 마귀를 너무 심각하게 생각하는 것이고, 둘째는 마귀에 대해 충분히 고려하지 않는 것이다. 사탄은 무신론자나 자유주의 신학자 또는 무당이 있어 기쁘다. 사탄을 전혀 생각하지 않는 사람들이나 하루

종일 사탄에 대한 생각에 사로잡힌 사람들, 두 부류 모두 사탄을 즐겁게 하는 사람들이다.

사탄은 적의에 차 있다. 그의 최고 목적은 그리스도와 그리스도께서 이루어 놓으신 일을 해치는 것이다. 사탄은 당신에게 개인적으로는 관심이 없다. 당신이 그리스도와 관계를 맺었기에 그의 관심거리가 된 것이다. 당신이 그리스도인이 되기 전에 사탄은 주로 당신이 그리스도의 진리를 깨닫지 못하게 하거나 당신을 자기 영역으로 유인하려 했다. 이것 또한 당신 개인이 중요해서가 아니라 다만 당신이 하나님을 등지게 하기 위해서였다.

악마는 한 개인으로서의 당신에게 관심이 없을 뿐 아니라 당신의 잠재**력**에도 관심이 없다. 당신은 하나님께는 대단히 중요하지만 사탄에게는 잠재적인 이용 가치를 가진 미생물에 불과하다.

그러나 미생물이든 그 이하든 간에 그는 당신을 해칠 수 있다. 그들의 주 무기는 당신을 유혹하고, 참소하고, 속이며, 삼키는 것이다. 이 네 가지 공격에 대비하는 법을 알아보자.

유혹이 와도 놀랄 필요가 없다

당신은 유혹을 받을 것이다. 그 유혹은 상황에 따라 달라질 수 있다. 어린이들에게는 달콤한 과자로, 젊은이들에게는 육욕으로, 중년의 사람들에게는 부(富)로, 더 나이 든 사람들에게는 권세로 유혹할 것이다. 악마는 어떤 광고업체보다도 더 변화무상하게 당신을 유혹한다. 그는 사람들의 약점을 너무나 잘 안다.

그러므로 유혹 그 자체에 놀랄 필요가 없다. 그것은 주님의 운명이었듯이 당신에게도 마찬가지다. 당신이 이 세상에 살아 있는 한 시험을 당할 것이다. 그러나 만일 유혹이 낙심의 이유가 못 된다면, 마찬가지로 범죄에 대한 변명도 못 된다. 성경 어디에도 '하나님, 제가 범죄한 것은 사실입니다. 그러나 사탄이 저를 유혹했다는 것을 하나님은 아십니다'라며 우리의 변명을 정당화한 곳은 없다.

이것이 바로 에덴 동산에서의 첫 변명이었는데("뱀이 나를 꾀므로 내가 먹었나이다." 창 3:13), 이것은 하나님께 용서받을 만한 이유가 못 되었다. 야고보는 죄에 대한 책임을 회피하려는 그리스도인들의 시도에 대해 다음과 같이 질책했다. "오직 각 사람이 시험을 받는 것은 자기 욕심에 끌려 미혹됨이니 욕심이 잉태한즉 죄를 낳고 죄가 장성한즉 사망을 낳느니라"(약 1:14-15).

시험이 인간의 욕심에서 비롯된다는 야고보의 견해와 인간이 사탄의 유혹을 받는다는 견해 사이에는 모순이 없다.

피아노로 장난을 해 본 일이 있는가? 피아노 뚜껑을 열고 건반을 세게 두드린 후 멈추고 귀를 기울여 보라. 당신이 친 소리에 반응한 진동을 느낄 수 있을 것이다. 피아노의 한 코드가 소리를 울려 진동시킨다.

유혹을 묘사하는 것도 이와 같다. 사탄이 두드리면 당신은 동요한다. 야고보 사도는 그 동요를 '욕심'이라고 부른다. 당신의 욕심은 그의 부름에 계속 반응한다. 동요 자체가 잘못은 아니다. 피아노는 피아노 해머가 두드릴 때 반응하도록 되어 있다.

그러므로 적절한 반응은 사탄의 소리에 대해 열광적으로 반응하는 것이 아니라, 소리 중지 페달을 밟고 피아노 뚜껑을 닫는 것이다. 루터(Luther)가 묘사한 것처럼, 새들이 당신 머리 위로 날아가는 것을 막을 수 없지만 새들이 당신 머리에 집을 짓는 것은 막을 수 있다.

동요됨이 성적 자극 때문이든지, 분노 때문이든지 혹은 아름다운 것에 대한 소유욕이나 그 외 다른 무엇 때문에 생겨났든지, 동요 그 자체가 나쁜 것은 아니다. 문제는 그것이 어떤 상황에서 일어나느냐 하는 것이다. 다시 말해 이것이 적절한 대상에 의한 것이며, 또한 적절한 경우인가 하는 것이 문제다. 만일 그렇지 않다면 피아노 뚜껑을 닫고 당신의 발을 페달에서 떼라.

사탄이 유혹해 오는 모습은 무한히 다양하지만, 유혹은 크게 세 가지 범주로 나눌 수 있다. 육신의 정욕, 안목의 정욕, 그리고 이생의 자랑이다.

현대적인 말로 바꾸어 표현한다면, 이 범주들은 그리스도인 생활의 기본적인 문제다. 욕구 정도는 다스릴 수 있지만 그것이 욕정이 되어 버리면 지배받고 만다. 육신의 정욕은 당신의 육체적 욕구에 지배되는 것을 의미한다. 곧 배고픔, 갈증, 필요한 수면, 성적 욕망 또는 신체적 운동 등이 그것이다. 분명히 육체적인 욕구는 건전하며, 그 욕구는 일반적으로 충족되어야 한다. 그러나 우리는 먹고, 마시고, 대단한 성적 체험을 하는 그 자체를 목적으로 삼도록 부추기는 시대에 산다. 심지어 사람들은 그것들을 섬기고 숭배한다. 이런 것들은 감사함으로 적절하게 받아들여야 한다.

안목의 정욕은, 그것이 무엇이든지 아름다운 것에 대한 욕망이 당신의 삶이 지배당하도록 내버려 두는 것을 말한다. 아름다움을 좋아하거나 원하는 그 자체는 아무런 잘못이 없다. 하나님은 아름다움의 하나님이시다. 그러나 아름다움을 간직하려 하거나 소유하려는 욕망은 그리스도인의 생활을 파괴하는 일종의 정욕이다.

나는 육십이 다 된 중국인 사업가와 저녁을 같이한 일이 있다. 그의 집은 매우 아름다웠다. 식당에서는 금그릇에 식사를 했는데 음식 맛은 그릇 못지 않게 훌륭했다. 주인은 성경 교리에 대한 지식이 있었고, 스스로 그리스도인임을 고백했다. 그러나 그는 영적 활동을 전혀 하지 않았다. 또 그의 마음은 먼지처럼 메말라 있었다.

이생의 자랑은 주로 야심에 관한 것이다. 야심은 좋은 것이다. 하나님께서는 우리 안에 남보다 우월해지고 싶은 욕망을 심어 주셨다. 그러나 탁월하다는 것은 인생을 지배하는 폭군이 될 수도 있다. 실제 내적 동기는 내 **능력**을 증명해 보이기 위함인데, 그리스도를 위해 성공하려는 것으로 변명할 수도 있다. 자신의 야심에 대해 심각하게 생각해 보아야 한다. '이 야심이 나의 주인인가 아니면 나의 종인가?'를 자문해 보아야 한다.

육신, 안목, 야심 이 세 가지는 하와가 사탄의 유혹에 나타낸 세 가지 심리적인 반응이다. "여자가 그 나무를 본즉 먹음직도 하고(육신의 정욕) 보암직도 하고(안목의 정욕) 지혜롭게 할 만큼 탐스럽기도 한(이생의 자랑) 나무인지라"(창 3:6).

이것은 또 구세주에게 있었던 사탄의 세 가지 날카로운 공격을 생각나게 한다. "이 돌들에게 명하여 떡이 되게 하라(육신의 정욕) …… 마귀가 또 예수를 이끌고 올라가서 순식간에 천하 만국을 보이며 …… 다 네 것이 되리라(안목의 정욕과 이생의 자랑) …… 뛰어내리라(이생의 자랑)"(눅 4:1-15).

그러나 시험의 형태보다는 시험을 대적하는 데 관심을 기울여야 한다. 사탄은 뒤에서부터 유혹한다. "보라, 아름답지 아니하냐? 네가 무엇을 할 수 있는가 잠깐 생각해 보라. 사람들이 무엇이라고 말하겠는가. 네가 얼마나 존경을 받겠으며 또 얼마나 큰 권세를 갖게 되겠는가? …… 보라, 보라, 보라!"

성경은 시험에 대해 우리에게 두 가지 말씀을 한다. 하나는 시험 그 자체에 대한 것이고, 다른 하나는 사탄에 대한 것이다. 시험에 대해서는 간단하다. 곧 '시험을 피하라'이다. 사탄에 대한 말씀은 '악마를 대적하라. 그리하면 그가 너를 피하리라'이다.

이 두 가지 말씀이 어떻게 상호 작용을 하는지 생각해 보라. 당신은 어떤 일에서 탈피하면서 동시에 그것에 맞선 일이 있는가? 어떻게 그리할 수 있었는가?

결코 시험에 맞서지 말라. 시험을 피하라. 시험을 피할 때는 당신의 등을 돌리라. 등을 돌리는데 누구와 부딪치겠는가? 누가 당신의 등 뒤에 서서 사실을 보는 듯 분명한 소리로 속삭일 수 있겠는가? 사탄에게서 돌아서라. 그리고 그를 대적하라. 그러면 사탄의 큰 권세가 물러날 것이다. 돌아서는 것이 전쟁의 4분의 3이다.

바울 사도가 말한 "하나님의 전신 갑주"에 대해서는 뒤에서 자세히 다룰 것인데 지금은 "성령의 검 …… 하나님의 검"이라고 부른 부분에 대해서 생각해 보자.

예수님께서 광야에서 시험을 받으실 때, 사탄의 시험에 대해 매번 "기록하기를 …… 기록하기를 …… 기록하기를"이라고 말씀하셨다. 그리스도께서는 세 번 다 성령의 검을 이용해 사탄을 물리치셨다.

성경말씀으로 그들을 시험하는 사탄을 물리치는 **능력**의 놀라운 효과에 대해 많은 그리스도인들이 증거했다. 성경은 세 가지 이유에서 성령의 검이라고 불린다. 첫째, 성령께서 성경을 영감하셨다. 둘째, 성령께서 성경을 당신에게 주시고 성경을 사용하는 기술을 가르쳐 주실 것이다. 셋째, 성령은 성경을 깊이 분석하게 할 것이다. 그러므로 성경을 깨달아 알아야 한다.

유혹에 등을 돌리고 성령께서 당신에게 깨닫게 하신 말씀의 검을 들어 사탄을 깊이 찌르라. 그들은 지옥으로 도망치면서 울부짖을 것이다.

사탄은 형제를 고발한다

사탄은 당신을 고발하기를 좋아한다. "이제 우리 하나님의 구원과 능력과 나라와 또 그의 그리스도의 권세가 나타났으니 우리 형제들을 참소하던 자 곧 우리 하나님 앞에서 밤낮 참소하던 자가 쫓겨났고"(계 12:10).

사탄은 형제들을 고발하고 당신을 고발한다. 사탄은 오늘날까지 하나님의 보좌 흉내를 내려 한다.

사탄은 어디에서 고발하는가? 그는 당신을 '하나님 앞에서' 고발한다. 당신이 기도하려고 무릎을 꿇을 때, 그의 고발하는 소리가 당신의 머릿속에 울려 올 것이다. 당신이 그리스도에 대해 증거하려 하면 그는 당신의 무가치성에 대해 하나님께 외칠 것이다. 심지어는 당신이 대중 앞에서 하나님의 말씀을 전하려 할 때도 당신 입술이 비천하다고 비난을 쏟아 놓을 것이다.

사탄은 언제 고발하는가? 그는 밤낮으로 고발한다. 심지어 꿈 속에서도 당신을 비난할 것이다. 비난으로 가득 찬 아침 커피를 마실 것이며 또한 비난에 저항하면서 하루 일과를 계속할 것이다.

그러다 보면 자연히 죄책감을 느끼게 된다. 죄책감은 당신의 눈과

걸음걸이에서 힘을 뺀다. 죄책감은 그리스도를 증거하는 삶을 무디게 만들며 섬김의 마음을 없애버린다. 고발은 사탄의 비장의 무기이며, 그리스도 군사들의 공격에 가장 효과적인 반격이다. 죄책감에 사로잡힌 병사들이 어떻게 지옥의 문을 공격할 수 있겠는가?

이렇게 물을지도 모르겠다. 죄책감은 죄에서 일어난 것이 아닌가? 그리고 죄는 언제나 고백해야 하는 것이 아닌가?

두 번째 질문에 대한 답을 먼저 하겠다. 그렇다. 죄는 언제나 고백해야 하며, 필요한 곳에서는 회복되어야 한다. 고백해야 할 죄는 언제든지 있을 것이다(요일 1:8-9 참조). 그러나 당신의 첫 번째 질문에 대한 답은 이러하다. 죄책감은 반드시 죄가 있어 생기는 것은 아니다.

정신 분석학자들은 이전의 경험에서 생겨나는 신경성적인 것으로 죄책감이 생기는 이유를 설명한다. 그러나 나는 이 이론에 의문을 제기한다. 죄책감은 내가 범죄했다는 것을 필연적으로 의미하는가? 느끼는 죄가 참죄인가? 양심을 언제나 신뢰할 수 있는가?

이런 논쟁은 아주 중요하다. 사탄은 죄로 우리를 무**력**하게 할 능**력**이 없다. 그리스도께서 죽음으로 모든 죄를 상쇄시켰기 때문이다. 잘못된 죄책감은 사탄이 가장 즐겨 사용하는 무기다. 여기서 잘못된 죄책감이란 그럴 만한 이유가 없을 때 죄책감을 느끼는 것을 의미한다.

도널드 그레이 반하우스(Donald Gray Barnhouse) 박사는 양심의 한계에 대한 좋은 예를 들었다. 그가 말하길 양심은 해시계와 같다. 해시계는 빛이 있을 동안에만 작용할 뿐 밤중에는 제 기능을 발휘하지 못한다. 설혹 빛이 있다 해도 달빛으로는 시간이 맞지 않는다. 회전등을 손에 들고 새벽 3시에 해시계 주위를 걸어 본다 한들 그것은 당신이 원하는 시간을 가리킬 뿐 제 시간은 아니다. 이와 같이 양심도 하나님의 성령에 의해 조명된 하나님의 말씀의 빛이 그 위에 비칠 때만 그 기능을 발휘한다.

존 번연(John Bunyan)의 〈The Holy War〉라는 책에는 맨소울이라는 동네의 으뜸 시민 양심씨(Mr. Conscience)가 나온다. 그의 임무는 맨소울의 위험을 경고하거나 기쁜 소식을 맨소울에 널리 알리는 것이었다.

아폴리온 군대의 공격으로 맨소울 시가 함락되자 그 전령사는 미쳐갔다. 위험이 그 도시를 에워쌀 때, 양심씨는 침묵에 잠겨 망루에 서 있었다. 그러다 밤이 오면 광증이 일어 큰소리로 실제로 있지도 않은 악행을 떠벌리고, 또 있지도 않은 기쁨의 소식들을 환희에 찬 노래로 부르기도 했다. 타락한 인간의 양심이 잘못되어 가는 모습이 여실히 드러난다.

양심은 어떤 죄는 짓고도 평안히 살 수 있는 반면, 전혀 죄가 아닌 일들에 대해는 믿을 수 없을 만큼 민감하다. 인간이 그리스도인이 된다고 해서 자동적으로 개선되는 것은 아니다. 분명히 그의 양심은 예민해진다. 그러나 과거부터 잘못 기능하고 있었기에 양심이 제대로 기능을 발휘하지 못할 수도 있다.

그러면 선악을 무엇으로 구별할 수 있을까? 어떻게 악한 죄책감의 혐오스러운 짐을 제거할 수 있을까? 또한 어떻게 성령의 깨닫게 하심과 사탄의 고발 사이의 차이점을 알 수 있을까?

나는 양심에 대해 장기적인 해답과 단기적인 해답이 있다고 생각한다. 장기적인 해답은 성경과 관계가 있다. 날이 갈수록 양심은 하나님 말씀에 의해 계속 다시 교육받고 올바른 방향으로 향하도록 해야 한다. 항해하는 배 안에 있는 나침반이 그 배가 가는 방향에 따라 계기가 달라지고 조절되는 것처럼, 해가 감에 따라서 그리스도인의 양심도 성령의 인도하심 아래서 더욱 새롭고 예리해진다. 그러는 동안 그리스도인은 그가 성경에서 배운 대로 삶에서 실천할 것이다. 그에게 무엇보다 중요한 것은 정확한 나침반의 지시를 따라 항해하는 것이다.

단기적인 해답은 매우 중요하며 당신의 생명이 다하는 날까지 계속될 것이다. 성령은 죄를 깨닫게 하고 원수는 고발한다. 그렇다면 어느 음성이 어떤 것인지 어떻게 알 수 있는가?

이것을 논리적으로 생각해 보자. 사탄이 고발할 때 하려는 일은 무엇인가? 또 성령께서 우리 죄를 깨닫게 하실 때 그가 하시려는 일은 무엇일까? 원수는 당신과 하나님의 친교를 파괴하려고 한다. 한편, 성령은 하나님과 당신의 관계를 회복시키려고 하신다.

그런데 주의할 것은 고발자도 때때로 사실을 그대로 말한다는 것이다. 그가 우리의 죄와 실패를 고발하는 것이 나쁜 것만은 아니며, 때로는 사실을 나타내기도 한다.

만일 성령께서 하나님과 우리의 관계를 회복하고자 하신다면, 우리가 죄를 고백했을 때 양심의 가책은 사라지고 친교의 꽃이 향기 그윽하게 필 것이다. 만일 당신의 죄의식이 사탄의 고발로부터 온 결과라면, 그때는 자백을 해도 그런 친교의 향기를 경험하지 못할 것이다. 오히려 당신의 자백은 무엇인가 부적절하며 죄를 더 철저히 분석하고 더 엄격하게 배상해야만 할 것처럼 보인다. 아무리 죄를 자백해도 불완전하게만 느껴진다.

수많은 음성들이 들릴 것이다. "자선 행위를 하는 너의 진짜 동기가 뭐야?" "넌 확실히 하나도 남김없이 자백했어?" "표면적으로만 자백하지 않았어?" "너의 자만심이 독처럼 얼마나 너의 마음 깊숙한 곳까지 침투해 있는지 모르니?"

처음에는 회색으로, 그 다음에는 점점 더 짙은 어두움이 구름처럼 당신을 에워쌀 것이다. 또한 당신은 자신의 싸늘한 그림자 속에 휩싸여 비참하게 떨면서, 일그러진 모습으로 앉아 있을 것이다. 고발자가 목적을 달성한 것이다.

성경에서 악마가 실제로 참소하는 자(고발자)라는 이름으로 나타난 곳은 요한계시록 12:10이다. 같은 장 바로 그 다음 문장에서 "또 우리 형제들이 어린양의 피와 자기들이 증언하는 말씀으로써 그(참소자)를 이겼으니"라는 말씀이 나온다.

예수의 피의 의미는 분명하다. 성경에서 피는 죽음을 상징한다. 심지어 그것이 생명에 대해 말하는 것같이 보이는 곳일지라도 죽음에 뿌려진 생명의 의미로 사용된다. 그러므로 사도 요한이 여러 형제가 어린양의 피로 그 참소자를 이겼다고 말하는 것은, 그들이 그리스도의 죽음으로 그 참소자의 고발을 꺾어 버렸다는 의미다.

예수의 피에 대해 두 번째로 알아야 할 것은 우리의 양심을 깨끗하게 하기 위해 피 흘림이 있었다는 것이다. 우리는 찬송가에서 예수님의 피로 씻음 받은 우리의 마음에 대해 노래를 부른다. 그 곡은 매우 깊은 신학적 의미를 담고 있다. 히브리서 기자는 말했다. "염소와 황소의 피와 및 암송아지의 재를 부정한 자에게 뿌려 그 육체를 정결하게 하여 거룩하게 하거든 하물며 영원하신 성령으로 말미암아 흠 없는 자기를 하나님께 드린 그리스도의 피가 어찌 너희 양심을 죽은 행실에서 깨끗하게 하고 살아 계신 하나님을 섬기게 하지 못하겠느냐"(히 9:13-14).

지금까지 죄책감으로 당신과 하나님과의 친교를 파괴하려는 사탄의 전략에 대해 살펴보았다. 당신의 죄책감에 대한 하나님의 대답은 그분의 아들의 죽으심이다. 죄책감을 어떻게 이길까 물으면 더 철저히 죄를 고백하고, 기도에 힘쓰며 성경 공부를 열심히 하며 십일조보다 더 많은 헌금을 하나님께 드리면 된다고 답한다. 하지만 당신의 양심은 이런 행동들로부터 자유로워져야 한다. 이런 행위들은 당신을 오히려 죄책감의 검은 구름 속으로 내몰아 갈 뿐이다.

히브리서의 다른 구절을 살펴보자. "우리가 마음에 뿌림을 받아 악한 양심으로부터 벗어나고 몸은 맑은 물로 씻음을 받았으니 참 마음과 온전한 믿음으로 하나님께 나아가자"(히 10:22). 물은 몸을 위한 것이고 피는 양심을 위한 것이다.

어떻게 하면 거룩하신 하나님 앞에 담대하게 나아갈 수 있을까? 그분 앞으로 고개를 숙이고 어깨를 축 늘어뜨린 채 쭈빗쭈빗 다가가겠는가? 다가가는 두 가지 형태의 차이점은 당신의 양심과 관계가 있다. 깨끗한 양심을 가진 사람은, 아버지 품에 안기려고 달려가는 어린아이처럼 두 팔을 활짝 펴고 하나님 앞으로 달려간다.

당신은 깨닫지 못하는가? 하나님께서 당신을 영접하시는 것은 당신이 일을 열심히 했기 때문이 아니다. 또 철저하게 죄를 고백해서나 혹은 최근에 당신의 영적 생활이 크게 향상되었기 때문이 아니다. 그는 당신이 자랑할 만한 어떤 일을 했다고 해서 당신을 영접하지는 않으신다. 그는 당신을 위한 그분의 아들의 죽음 때문에 당신을 영접하시는 것이다. 그는 뜨거운 눈물로 항상 당신을 갈망하고, 그의 팔은 항상 당신을 안고 싶어 하신다. 그리스도의 죽음은 하나님 아버지께서 원하시는 모든 것을 마침내 다 하실 수 있도록 했다. 그러므로 피 뿌림을 받은 자들이여, 이제 담대히 나아오라.

뜨거운 눈물이라는 표현이 부적절하거나 감성적으로 들리는가? 나는 하나님의 아들을 죽게까지 하신 그 사랑을 적절하게 표현할 만한 언어를 찾을 수 없다. 우주는 그 자신의 질서를 멈추어야 했다. 하나님을 반역한 죄 이상으로 가증스러운 범죄는 없으며 또한 그 죄인을 위해 크나큰 사랑을 나타내신 그 사랑 이상으로 위대한 사랑은 있을 수 없다.

당신의 죽은 행위, 보잘것없는 노력이 구세주의 죽음이 성취하신 그 구속 사역에 어떠한 도움이 되리라고 생각하는 것은 아주 가증스러운 일이 아닌가? 그리스도는 "다 이루었다!"고 부르짖었다. 완성되었다. 완전하게 성취된 것이다. 영원히 끝난 것이다. 그는 지옥 문을 깨뜨리시고 죄인들을 해방시키셨으며 또한 죽음을 철폐하시고 무덤에서 새 생명을 꽃피게 하셨다. 당신을 얽어맸던 모든 쇠사슬이 풀리고 하나님의 사랑의 품으로 달려갈 수 있는 길이 활짝 열릴 것이다.

이제 '우리 형제들이' 어린양의 피로 참소자를 어떻게 이겼는지 이해하는가? 그들은 참소자의 고발 때문에 자신들의 하나님께로 나아감이 방해받는 것을 용납하지 않았다. 그들은 '우리는 네가 우리에게 말할 수 있는 가장 엄청난 악행까지도 이미 알고 있으며, 하나님께서도 그 일을 이미 다 알고 계신다. 우리의 속죄에 그리스도의 피보다 더 충분한 것이 무엇이냐?'고 담대히 말하면서 그를 대적했다.

> 사탄은 나의 악행을
>
> 우는 사자처럼 고발할 것이다.
>
> 나는 나의 악행을 모두 알고 있다.
>
> 그러나 수천보다 더욱 많은 나의 악을
>
> 하나님은 기억조차 아니하신다!¹⁾

그러므로 당신이 기도할 때나 일할 때 혹은 하나님의 말씀을 증거할 때, 낙심케 하는 회색 구름이 당신을 에워싸거나 애매한 죄책감 때문에 자신의 말에 대한 확신을 갖지 못할 때, 하나님을 바라보고 이렇게 말해야 한다. "아들의 피로 저를 사신 아버지, 감사합니다. 지금 제가 하는 모든 일과 또 과거에 행한 모든 일에도 불구하고 그리스도의 죽음 때문에 저를 기쁨과 사랑으로 안아 주시는 하나님 감사합니다. 나의 아버지 되시는 하나님, 이제 제가 주님께로 나아갑니다."

지금 이 순간 그분께 말씀 드리라. 지체하지 말라. 당신의 하나님 아버지께서는 지금 이 순간에도 당신을 안타깝게 기다리신다. 지금 이 순간에도 당신에게 오라고 명령하신다.

속임수를 이기다

형제들은 또한 그들이 증거한 말로 사탄을 이겼다. 계시록 12장에 그 이유가 있다. 거기에는 사탄의 세 가지 역할이 묘사되어 있다. 이미 살펴본 대로 그는 참소자다. 그는 "옛 뱀 …… 온 천하를 꾀는 자"로 나타났으며 게걸스럽게 먹어 치우는 용과 전쟁을 일으키는 자로 묘사된다(다른 곳에서는 "우는 사자"라고 했다).

그리스도인들은 그들이 증거하는 말씀으로 속이는 뱀인 사탄을 이겼다. 그렇게 하기 위해서 그들은 적에게 점령당한 지역으로 깊숙이 공격해 들어갔다. 죄책감에서 자유를 받은 자들과 그래서 홀가분한 마음으로 전쟁 준비를 갖춘 그리스도인들이, 사탄의 흑암 속으로 날카로운 광선을 투사하면서 공격해 들어간다.

"온 세상을 속이는 자." 그는 하와를 속이는 데서부터 자신의 속임수를 시작했다.

"하나님께서 참으로 그렇게 말씀하시더냐? 그러나 그는 사실을 말한 것이 아니야. 사실은 ……"

그 사건 이후 수백만 하와의 후손들은 하와처럼 그의 속임수에 빠져들었다. 바울은 사탄을 '지식의 빛을 알지 못하도록 하며 믿지 못하도록 하기 위해 (사람들의) 마음을 무지하게 하는 이 세상의 임금'이라고 했다.

사람들은 TV 광고와 대학 교육에 의해 속고 있다. 번쩍거리는 자가용을 사고 그 안에 아름다운 아가씨를 태우라. 안전한 부동산과 보험에 투자하라. 그러면 마음에 위안을 느낄 것이다. 고급 향수와 훌륭한 침대, 섹스는 당신을 도취하게 할 것이다. 좋은 성적을 얻어라. 그러면 회사는 당신을 환대할 것이다.

권위 있는 딱딱한 어투로 말하라. 그러면 사람들이 당신의 지혜 앞에 머리를 숙일 것이다. 죽음 건너편에 무엇이 있는가에 대해 미신적이고 환상적인 요소가 없는, 죽음 그대로를 받아들이는 법을 배우라. 이제부터 과학이 증명할 것은 굉장한 것이다. 그러므로 우리는 아주 최근의 가설 앞에 고개를 숙이자. 우리의 과학 분석가들 앞에서 머리를 숙이자.

모든 것들이 신뢰하기에는 너무 불합리한 것처럼 들리는가? 그러면 속이는 자 사탄이 자신이 할 일을 잘 알고 있다는 것을 기억하라. 당신이 바로 지독한 악취를 풍기는 당나귀인 줄 알지 못하게 하고서는 열심히 **강력**한 방취제를 찾아 헤매도록 하는 자다.

당신이 그 거짓말쟁이를 이길 수 있는 길은 '증거의 말씀'에 있다. 증거의 말씀은 당신의 체험에 의해 진실함이 입증되었고 또 당신이 합법적으로 증명할 수 있는 하나님의 말씀을 의미한다.

당신이 '성경은 이렇게 말씀하고 있다. 그것은 참으로 나의 문제를 해결하는 데 도움이 되었다'라고 말할 때, 지옥의 권세는 당신을 이기지 못한다. 당신이 가진 말씀의 빛은 사탄의 책동을 부숴 버릴 것이다.

그렇게 되면 그들은 보게 된다. 그때 용은 꼬리를 휘저으며 하늘의 영체들 3분의 1을 흑암으로 내몰 것이다. 그는 자신의 마지막이 가까워진 것을 알기 때문에 분노에 떨면서 이를 갈 것이다. 연약한 미물인 인간은 그가 주의해야 할 존재가 될 것이다.

사탄과의 전쟁

"주 안에서와 그 힘의 **능력**으로 강건하여지고"(엡 6:10).

사탄과의 전투에서 당신은 어떤 역할을 할 것인가? 다음 사실에 주목하라. 당신은 공격 부대의 일원이 될 것이다. 만일 에베소서에 있는 그 말씀이 방어를 위한 권고처럼 들린다면, 그것은 역습에 대한 방어다. 일단 당신이 말씀 증거에 전념한다면, 당신은 그리스도의 공격 부대의 일부가 된다. 당신은 적에게 점령당한 지역을 치고 있는 것이다.

그리스도의 군대의 일부가 된다는 것은 당신이 하늘나라의 모든 전략 무기들을 소유할 자격을 얻었다는 것을 의미한다. 당신은 여호와의 **능력**을 이용할 수 있다. 그러므로 하나님 앞에서 강해지라.

'좋은 충고입니다만 구체적으로 제가 어떻게 강해질 수 있지요?'라고 물을 수도 있다. 자신의 능력이 아닌 당신을 도우시는 하나님을 신뢰할 때, 그리고 하나님이 말씀하신 것을 실천하고 믿음으로 모험적 순종을 할 때 강해진다. 당신의 **능력**은 당신이 순종할 때 움직이시는 하나님의 역사하심 속에 있다.

그러나 반격이 있을 것이다. 사탄의 무리와 그의 권세가 당신을 공격하려고 군대를 보낼 것이다. 때문에 당신은 갑주가 필요하다. 그들이 공격에 실패하도록 당신은 "하나님의 전신 갑주를 입으라"(엡 6:11).

사탄의 거짓과 속임수에 대적하기 위해 하나님의 전신 갑주를 입어야 한다. 에베소서 6:10-18을 보고 이 구절들이 나타내는 각 무기들을 자세히 살펴보자.

어떤 무기가 속임수를 물리칠 것인가? 진리의 허리띠(14절 참조)로 시작할 수 있다. 방어의 기본은 모든 것의 실제 모습을 정확히 인식하는 것이다. 어떤 것의 '실재'란 하나님이 그것을 보시고 계시하신 방식이라고 정의할 수 있다.

의의 흉배는 피가 뿌려진 양심을 위해 비유적으로 선택한 말이다. 당신을 향해 날아오는 비난의 창에 대한 당신의 방어는, 이미 말한 대로 하나님께서 자신의 아들의 죽으심 때문에 당신을 완전히 용납하신다는 견고한 확신이다. 의의 흉배란 어린양의 피로 이긴다는 말의 다른 표현이다.

나는 사도 바울이 추천하는(15절 참조) 군인의 신발에 대해서는 잘 모른다. 주석가들마다 의견이 다 다른데, 내게는 그리스도의 복음에 대한 명확한 이해 위에 확고한 발판을 마련하라는 말처럼 들린다.

'믿음의 방패'는 직설적인 표현이다. 두려움이나 낙담, 고통의 불붙는 화살이 당신을 향해 날아올지라도 예수 그리스도에 대한 견고한 믿음으로 그 화살들을 막으라. 그는 살아계신다. 그가 다스리신다. 그를 바라보라. 무슨 일이 닥쳐도 그리스도만을 신뢰한다고 말하라. 그러면 불화살은 꺾이고 사라질 것이다.

구원의 투구는 그리스도인의 소망과 관계가 있다(살전 5:8 참조). 요즈음 정신의학에서는 '여기에서 지금'의 중요성을 강조한다. 내가 세 살 때 일어난 일들에 대해 누가 관심을 가질 것인가? 앞으로 10년 후의 일들이 무슨 상관이 있는가? 중요한 것은 바로 현재다.

맞는 말이다. 그러나 우리는 과거의 일 없애기를 너무 서둘러도 안 되고 미래의 일들을 무가치한 것으로 생각해도 안 된다. 그리스도인들에게 과거는 아주 중요하며, 미래 역시 중요하다. 지금의 현재는 과거에 비추어서만 이해될 수 있고, 또한 미래를 꿈꾸며 현재를 헤쳐 나갈 수 있다. 소망이 없는 인생은 현재에서는 죽은 것이나 마찬가지다.

그리스도께서는 당신에게 소망을 주셨다. 현재의 혼돈이 영원히 계속되는 것은 아니다. 만물이 회복될 우주적인 소망이 있다. 그리스도는 심판하실 것이고 또한 만물을 회복시키실 것이다. 당신은 그 회복에 참여할 것이다. 미래에 살지 말고 미래를 위해 열심히 일하라. 그러면 당신의 생각이 보호받을 것이다.

그러므로 반격을 가해 올 때 군건히 서라. 확신을 가지고 담대히 서라. 군건히 서도록 쉬지 말고 기도하라. 그러면 적의 공격이 아무리 날카로울지라도 즉시 사라질 것이다. 당신은 그리스도에게 일어났던 일들이 당신에게도 일어날 것이라는 사실을 깨달을 것이다.

사탄과의 싸움에서 희생이 없을 수는 없다. 사탄은 유혹자이고, 고

소자이며, 또한 속이는 자이고 탐욕자다. 사탄은 당신을 유혹하거나 죄책감으로 무력하게 함으로써 당신이 증거하는 일을 방해한다. 그때 당신은 그가 온 세상을 속이는 자라는 사실을 발견할 것이다. 또한 당신이 증거의 말씀으로 그를 정복하기 시작하면, 그 뒤부터 그는 주로 울부짖는 자라는 사실을 알게 될 것이다.

사탄은 지금 당신의 육신을 죽이거나 상처를 입히려고 한다. 하지만 하나님께서 그렇게 하도록 내버려 두시지 않는다. 우리는 전쟁 놀이에 참가한 것이 아니라 실전에 참가했다. 그리스도는 지옥과 죽음을 정복하기 위한 전쟁에서 친히 십자가에 못 박히셨으며 다시 살아나셨다. 그리스도께서는 자신의 죽음 속에서 최대의 승리를 거두셨다.

> 그는 음부에, 음부 속에, 낮은 곳에 있었다.
> 그는 죄인으로 그곳에 있었으나,
> 죄를 정복하셨다.
> 무덤에 내려가 죄를 멸하셨다.
> 또한 죽으심으로 죽음을 멸하셨다.[2]

순교자들의 피를 '교회의 씨'라고 표현하는 것은 비극에 대한 감상적이고 진부한 표현이 아니라 사실을 말하는 것이다. 1940년대 초 볼리비안(Bolivian) 정글에서 에이요르(Ayore) 인디언들이 다섯 명의 선교사들을 몽둥이로 때려죽인 일이 있다. 그러자 놀랍게도 미국에서 선교에 대한 관심이 새롭게 일어났다. 순교를 당한 다섯 명의 선교사가 오십 명으로 대치되었던 것이다. 지금 에이요르 교회는 성장 일로에 있다. 20년 후, 다른 다섯 명의 선교사들이 에쿠아도르(Ecuador)의 에우카(Auca) 인디언들에 의해 순교당했을 때에도 똑같은 일이 일어났다.

사탄은 그리스도를 위한 당신의 사역이 완주될 때까지는 당신을 해칠 수 없다. 당신은 그때가 올 때까지 결코 죽지 않는다. 사탄은 울부짖을지도 모른다. 또 그는 당신을 위협할지도 모른다. 그러나 사탄은 무**력**하다.

이 땅 위에서의 당신의 일을 완수했을 때에는 그가 당신을 죽이는 일이 가능할 수도 있다. 사탄이 당신의 생명을 앗아 간다 해도 그것으로 복음이 발전하는 것까지 중단시키기지는 못한다.

어젯밤, 아주 긴 꿈을 꾸었다. 아마도 이 장의 내용에 대해 계속 생각하고 있기 때문인 듯하다. 꿈의 배경은 내가 어린 시절에 자랐던 반빈민굴 지역인 펜들톤(Pendlton)이었다. 꿈 속에서 펜들톤의 분위기는 악의에 찬 폭**력**이 지배했기 때문에 공포로 가득 차 있었다. 추악함이 그 거리를 어둡게 메우고 있었고 사람들은 공포에 떨고 있었다. 어떻게 해서든지 나는 남은 생애를 그들의 고통을 덜어 주는 데에 바쳐야 한다는 것을 알았다.

꿈에서 한 남자가 보이지 않는 힘에 의해 살해되어, 얼굴과 몸이 찢

겨진 것을 보았다. 그 남자의 죽음이 너무 끔찍한 데 진저리를 쳤고 그 사람이 아무 도움도 받지 못한 채 그렇게 빨리 목숨을 잃은 것에 대해 충격을 받았다. 그때 문득 내 주변에 있는 두려움에 떠는 사람들을 위로해야 한다는 충동이 생겼다. 그러나 여전히 살해당한 남자의 시체는 나를 위협했다. 그것은 나에게 펜들톤을 떠나라는 것이었다.

그러나 그 순간 원수들이 실패했다는 것을 알았다. 악마의 세**력**은 나를 펜들톤에서 떠나게 하지 못했다. 그들이 원했던 것은 나의 죽음이 아니고 내가 돌아서게 하는 것이었다. 또한 죽음의 위협이 나에게 **영향력**을 미칠 수 없었을 때, 그들이 할 수 있는 일이란 아무것도 없었다. 그들은 패배했다. 나는 나의 승리를 기뻐했다.

계시록 12:11의 "우리 형제들"은 세 가지 방법으로 사탄을 이겼을 것이다. 그들은 어린양의 피로써 참소자인 사탄을 이겼다. 그들은 그들의 증거의 말로써 거짓말쟁이인 뱀을 이겼다. 그리고 그들은 죽기까지 생명을 아끼지 않았기 때문에 삼키는 용인 사탄을 이겼다.

그들은 무적의 사람들이다. 아무것도 그들을 제지할 수 없으며 또한 아무것도 그들을 강요할 수 없다.

아무리 이 세상이 악으로 가득 찼을지라도,

그 세력이 우리를 위협할지라도,

우리는 두려워하지 않으리,

하나님께서 우리를 기뻐하시기 때문에.

그의 진리는 우리를 승리로 이끄네.

육신은 악한 세력이 죽일 수 있을지라도,

그의 선하심과 인자하심이 우리에게 임하시며,

이 죽을 수밖에 없는 생명에도

하나님의 진리는 계속 머물러 계신다네.

하나님의 왕국은 영원하리라![3)]

STUDY 01

전투 :
흑암의 세력과 맞서다

에베소서 6:10-20을 읽으라.

1 ▶ 그 구절은 "끝으로"라는 단어로 시작된다. 그 구절의 뜻을 이해하기 위해 4:25-6:9까지 읽으라.

2 ▶ 왜 바울 사도는 우리가 혈(血)과 육(肉)에 대한 싸움을 하는 것이 아니라고 말하는가? 그 말씀은 (1)그리스도인들과 우리와의 관계, (2) 동료 그리스도인들과 우리와의 관계, (3)우리 가족들과 우리와의 관계에 대해 무엇을 나타내는가?

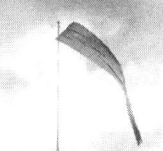

The Fight

3 ▶ 육체의 어떤 영역이 갑주에 의해 보호를 받지 못하고 있는가? 이런 보호받지 못하는 것에서 추론을 끌어내는 것은 불가능할까?

4 ▶ 이 싸움에서 기도는 얼마나 중요한가? 18절을 당신이 스스로 실천할 수 있는가?

02

방어 :
믿음을 성장시키다

T h e   F i g h t

믿음은 기독교의 핵심이다.

그리스도인의 생활은 당신이 믿기 시작하는 그 순간부터다. 믿음으로 은혜의 통로를 넓혀 감으로써 이 생활은 성숙해 왔고, 또한 성숙해 갈 것이다. 그리스도인으로서의 당신의 생활 가운데 어느 일면도 믿음보다 더 중요한 것은 없다.

또한 믿음에 대한 개념보다 더 혼란스러운 것도 없다. 제자들은 '주여, 우리의 믿음을 더하소서'라고 간구했고, 믿음이 한 겨자씨만큼만 있으면 아주 중대한 일을 해낼 수 있다는 말을 들었다(마 17:20 참조). 그러나 만일 그렇게 작은 믿음만이 필요했다면, 그들의 경험은 왜 그렇게 빈약했을까?

이 본질적인 질문에 대해 대답하기 전에 믿음이 무엇인지 먼저 이해해야 한다.

하나님의 주도권에 대한 인간의 반응

믿음은 하나님의 주도권에 대한 인간의 반응이다. 당신이 처음 믿음을 가지게 된 것은, 성령께서 그리스도에 대한 진리를 당신의 마음속에 가져다주셨을 때 당신이 적극적으로 반응한 결과다. 하나님의 빛이 당신에게 임했을 때, 당신은 그리스도를 향해 당신의 의지를 굽히고 운명을 맡긴다. 물론 부정적으로 반응할 수도 있다. 그 선택권은 당신에게 있다. 그러나 거부할지 받아들일지 인도하는 과정은 하나님에게서 시작된다.

천사가 동정녀 마리아에게 중요한 책임을 알리기 위해 나타났을 때, 마리아는 겸손했다. "주의 여종이오니 말씀대로 내게 이루어지이다"(눅 1:38).

그녀의 믿음은 그에게 임한 하나님의 말씀에 대한 반응이었다. 하나님은 이러한 마리아의 믿음을 통해 역사(歷史)를 성취하셨다.

믿음이 하나님께서 행하시거나 말씀하시는 것에 대한 반응이라는 것을 깨달으면, 압박감에서 자유로워지고 당신은 더 건설적인 태도를 취할 수 있게 된다. 당신의 내면을 들여다보면서 '내 믿음의 크기는 얼마인가?'라고 자문하지 말라. 대신 하나님을 바라보면서 다음과 같이 질문하라. '그가 나에게 하신 말씀이 무엇인가? 하나님께서는 내가 무엇을 하기를 원하시는가?'

예수님은 복음서에서 각각 다른 남자와 여자의 믿음을 크게 칭찬하셨다. 그것은 그들의 놀라운 내면의 상태가 아닌 예수님께 반응해 보인 구체적인 행동에 대한 칭찬이었다. 로마 백부장의 경우는 종들을 그리스도께 보내서 다만 말씀의 능**력**만으로 자신의 종을 치유해 주시기를 간구한 행위를 칭찬하셨다. 또 혈루증을 앓는 여인은 예수님의 옷자락을 만지기만 해도 병이 치유된다는 믿음을 가진 행위를 칭찬하셨다. 두 행위 모두 하나님의 부르심에 대해 외적 행동으로 표현한 인간의 반응이었다.

이것을 이해하면 믿음의 크기라는 것이 중요한 문제가 아님을 깨달을 것이다. 그리고 예수님의 겨자씨 비유의 의미도 이해할 것이다.

죽은 나사로를 죽음에서 구하기 위해 마르다에게는 얼마나 큰 믿음이 필요했는가? 대단히 작은 것이었다(요 11:38-40 참조). 만일 내적 상태의 측면에서 보자면 모든 증거는 마르다에게 전혀 믿음이 없었음을 나타낸다. 그녀에게 필요했던 것은, 그리고 그녀가 가졌던 것은 무덤의 돌을 옮겨 놓으라는 주님의 명령에 순종한 정도의 믿음이었다. 그랬을 때 나사로는 일어났다.

그러면 나사로는 어떠했는가? '나사로야, 나오라'고 부르시는 말씀을 듣는 순간 나사로는 무엇을 깨달았을까? 그것은 하나님의 말씀이 무덤에서부터 그를 일으켜 세워 깜짝 놀라 어리둥절한 상태에서 햇빛으로 나오게 한 것과 같다. 당신은 어땠는가? 구세주의 음성을 들었을 때 비틀거리기는 했지만 그래도 곧바로 그의 앞으로 나갔는가? 그것으로 충분하다.

 행동하려면 마음이 먼저 결정해야 한다. 엘리베이터 문이 열리면 들어가기로 결정한다. 15번 단추를 누르면 15층에 올라간다는 것을 알기 때문에 15번 단추를 누르기로 결정한다.

 믿음은 하나님의 말씀에 반응하기 위한 당신의 결정이다. 믿음은 외적 행위와 내적 행위 둘다로 표현이 가능하다. 이 두 가지 형태로 나타나는 반응은 당신의 영원한 운명을 그리스도의 손길에 맡기는 것과 같다. 때가 되면 그 결정이 자라나서 어떤 태도로 굳어진다. 그 태도란 언제나 하나님의 말씀에 기꺼이 반응하는 태도다.

 젊었을 때 나는 믿음과 과학 간의 긴장 상태에 몰두해서 믿음은 증거에(유대 그리스도인의 기록에 포함된 역사적 증거) 기초한 어떤 결정이나 자세라고 곧잘 지적했다. 내 말은 틀리진 않았지만 좀 더 폭넓게 보지 못하고 있었다. 당시 나는 과학자들은 적극적으로 증거를 찾는 반면, 그리스도인들은 그들의 귀에 하루종일 떠들어 대고만 있다는 사실을 알지 못했던 것이다. 하나님은 적극적으로 말씀하시고, 계시하시고 또한 나의 마음에 적극적으로 말씀을 전해 주신다. 그러므로 지금은, 믿음이 그의 주도권에 대한 나의 반응이라고 확신한다.

 믿음은 하나님과 더불어 시작한다. 하나님께서는 주도권을 잡으시고 나는 그 주도권에 반응한다. 그리고 내가 반응을 보일 때 세 번째 요소가 일어난다. 내가 이제 하나님과의 관계로 들어갔기 때문이다.

믿음이 그 관계를 가능하게 했다. 그는 말씀하시고, 나는 반응한다. 그래서 우리는 서로를 알기 시작한다. 하나님을 더 잘 알수록 그분께 순종하기가 더 쉽다.

이 모든 것은 믿음이 감정이 아니라는 것을 보여 준다. 물론 믿음은 감정을 동반할 수도 있다. 문명을 전혀 모르는 사람에게 15층 단추를 누르면 하늘 방향으로 올라간다고 아무리 말해도 그는 감정적으로 결코 확신을 갖지 못할 것이다. 그러나 그 과정을 여러 번 되풀이해 직접 경험하면 그 말을 믿을 수 있다.

하지만 그가 어떤 감정으로 단추를 누르느냐는 그가 15층에 도착하고 안 하고와는 아무런 상관이 없다. 그가 공포에 떨면서 단추를 누르든 더없이 가벼운 마음으로 단추를 누르든 15층 단추를 누르기만 하면 15층에 도착한다는 결과는 같은 것이다. 이것이 내가 마르다를 실례로 든 이유다. 죽음에서 나사로가 부활한 사건은 마르다의 믿음에 좌우되지 않았다. 그리스도의 말씀에 마르다가 반응함으로써 일어난 것이다.

믿음은 보이지 않으며 바라는 것이다

믿음은 깊은 수렁을 건너 보이지 않는 것에게로 나아가는 것이며 바라는 것이다.

히브리서 11:1은 믿음을 잘못 이해하기 쉬운 구절이다. RSV 성경에

이 구절은 "믿음은 바라는 것을 확신하는 것이요, 보지 못하는 것을 확신하는 것이다"라고 적혀 있다. 언뜻 보면 믿음은 내적 감정 상태가 아니라는 나의 말과 다른 듯 보인다.

믿음은 '확신하는 것'이 아닌가? 거듭 '확신하는 것'이라고 말하고 있지 않은가? 지금껏 많은 성경 교사들이 그 구절을 믿음에 대한 간결한 정의로 생각했고 그렇게 사용해 왔다. 우리도 이 구절에서 믿음은 어떤 확신을 갖는 상태라고 가르쳐 왔다.

하지만 이런 식으로 그 구절을 해석하는 것은 그 구절의 문맥을 무시하는 것이다. 그 문장의 초점이 다른 곳에 있으며 또한 저자가 의도하는 요점을 이해하기 위해 어떤 단어들을 강조하는지 알아야 한다.

먼저 그 문장에서 참된 강조점이 되는 단어들을 작은따옴표로 표시하겠다.

"믿음은 '바라는 것'을 확신하는 것이요, '보지 못하는 것'을 확신하는 것이다"

이 구절은 믿음이 작용하는 영역에 대해 설명한다. 믿음은 그리스도인들이 시간과 공간을 초월한 일을 하는 수단이며 실현 불가능한 희망을 가능하게 하는 수단이다. 마리아의 믿음은 수백 년 동안 고대해 오던 유대인들의 갈망을 성취할 수 있게 했다. 그것은 영원하고 무형적인 분이 인간이 되고 성육신이 되게 한 수단이 되었다. 예수님은 외부 세계에서 시골 소녀의 믿음을 통해 이 세상에 오셨다.

그러므로 당신의 믿음은 당신의 인성과 영원 사이를 연결한다. 그것은 영원한 힘을 이 땅 위로 옮길 수 있게 한다. 그것이 믿음의 목적이다. 당신은 현위치에서 하나님을 위한 교두보 역할을 한다. 그 영원하신 모든 능력은 당신을 통해 당신 주변에 있는 사람들에게 전달될 수 있다. 당신이 할 수 있는 모든 것은 하나님께 순종하는 일이다.

여기서 중요한 것은 순종이다. 당신이 그의 말씀에 순종할 때 놀라우신 능력이 나타날 수 있다. 그렇다고 믿음이 하늘나라 발전소에 연결되어 당신이 원하는 대로 끌어 쓸 수 있는 전기선은 결코 아니다. 하나님께서는 그분의 동력(動力)의 일원이 되도록 하기 위해 당신에게 믿음을 주셨다. 당신의 믿음은 하나님께서 뜻을 이루시기 위한 연쇄적이고 복잡한 환경의 한 고리에 불과하다. 마리아의 믿음은 하나님의 계획인 그리스도의 광대한 요소들 가운데 한 가지에 불과했다. 그러므로 당신은 마술사가 아니라, 영원한 목적을 가진 협력자다.

믿음을 성장시키는 일

지금까지 우리는 믿음이 무엇이며, 아주 작은 믿음으로도 얼마나 큰일을 이룰 수 있는지 분명히 이해했다. 그렇다고 내가 믿음의 크기의 중요성을 경시하는 것은 아니다. 이제는 믿음의 크기를 증대시키는 가장 좋은 방법이 무엇인지 본격적으로 살펴보자.

만일 믿음을 하나님의 주도권에 대한 인간의 반응으로 제한한다면,

믿음의 중대를 어떤 말로 이야기할 수 있겠는가? 당신이 반응을 하든지 하지 않든지 둘 중 하나다. 그러나 신약성경은 큰 믿음과 작은 믿음으로 구별한다. 또한 신약성경은 인내하는 믿음에 대해서도 말한다. 이런 용어들은 무엇을 의미하는가?

강한(굳건한) 믿음은, 외적인 격려 없이도 하나님의 말씀에 대해 계속 반응하는 믿음을 말한다. 우리 가족이 차를 타고 쇼핑을 나갈 때, 우리 집 작은 강아지가 풀밭에 얌전히 앉아 우리 식구들이 돌아올 때까지 기다리는 것은 우리 집 강아지의 믿음 덕분이다. 주님의 말씀은 1세기나 13세기나 변함없이 곧 오시리라고 했음에도 불구하고 그는 아직 오시지 않았다. 그가 곧 올 것이라고 말씀하신 것은 2000년 전 일이다.

이 시대에 이 같은 강한 믿음의 실례를 보고 싶으나 나는 계속 보지 못하고 있다. 대부분 믿음이라 생각하는 것은 믿음에 대한 본보기가 아니라 계속 믿어야 할 필요성을 보여 주는 것들이었다. 남편이 다시 돌아올 것이라는 믿음을 포기하지 않는 버림받은 아내, 산타클로스의 선물을 기다리는 어린이, 정치에서 선(善)이 성취될 것을 기다리는 중년 남자 등은 믿음의 힘이 아닌 연약함의 예증이 될지도 모른다. 그것은 현실의 가혹함에 상처받기 쉬운 연약한 자들의 애처로운 자기 방어에 불과하다. 이것은 내가 지금 말하는 그런 믿음이 아니다.

아브라함은 제단 위에 사랑하는 아들을 제물로 묶어 놓고 칼을 들어 치러 했다. 그러면서도 아들 이삭을 통해 하나님의 약속이 성취되리라 믿었다. 바울은 옥중에서도 실라와 함께 밤중에 찬송했고, 또 폭풍이 몰아치자 당황한 선원들에게 모든 일이 잘될 것이라고 위로했다.

이들은 모두 하나님의 말씀에 모든 것을 맡겼다. 아무리 상황이 안 좋을지라도 계속 순종하는 능**력**, 이것이 바로 강한 믿음이다. 이와 같이 지속하는 능**력**이 자라 가는 것이, 곧 믿음을 성장시키는 것이다.

큰 믿음은 하나님께서 완전히 비현실적인 일로 보이는 것들을 요구하실 때 하나님께 반응하는 것이다.

제2차 세계대전이 끝날 무렵 나는 영국 해군에 있었다. 극동 지역에서 돌아오는 항공모함에서 성경 공부와 기도회를 하고 싶었다. 그러려면 성격이 급하고, 성을 잘 내며, 군인 정신이 투철한 함장과 담판을 지어야 했다.

"무엇을 원하오?" 함장실에서 차려 자세로 서 있는 내게 함장이 물었다. "빨리 하시오. 나는 시간을 낭비하고 싶지 않소. 뭐? 성경 공부라고? 나는 이 배에서 이미 성경을 다 읽었소. 성경 공부는 필요 없소."

나는 그대로 서서 기다렸다. 그것밖에 할 일이 없다는 생각이 들었다.

"왜? 나에게 원하는 것이 또 있소?"

"함장님, 저는 당신의 관심을 원합니다."

"답답하군. 내가 한 말 못 들었소? 우리는 이미 주일 예배를 드리고 있소. 기도문도 읽고 있고. 더 이상 필요한 게 뭐가 있겠소?"

"그렇습니다. 함장님."

침묵이 흐른다.

"그런데 왜 여기 계속 서 있는 거요, 화이트? 문은 당신 뒤에 있소."

나는 고통을 느꼈다.

"저는 당신의 관심을 원합니다, 함장님."

"빌어먹을, 빌어먹을, 빌어먹을."(침묵). "그 천치 같은 일에는 당신이나 관심을 기울이시오. 당신이 좋아하는 대로 당신이나 그렇게 하시오. 나가시오!"

"알겠습니다, 함장님. 대단히 감사합니다, 함장님!"

나는 영웅이 아니다. 그러나 나는 그 사무실로 갔다. 그리고 그 모든 생각은 미친 일처럼 보였다. 그러나 성경 공부 결과 어떤 사람들은 그리스도를 만났고 또 대단히 많은 사람들이 그들의 믿음 안에서 더 담대해졌다.

어쩌면 당신은 큰 믿음이란 곧 큰 의지**력**이라고 생각할 수도 있다. 그 생각도 어느 정도는 옳다. 믿음에는 당신의 의지에서 나온 결심과 태도가 필요하다. 그러나 믿음은 의지가 아니며 의지 또한 믿음이 아니다.

믿음은 인격적인 관계와 관련이 있다. 그것은 어떤 분에 대한 믿음이다. 무의미하게 보이는데도 계속 매달리는 것은 내가 자제**력**을 발휘하기 때문이 아니다. 자제**력**은 별 역할을 못한다. 나는 말씀하신 분이 어떤 분인지 알기에 매달리는 것이다. 그가 말씀하신 것을 내가 잘못 읽을 수도 있다. 그러나 그것이 중요한 일은 아니다. 나는 그를 안다. 그는 신뢰를 배신하거나, 자신의 도움과 보호를 거절할 그런 분이 아니다.

에머슨(Emerson)은 믿음을 더 큰 것을 받아들이기 위해 그보다 더 작은 것을 거절하는 것이라고 정의했다. 하나님은 더 큰 것이다. 아무리 다른 것들이 나의 의식에 부딪쳐 와도 나는 그가 계시다는 것을 안다. 나는 그가 보호하고 계심을 안다.

하나님을 의심한다는 것은 그의 **능력**이나 그의 사랑, 둘 중 하나를 의심하는 것이다. 그가 당신을 도울 수 있는 사실을 의심하거나 그가 당신을 돕기를 원하신다는 것을 의심하는 것이다. 의심하는 일은 첫째는 불합리하고, 둘째로 감히 생각할 수도 없는 일이다. 그러나 우리는 이 두 가지 일을 되풀이한다.

어떻게 그만둘 수 있을까? 어떻게 우리 믿음이 성장할 수 있을까? 믿음의 성장과 연관된 몇몇 명령들이 성경에 있다. 그리스도인으로서 가장 힘들었던 때를 되돌아봄으로써 믿음을 성장시킬 수 있다. 성경과 더욱 친숙해지라. 과도한 영적, 심리적 부담감을 제거하라. 그리하면 믿음이 더욱 자랄 것이다.

고난에서 새 힘을 얻다

여러 해 동안 어려움을 경험한 사람들은 그 시절을 회상하며 자랑

스레 이야기한다. 그들은 과거 그 고난을 통해 인내**력**과 힘을 얻었고, 현재는 그 시절을 되돌아보면서 다시 새 힘을 얻는다.

아름다웠던 기억이 우리의 믿음을 성장시킨다고 생각할지 모른다. 나의 경우 항상 한두 가지 극적이고 기적적인 기도 응답들이 나의 믿음을 헤아릴 수 없을 만큼 성장시켰다고 믿었다. 그러나 사실 그것은 그런 식으로 작용하지 않았다.

내 아내와 나는 참으로 엄청난 기적들을 보아 왔다. 우리는 믿을 수 없을 만큼 엄청난 기도 응답들을 받았다. 그러나 우리가 경험한 기적들은 우리의 믿음을 전혀 성장시키지 못했다. 사실대로 고백하기가 좀 부끄럽다. 그러나 어제의 기적이 오늘의 순종을 더 쉽게 하지는 못한다.

히브리서 저자는 믿음의 성장을 위해 과거 어려웠던 시절을 회상하라고 권고한다(히 10:32-35 참조). 케니스 테일러(Kenneth Taylor)는 그 구절을 '놀라운 시절'로 번역했다. 어떤 종류의 '놀라운 시절'인지 성경에서 살펴보자.

> 전날에 너희가 빛을 받은 후에 고난의 큰 싸움을 견디어 낸 것을 생각하라 혹은 비방과 환난으로써 사람에게 구경거리가 되고 혹은 이런 형편에 있는 자들과 사귀는 자가 되었으니 너희가 갇힌 자를 동정하고 너희 소유를 빼앗기는 것도 기쁘게 당한 것은 더 낫고 영구한 소유

가 있는 줄 앎이라 그러므로 너희 담대함을 버리지 말라 이것이 큰 상을 얻게 하느니라.

당신은 히브리서 저자가 실망한 유대인들이 힘들었던 옛일을 회상하도록 하는 것 이상의 의도를 가지고 기록했다는 생각이 들 것이다. 의심하는 유대인들이 그리스도인으로서의 믿음을 버리는 것을 심각하게 고려한다는 것이 문맥에 나타난다. 그러나 히브리서 저자는 그들의 생각을 어려웠던 시절로 향하게 한다.

무슨 이유일까? 고난은 당신에게 두 가지 가운데 한 가지로 작용한다. 고난은 당신을 파괴시키거나 성숙시킨다. 만일 고난 때문에 산산조각난 것이 아니라면, 당신은 그것을 통해 발전할 것이다. 그 시절의 고통은 당신의 생활을 더 깊게 할 것이며 또한 당신의 의식을 더욱 심오하게 확대할 것이다.

히브리서 저자의 저술 대상이었던 유대인들은 고통을 통해 그런 체험을 했다. 하나님은 고난 속에서 그들에게 더욱 분명히 나타나셨다. 그리스도 안에서의 그들의 체험은 더욱 감동적인 것이었다. 그러므로 그 기억들은 고통으로 싸인 것이었지만 아주 귀중했다. 또한 고통이 사라지고 그 기억이 아무 부담 없이 되살아났을 때, 그들의 마음은 힘을 얻어 활기 있게 다시 충성하게 될 것이다. 그들의 믿음이 활기를 되찾은 것이다.

어쩌면 고난을 겪지 않았을 수도 있다. 그러나 만일 당신이 그 길에 더 오래 머물러 있다면 과거에 무슨 일이 일어났는지 기억하라. 고난의 시간이 너무 길었는가? 그 고난의 시간을 어떻게 느꼈는가?

그것이 당신을 감동시키기 시작했는가? 또한 이런 식으로 자극받아 당신은 더욱 발전해 가는가? 더욱 확고한 믿음이 당신 안에서 뿌리를 내리지 않았는가?

성경 속 믿음의 증인들

믿음은 하나님 말씀을 가까이할 때 성장한다. "그러므로 믿음은 …… 하나님의 말씀에서 오느니라"(KJV, 롬 10:17).

히브리서 저자는 12:1을 강조한다. "이러므로 우리에게 구름 같이 둘러싼 허다한 증인들이 있으니 모든 무거운 것과 얽매이기 쉬운 죄를 벗어 버리고 인내로써 우리 앞에 당한 경주하며"(히 12:1).

증인들은 누구인가? 그들은 두 종류 가운데 하나다. "증인들"은 우리에게 증인이 되는 것이거나 혹은 관람석에서 구경하면서 나를 지켜보는 관람석의 증인들이다.

"특별 관람석에서 우리를 지켜보는 구름 같은 믿음의 사람들을 갖고 있으므로……"(《리빙 바이블 Living Bible》, 히 12:1). "우리 주위의 모든 이러한 믿음의 증인들과……"(《새 영어 성경 NEB》, 히 12:1).

특별 관람석에서 우리들을 지켜보고 있다고? 얼마나 괴로운 일인가? 내가 어떻게 아브라함과 경쟁을 할 수 있는가? 옛 시대의 지도자 모세 선지자여, 내가 비참한 경주를 할 때도 내게로 와서 나를 지켜보고 있었습니까?

다행히 이 구절을 관람석에서 본다는 식으로 해석하는 것은 문맥상 별로 지지받을 만한 것이 못 된다. 저자의 요점은, 믿음은 증거할 중요한 가치가 있는 것임을 우리들 앞에 증거하기 위해 증인들을 제시하려는 것이다. 그 저자는 히브리서 11장을 통해 가장 어려운 여건 속에서 끝까지 믿음을 지켰던 남녀 그리스도인들을 우리에게 계속 말한다. 그는 이 사람들이 우리들의 증인이 된다고 말함으로써 우리에게 교훈을 준다. 그들은 특별 관람석에서 관람하는 것이 아니라 출발점에서부터 우리를 격려한다.

여기에 대단히 중요한 성경의 진리가 들어 있다. 바로 하나님의 말씀이다. 그러나 그것은 하나님과 그의 신실하심에 대해, 또한 하나님께서 자신을 믿는 사람들을 어떻게 지키시는가에 대해 증거하는 남녀 성도들의 증거의 형태에 들어 있다. 이 의미에서 히브리서 11장에는 성경 전체의 소우주(小宇宙)가 들어 있다. 이런 남녀 성도들은 성경을 통해 전 우주의 하나님에 대해 우리에게 증거한다. 또한 그들의 증거는 우리들에게 믿음의 근원이 된다.

하나님은 그 증인들을 무시할 수도 있었다. 그분은 어떤 사람에게 황홀경 속에서 자신의 말씀을 단지 받아쓰게만 할 수도 있었다. 그러나 하나님께서는 주로 잘못을 저지르기 쉬운 인간의 경험과 말을 통해 그의 무오(無誤)한 말씀을 주시기로 하셨다.

이렇게 성경은 이중적으로 인격적이다. 그것은 바로 하나님에게서 우리 각 사람에게 전해진 인격적 메시지라는 점에서 인격적이다. 만일 더 큰 믿음을 원한다면 성경을 연구해야 한다. 또한 성경은 수천년을 지나면서 혈육을 가진 남녀 인간에게서 우리에게 전달되었다는 의미에서도 인격적이다. 우리가 믿음의 경주를 위해 스스로를 준비할 때, 이런 사람들이 성령에 의해 구름떼같이 우리 주위로 모여든다.

그러므로 믿음 안에서 성장하려면 성경 공부를 해야 한다. '믿음의 영웅들'의 과거의 생활에 대해 연구하라. 그들이 얼마나 인간적이었으며, 하나님을 깨닫는 데 얼마나 느렸는지 알아보라. 현대 유명한 그리스도인들의 전기에 의기소침해질 수도 있다. 그러나 아브라함과 다윗에 대한 성경 해설을 보라. 하나님은 근본적으로 연약한 그들을 믿음의 영웅으로 훈련시키기 위해 참으로 많이 인내하셨다.

성경을 공부하면 또 다른 변화들이 당신에게 일어날 것이다. 하나님의 약속이 특별한 능력과 은혜로 가슴에 와 닿을 것이다. 당신이 어려울 때 하나님께 순종하려고 한다면, 그 능력과 은혜가 당신에게 놀라운 도움이 될 것이다. 또 당신의 성경 공부는 당신의 믿음을 방해했던 문제에 빛을 비추어 줄 것이다. 성령께서는 당신이 하나님의 말씀과 더욱 가까워지려 할 때 당신을 괴롭히는 문제의 일부를 정리해 주실 것이다.

성경의 그리스도는 당신의 믿음을 성장시키는 마음의 양식이 될 것이다. 그리스도의 **능력**과 힘을 바라볼 때 동일한 힘과 **능력**이 당신의 것이 될 것이다. 모든 저항을 무릅쓰시는 그리스도의 인내가 당신에게 힘을 줄 것이다. 주님은 자신의 인내가 당신의 것이 되기를 원하신다는 것을 알게 될 것이다.

유명 작곡가들 앞에서 피아노를 연주해야 하는 젊은 피아니스트는 신경이 예민해질 수밖에 없다. 하지만 다른 면도 있다. 피아니스트가 연주장으로 들어가기 전에, 만일 루빈스타인이 그 젊은 피아니스트의 팔을 꼭 붙들고 이렇게 말한다면 어떨까? "나는 당신의 심정을 충분히 이해할 수 있습니다. 과거에 나도 비판적인 군중들 앞에서 아주 힘들었던 적이 있지요. 그러니 연주에만 충실하세요. 그것이 가치 있는 일입니다. 내가 당신을 응원하겠소."

그 젊은 피아니스트는 어떤 느낌이 들까? 그는 피아노라는 악기 앞에 앉은 것이 아니라, 빛(조명)이 쏟아지고 천사들이 옹위하는 분위기에서 안락의자에 앉은 듯한 느낌을 갖게 될 것이다.

이런 축복이 바로 당신의 것이다. 당신이 경기의 출발점 앞에 섰을 때, 모세는 바로 당신의 팔 가까이에 있으며 여호수아와 기생이었던 라합도 당신 곁에 있다. 이 땅 위에 살아 있을 때 무수한 고난의 지옥을 체험하면서도 하나님의 진실됨을 입증해 보였던 알지 못하는 수천

명의 그리스도인들도 역시 당신 곁에 와 있다.

무거운 짐을 벗어 버리라

그러나 그것은 확실히 하나의 경기요, 믿음의 경기다. 도중에는 짐을 내려놓을 수 없는 길고 힘든 경기다. 고백하지 않은 죄, 잘못된 우선 순위 등은 믿음을 약화시킨다.

잘못된 우선 순위란 무엇인가? 그리스도인에게는 한 분의 가장 우선되는 분이 있다. 예수님은 제자들에게 이것을 분명히 하셨다. "한 사람이 두 주인을 섬기지 못할 것이니 혹 이를 미워하고 저를 사랑하거나 혹 이를 중히 여기고 저를 경히 여김이라"(마 6:24).

만일 그리스도인이 동시에 두 방향을 좇는다면, 분명한 믿음을 가질 수가 없다. 많은 그리스도인이 실패한 이유가 여기에 있다. 그들은 인간의 본성, 곧 돈과 쾌락과 경력, 신분, 명성에 취해 최고의 인생 목표를 갖지 못하고 만다. 그들에게 최고 목표가 무엇이냐고 물어보라. 그러면 '하나님을 영화롭게 하고 …… 그리스도를 섬기며' 등등의 대답을 할 것이다. 그러나 그들의 생활을 관찰해 보면 매우 당황할 것이다. 그들과 대화를 나누어 보면 하나님의 영광에는 전혀 관심이 없다는 걸 알아 챌 것이다. 그들에게서는 생명력 있는 믿음에 대한 증거 또한 거의 찾아볼 수 없을 것이다.

나의 동료 의사들 대부분은 직업이 첫째고, 그리스도는 두 번째다.

그러면서 오히려 나의 이 같은 판단을 비난한다. 이것은 비단 의사들에게만 적용되는 것이 아니다. 정도는 조금씩 다르겠지만 그리스도인 법률가들, 그리스도인 교사들, 그리고 다른 직업에 종사하는 모든 그리스도인들에게 적용된다. 쓰레기 치우는 사람들은 그것을 그들 인생의 최고 목표로 삼지는 않는다. 그들은 생계를 위해 그 일을 한다고 생각한다. 전문직 종사자들은 이 점에서 더욱 유혹을 받는다.

그러나 그것은 정복되어야 하는 유혹이다. 아무도 동시에 두 주인을 섬길 수 없다. "혹 이를 미워하고 저를 사랑하거나 혹 이를 중히 여기고 저를 경히 여김이라 너희가 하나님과 재물을 겸하여 섬기지 못하느니라"(마 6:24).

나는 나 자신을 그리스도인이면서 동시에 정신과 의사로 생각할 때 번민을 느낀다. 그러나 나 자신을 정신병을 치료하는 그리스도인 의사로 생각하면 그리스도를 섬기는 데 더 자유로울 뿐 아니라 정신병 치료도 더 잘할 수 있다. 이 구분은 미묘한 것이 아니라 근본적인 것이다. 그것은 목표와 충성과 관계가 있으며, 제일의 목표와 제일의 충성, 그리고 자유와 예속의 본질과도 근본적으로 관계가 있다. 자신에게 정직하게 이 경주에 참여하자. 왜냐하면 두 마음을 품은 사람은 결국 믿음을 땅에 떨어뜨리게 되기 때문이다.

그러므로 불필요한 짐은 이 멀고도 먼 여행에 부적합하다. 이 짐은 다음 둘 가운데 하나, 곧 하찮은 것이거나 중요한 것일 거다. 그리스도인 어머니, 당신은 무엇하는 사람인가? 아기를 돌보도록 부름 받은 그리스도의 제자이거나, 일개 한 아이의 어머니다. 사탄이 당신에게 와서 '당신의 그리스도인으로서의 정신 자세를 완화시켜라. 그러면 내가 너의 자녀들을 해치지 않겠다'라고 말하면 어떻게 하겠는가?

그리스도께서는 그에 대한 충성을 굽히지 않고 또 적당히 타협하지 않도록 우리를 부르신다. 만일 당신이 경기하는 목적과 충성을 확인할 수 없거나 확고히 할 수 없다면, 당신은 결코 믿음의 사람이 될 수 없을 것이다.

불로 연단된 믿음

지금까지 믿음을 성장시키기 위해 할 수 있는 일이 무엇인지 살펴보았다. 이제 믿음 성장을 위해 하나님께서 무엇을 하시며 당신이 그분과 어떻게 **협력**할 수 있는가 하는 부분을 다루겠다.

당신의 믿음을 성장시키는 일은 하나님의 목적이기도 하다. 당신이 그리스도인이 되기 이전에 하나님께서는 이미 능동적으로 역사해 오셨던 것이다.

불이 금을 정련하듯이 열을 가하면 불순물은 제거된다. 그리고 24캐럿짜리 순금 같은 순수한 믿음이 당신 속에 남는다(벧전 1:7 참조). 가뭄이 나무 뿌리를 땅 속으로 더 깊이 뻗치게 하듯이, 믿음도 영적으로 건조해 보이는 때에 당신의 영혼 깊숙이 믿음의 뿌리를 뻗친다. 그래서 당신은 가뭄 속에서도 푸르고 싱싱한 믿음의 나무가 될 것이다.

가뭄은 하나님의 훈련 과정에 불과하다. 하나님은 당신을 전쟁터의 병사처럼 연단하시고 훈련시켜 믿음의 경주에서 선수로 만드신다. 훈련은 교정과 고통을 포함한다. 당신의 믿음은 당신이 하나님의 개입하심에 어떻게 반응하는가에 따라서 그 성장과 쇠퇴가 좌우된다.

이 장을 서술하는 내내 히브리서(10:32-12:13 참조)를 내 사상의 배경으로 삼았다. 당신이 몇 개의 진주에 도취되어 전체 보화의 영광을 잃지 않기를 바란다. 그래서 이 놀라운 보화에 묻힌 번쩍거리는 각각의 보석들을 보여 주고픈 유혹을 지금껏 억눌러 왔다. 이 부분은 가족 안에서의 인격적 관계를 비유로 들어 믿음을 설명함으로써(히 12:5-11 참조) 마치려 한다. 믿음은 한 가정의 아버지가 자녀들을 훈련시키는 것과 같다.

자녀 양육에 관한 거의 모든 책은 공통적으로 근본적인 잘못을 저지른다. 거의 모든 저서에서 어린이 양육 문제를 다룰 때 같은 함정에 빠져든다. 기도와 규제, 이해해 주는 것과 같은 부모들의 행동과 자녀들이 어떤 사람이 되는가 사이에 절대적인 상호 관계가 있다고 가정한다.

그것에 반대되는 수많은 증거가 있는데도 이 불합리하고 터무니없는 가정이 계속 이어진다는 사실이 매우 놀랍다. 우리는 모두 인과론자들이 되어 버렸다. 반드시 어떤 원인은 특정한 결과를 낳는다라고 믿도록 세뇌되어 왔다. 아리스토텔레스의 숭배자가 되어 우리의 마음은 원인과 결과라는 이론의 단순함과 매력에 꽁꽁 묶여 있다.

이 이론은 나의 보잘것없는 두뇌로도 우주를 다스릴 수 있다고 느끼게 한다. 그런 확신 속에서 우주는 점점 왜소해지고 나는 위대해진다. 심지어 나는 비뚜로 나가는 아이에 대해서도 그 이유를 모두 설명할 수 있다고 생각하게 되었다.

수많은 원인이 있고, 또한 수많은 결과도 있다. 그러나 자녀는 프로그램을 짤 수 있는 전자계산기가 아니다. 서로 다른 아이들은 동일한 양육이라는 '원인'에 대해 여러 가지 다른 결과를 나타낼 것이다.

어린이는 선택한다. 아이들은 그 과정에 협조하거나 고의로 저항한다. 세상에서 최고라고 하는 부모들이 괴물 같은 아이를 길러 내는가 하면, 기존의 모든 아이 양육법을 무시한 부모들 밑에서 책임감 있고 올바른 어린 천사들이 생겨나기도 한다. 그런 일은 언제나 일어난다.

히브리서 저자는 이것을 알고 있었으며, 믿음과 불신 사이에서 방황하는 유대인들에게 그것을 지적했다. 그리스도인인 유대인들은 훈련에 대해 어떻게 대응할지 선택할 수 있었다. 하나님은 하늘의 프로그램 제작자가 아니다.

그들은 선택에 직면해 여러 가지 일을 염두에 두어야 한다. 첫째, 징계는 부모가 사랑한다는 증거다. 징계를 받지 않는다는 것은 당신이 '귀여운 자녀'라는 의미는 될지 몰라도 사랑받는 자녀라는 것을 뜻하지는 않는다. "주께서 그 사랑하시는 자를 징계하시고 그가 받아들이시는 아들마다 채찍질하심이라"(히 12:6).

징계는 고통스럽지만 '형벌'은 아니다. 형벌은 보복의 의미지만 징계는 목적을 가진 단련이다. 많은 연습과 땀, 육체적 정신적인 피곤함과 고통 등은 모두 운동선수들이 감내해야 하는 훈련의 일부분이다. 믿음을 훈련하는 그리스도인의 훈련이 이 세상 경기에서의 훈련보다 엄격하지 않아야 할 이유가 있는가?

그러나 문제는 그리스도인이 훈련에 대해 어떤 반응을 보이느냐에 있다. 그 반응에 따라 그들의 믿음이 아름답게 꽃피기도 하고 시들기도 한다.

"무릇 징계가 당시에는 즐거워 보이지 않고 슬퍼 보이나 후에 그로 말미암아 연단 받은 자들은 의와 평강의 열매를 맺느니라"(히 12:11).

"그로 말미암아 연단 받은 자들은." 바로 여기에 그 문제의 핵심이 있다. 당신이 영적인 수술대에 누워 있다고 생각해 보자. 이 수술로 당신 안에 하나님의 아름다운 형상을 회복할 수 있다. 하나님의 자비와 그 기술은 당신이 어떻게 반응하느냐에 따라 다르게 작용한다. 수술용 칼과 봉합용 실은 이미 준비되어 있다. 어떻게 반응할 것인가? 수술을 거부할 것인가? 아니면 고통스럽기는 해도 수술 후에 아름답게 회복될 당신의 영적 형상을 위해 조용히 참을 것인가?

하나님께서는 당신을 마술과 같은 방법으로 변화시키지 않으신다. 물론 비약적으로 발전하거나 갑작스러운 통찰력을 지닐 수도 있고,

영광스러운 체험을 할 수도 있다. 그러나 변화의 중요 과정은 느리고 때로는 매우 고통스럽다. 단, 하나님을 신뢰하고 이해한다면 그 고통은 놀랍게 축소될 것이다.

아들 스코트가 한번은 넘어졌는데 그만 턱이 찢어지고 말았다. 그때 우리는 문명과는 동떨어진 곳에 살았다. 그렇다고 그저 손 놓고 있을 상황이 아니었다. 결국 외과 방면에는 아무런 지식이 없는 내가 가정용 실과 바늘을 집어들었다. 마취주사도 놓지 못한 채 얼굴을 꿰매기 시작했다. 아이가 내지르는 비명에 가슴이 찢어지는 것 같았다. 지금도 그때를 돌아보면 후회가 막급하다. 그때 나는 아이에게 움직이면 큰일나니 꼼짝 말라고 엄포만 놓았다. 왜 그때 모든 일이 잘 될 것이라고 알려 줌으로써 위로할 생각을 하지 못했을까? 왜 내가 그를 해치는 것처럼 무섭게 해야만 했을까?

그 일을 통해 두 가지를 배웠다. 첫째, 하나님은 결코 우리를 고통스럽게 하시기를 기뻐하지 않으신다는 것이다. 그분은 우리가 고통받는 것을 원하시지 않는다. 인간으로서의 아버지인 내가 나의 아들에게 가한 고통으로 그렇게 괴로워했다면, 하늘에 계신 사랑의 우리 아버지께서는 우리가 당하는 고통을 얼마나 더 슬퍼하시겠는가? 이사야 선지자는 이 사실을 수백 년 전에 우리에게 이렇게 가르쳤다. "그들이 고통당할 때, 하나님은 괴로워하신다(사 63:9, 미국표준역〈ASV〉).

나는 고통이란 두려워하면 더 고통스럽게 되고, 반면 이해하고 신뢰하면 극적으로 고통이 경감된다는 것을 깨달았다. 어린 아들 스코트에게 내 본심을 전달할 수 없었으나 하나님께서는 우리에게 그것을 알려 주실 수 있으시며 또 우리에게 그렇게 하신다.

나는 심리적인 압박감과 어떤 고통스런 경험 속에서도 단지 그 고통을 이해하기만 하면, 아니 신뢰하기만 해도 그 고통들이 기쁨으로 변하는 것을 경험했다. 신뢰함으로써 나는 하나님께서 내 안에 자신의 형상을 재창조하시고 또한 나의 믿음을 깊게 하기 위해 행하시는 수술에 하나님과 함께 협조하는 동역자가 되었다.

10대 소년이었을 때 훌륭한 선생님에게서 피아노를 배웠다. 선생님은 나에게 새로운 곡을 연습시키려고 할 때 언제나 '자, 이것을 쳐 보아라' 하고 말씀하셨다.

그런데 그것은 항상 내가 치기 어려운 곡이었다. 그래도 선생님은 차근차근 설명해 주었다. "처음에는 천천히 치고, 손에 익은 후에는 빨리 치도록 하렴. 그리고 한 주일 동안 그 곡을 연습하거라."

나의 손은 조금씩 조금씩 그 어렵고 힘든 곡을 익히기 시작했다. 그 지겨웠던 연습이 음악을 즐길 수 있는 디딤돌이 되었다. 나는 피아노 선생님이 나에게 부과하셨던 그 어렵고 힘든 곡을 끈기 있게 연습하면서 기쁨을 느끼기 시작했다.

야고보 사도는 "내 형제들아, 너희가 여러 가지 시험을(다른 말로 시련) 당하거든 온전히 기쁘게 여기라 이는 너희 믿음의 시련이 인내를 만들어 내는 줄 너희가 앎이라"(약 1:2-3)고 말한다.

우리가 고통을 받으면서도 기뻐하는 이유는 바로 여기에 있다. 고통이 좋아서가 아니라, 하나님께서 그것을 통해 우리 믿음을 온전케 하시고 또한 굳건하고 인내하는 믿음으로 만드시기 때문이다. 우리의 믿음은 시련에 어떻게 반응하느냐에 따라 놀랍도록 성장한다. 뿐만 아니라 그 시련의 고통이 기쁨으로 변화될 수도 있다. 그러므로 고통 속에서도 하나님께 감사해야 한다. 하나님을 신뢰한다고 그에게 말하라. 그가 하실 수 있는 것과 또 현재 그가 하시는 일을 찬양하라. 그렇게 할 때 압박감은 사라질 것이다. 당신은 천국의 영을 되찾을 수 있는 찬양의 외투를 받을 것이다.

볼리비아에 있던 어느 날 '나의 믿음이 어떻게 온전해질 수 있을까' 하는 것과 그 외 여러 교훈이 마음에 와 닿았다. 내가 받는 억압감은 내가 당하는 시련 이상의 것이었으며, 내 마음은 인간적인 위로와 이해를 모두 상실했다. 어느 토요일 오후 나는 하나님께 부르짖었다. "하나님, 한마디 위로의 말씀이라도 주십시오."

나는 한 조각의 빵을 간구했는데, 하나님께서는 연회를 베풀어 주셨다.

그 억압 때문에 나는 다음 날(주일) 떠나기로 결심했다. 아내와 함께 탐보(Tambo)의 작은 볼리비아 주택지 뒤에 있는 강을 건너 반 사막지대를 지나 그 강 계곡이 내려다보이는 가파른 언덕 꼭대기로 올라갔다.

그 강을 건너자 압박감이 일시적으로 사라졌다. 하나님께서는 우리에게 자연을 통해 평화를 주셨다. 우리는 몸을 따뜻하게 해 주는 햇살을 받으면서 가시 달린 떨기나무와 큰 선인장, 케이폭(kapok) 나무 사이의 가파른 계곡을 올라갔다. 아래로 보이는 주택가가 아름다운 작은 장난감 세계 같았다. 내려다보이는 강물에 새파란 하늘이 비쳐 마치 수를 놓은 것 같았다.

우리는 산 중턱쯤 올라가 쉬기도 하고 또 하나님께 간단한 예배를 드리기 위해 멈추었다. 아마 하나님께서는 그때 나에게 자신의 특별한 말씀을 주시려 하셨던 것 같다. 아무 생각도 없이 나는 찬송가를 펼쳐 한곡을 택해 부르기 시작했다.

> 주님의 성도들이여,
> 이 반석이 얼마나 굳건한가!
> 당신의 믿음을 그의 위대한 말씀 위에 세웠는가!
> 그가 당신에게 이미 말씀해 주신 것보다
> 어떤 더 좋은 것을 말하실 수 있겠는가?
> 당신의 피난처이신 예수께로 달려갔는가?

그가 이미 말씀하신 것보다 어떤 더 좋은 것을 말씀하실 수 있겠는가? 폭탄이 머릿속에서 터지는 것 같았다. 그때 나는 어떤 새로운 말쏨을 구했는데 여기선 하나님께서는 필요한 것들을 이미 다 말씀해 주셨다고 말씀하셨다. 나는 기쁨과 해방감으로 울기 시작했다. 하나님의 말씀을 통해 믿음이 생겨난 것이었다.

아내 로리는 찬송을 계속했다.

> 하나님께서는 불같은 시련을 통해 길을 제시하시며,
> 우리는 하나님께서 채워 주시는 모든 충만한 것으로 은혜를 받습니다,
> 그 시련의 불꽃이 당신을 해치지 못할 것이며,
> 오히려 불꽃으로 당신의 찌꺼기를 불태우고
> 당신의 믿음이 정금(正金)같이 빛나게 하실 것입니다.

그 고통에는 의미가 있었던 것이다. 하나님은 나의 시련을 통해 무엇인가를 하고 계셨다.

> 깊은 물 속을 통과하면서
> 나는 당신에게로 더 가까이 갑니다.
> 슬픔의 강이 나를 엄습하지 못함은
> 주님께서 나와 함께 계시며 나의 시련을 축복으로 바꾸실 것이기 때문입니다.
> 나의 그 깊은 시련을 통해

주님이 나를 성화(聖化)하시기 때문입니다.

내가 너희와 함께 있으며, 그 시련을 축복으로 바꾸어 주리라. 그것은 냉엄하고 비인간적인 과정이 아니었다. 아슬란(Aslan)의 따뜻한 산들바람이 불어왔다.

예수님을 의지하는 사람은 안식을 얻으며,
그는 나를 결단코 원수들에게 내어주지 않을 것입니다.
모든 지옥 권세가 나를 뒤흔들지라도,
주님은 결코, 결단코, 나를 포기하지 않을 것입니다![4]

다음 순간에 무슨 일이 일어났는가. 아무 일도 일어나지 않았다. 그러나 산 공기보다도 더 신선한 것이 내 속에서 일어났으며 또한 열 사람 이상의 힘이 내 속에서 솟구치는 것을 느꼈다. 우리는 곧 큰 은혜와 용기로 가득 차서 선인장과 가시덤불로 싸여 있는 산정(山頂)을 향해 다시 오르기 시작했다.

어떤 의미에서 우리는 그 이후로 지금까지 계속 높은 산정을 향해 올라가고 있다. 뒤에서 잡아끄는 것들이 있고, 가시덤불이 있지만 우리를 붙잡지 못한다.

STUDY 02

방어 :
믿음을 성장시키다

히브리서 10:32-12:13을 읽으라.

1 ▶ 히브리서 10:32-39. 믿음, 인내의 믿음은 과거의 시련을 회상함으로써 더 강해질 것이다(32-34절 참조). 믿음을 갖고 안 갖고는 내 태도 여하에 달렸다는 증거가 제시된 구절이 있는가?

2 ▶ 히브리서 11장. 이 11장에서 '보지 못하는 것들'과 '바라는 것들'과 관계된 실례를 지적하고, 또 히브리서 저자가 1절의 주제를 그 이후의 본문에서 실례를 들어 어떤 식으로 설명하는지 알아보라.

The Fight

3 ▶ 히브리서 12:1-13. '예수님을 바라보는 것'이 어떻게 우리 믿음에 도움이 되는가? 징계의 고통 속에서 우리는 어떻게 반응해야 하는가? 당신은 그런 반응을 보이는가?

03
전우 :
새로운 관계를
배우다

The Fight

그리스도인으로서의

당신은 하늘나라의 가족과 이 땅 위의 가족, 이렇게 두 가족을 가졌다. 그리스도인이 되는 순간 첫 번째 관계가 시작되었고, 두 번째 관계에서는 어떤 변화가 생겼다. 양쪽에서 관계를 진행시키는 과정에서 괴로움을 피하는 건 거의 불가능하다.

그리스도인으로서 겪는 투쟁처럼 격렬한 싸움은 없으며, 가족 간의 분쟁처럼 비통한 분쟁도 없다. 다른 한편으로는 그리스도인의 관계처럼 그렇게 따뜻한 관계도 없으며, 그리스도인의 가정처럼 그렇게 위로를 주는 안식처도 없다. 그러므로 이 두 가정을 신중하게 살펴보는 것은 참으로 중요하다.

생물학적 가족

최근에 "조각난 세계 속의 온전한 가족"이란 제목으로 세미나를 개최해 달라고 요청을 받았다. 그 세미나는 그리스도인들을 위한 것이었으며, 그들 가운데 많은 사람들이 기독교는 분리된 가정들을 결속시키는 것이라고 생각했다. 물론 맞는 말이다. 그러나 또한 기독교는 새로운 긴장과 충돌되는 충성을 창조할 수도 있다. "내가 세상에 화평을 주러 온 줄로 생각하지 말라 화평이 아니요 검을 주러 왔노라 내가 온 것은 사람이 그 아버지와, 딸이 어머니와, 며느리가 시어머니와 불화하게 하려 함이니 사람의 원수가 자기 집안 식구리라"(마 10:34-36).

이 말씀을 읽으면 좀 혼란스럽다. 평화의 왕자가 칼자루를 들고 당신 가정의 문을 두드린다. 그것은 우리에게 다음과 같은 의문을 불러 일으킨다. 성경의 가정관은 무엇인가? 우리는 구약을 통해 가정의 중요성을 깨달았다. 그런데 신약에서는 가정이 덜 중요하게 되었는가? 그리스도의 오심은 사태를 변화시키시려는 것인가?

사회 사업가들, 결혼 상담자들, 정신 분석학자들, 치료학자들, 그리고 심리학자들은 모두 가정의 중요성을 역설한다.

가정의 파멸에 대한 예언이 그 주장을 고조시키는 것은 사실이다. 그러나 그 주장은 일반적인 주장들 속에서 간신히 들려오는 외로운 소리들이다. 가정 요법은 어떤 형태의 심리학적인 치료보다 의학적으로 더욱 중요하다. 가족 구성원들은 서로 어떻게 기능해야 하는가를 두고 여러 다른 학설이 있을 수 있다. 그러나 가족들이 서로 역할을 감당해야 한다는 것과 어떤 방법으로든 그렇게 만들 수 있다는 점에서는 견해가 일치한다.

그러면 그리스도인들은 파괴된 가정을 치유하는 최전선에 서야 하는가? 물론 그래야 한다. 그러나 가정이 중요하지만, 더 중요한 것이 있다. 만일 그리스도에 대한 가족 구성원의 충성을 희생해야만 가족의 결속이 가능하다면, 그것은 '좋은 것'이 '가장 좋은 것'의 원수가 되어 버린 것이다. 당신에게나 당신의 가까운 사람에게 어떤 대가를 지불하든지 또는 당신의 가족이나 당신이 소속한 사회, 국가에 어떤 결과를 초래하든지 간에 당신은 그리스도께 충성해야 한다.

타협이란 있을 수 없다. 공산주의나 파시즘 같은 다른 이념들조차 가정이나 다른 충성에 앞서 당에 충성을 요구한다. 그렇게 광대한 선포를 할 수 있는 유일한 분이 계시다. 그는 우주 만물의 통치자이시며 주인이시며 또 왕 중의 왕이시다.

그리스도의 목적이 당신 가정의 벌집을 건드리는 것이라는 느낌을 주었다면 그것은 잘못된 것이다. 하나님은 역사하시기 위해 제도를 만드신 것이지 그 일부를 파괴하시기 위해 만드신 것이 아니다. 가정은 하나님이 만드신 제도 가운데 하나다. 그러나 때때로 어떤 건축물은 너무 훼손되었기 때문에 그것이 제대로 기능하도록 하기 위해서는 분해해서 재건축해야 한다. 그러므로 그것이 아무리 고통스러울지라도 가정에서의 격렬한 충돌로 낙심할 필요는 없다. 그것은 여러 해 동안의 질병에서 기인한 것이다. 혹은 그것이 새로운 건물을 짓는 데서 불가피하게 나오는 건축 폐기물들을 청소한다는 의미일 수도 있다.

가정을 창조하신 하나님께서는 그 가정의 모든 식구가 하나님과 올바른 관계를 맺을 때, 그 기능을 최고로 발휘하도록 하셨다. 그러나 이러한 하나님과의 올바른 관계 없이도 가정은 그 기능을 발휘할 수 있다. 가정은 그들이 하나님을 경외하지 않을 때도 그대로 가정으로서의 역할을 할 수 있다. 자동차가 도난을 당한다 해도 그 자동차는 기능을 잘 발휘한다. 자동차가 그렇게 기능하는 것은 제작 회사의 제작 기술이 뛰어나다는 증거이지, 결코 도둑질이나 부주의한 취급을 정당화시키는 것은 아니다. 그러므로 비그리스도인 가정도 기능을 잘 감당할 수 있다.

당신의 가족들이 그리스도와 당신의 관계를 깨닫는 데 어려움이 있을 수도 있다. 만일 당신의 새로운 주인인 그리스도께 더욱 충성한다면 긴장이 고조될지도 모른다. 그러나 한 가지 사실은 분명히 하라. 긴장이 고조될지도 모르나 긴장을 고조시키는 것이 당신의 목적은 아니라는 사실이다. 가족들이 화를 낼지도 모른다. 그러나 그것을 자극해서는 안 된다. 가정을 이루고 또 파괴시키는 일은 하나님의 일이지 당신의 일이 아니다. 하나님께서 어떤 자비하심 속에서 그렇게 해야만 하실 때를 포함해서 가정이 파괴되는 것은 언제나 비극이다.

당신이 가족들에게 주의를 기울이는 것 이상으로 더 세심한 주의를 기울이는 곳은 없을 것이다. 그리스도인들은 자기 가정에서 약간 독선적인 경향이 있다. 특히 초신자들은 더욱 그렇다. 다른 가족들의 죄로 인한 '의분'에 대하여 조심하라. 그리스도께서 당신에게 보여 주셨던 것과 같은 사랑과 인내를 다른 사람들에게도 베풀라. 당신은 가족들이 그런 것을 충분히 받을 만하다고 생각하는가? 하나님께서는 오랫동안 당신에게 그렇게 해 오셨다.

안심과 조심이라는 두 가지 용어를 말하고 싶다. 안심하라는 말은, 당신이 가족들에게 그리스도를 이야기하는 데 망설이는 것은 충분히 그럴 수 있는 일이기에 사용했다. 그리고 조심이라는 말은 첫째, 당신이 아무리 기술적으로 친절하게 그리스도에 대해 고백할지라도 냉정한 반응을 받거나 심지어 소외될 수도 있기에 사용했다. 둘째로 당신이 가족들에게 딱딱한 사람이 되지 않도록 조심해야 하기에 그랬다.

모든 것이 잘 풀릴 수도 있다. 온 가족이 성령에 의해 준비되어 있고 진리를 갈급해 할 수도 있다. 온 가족이 그리스도께로 돌아와 믿을 수도 있다. 그러나 일반적으로 처음에는 별로 유쾌한 결과를 얻지 못한다. 가족마다 당신의 고백을 다 다르게 받아들일 것이다. 배우자는 깊이 감동을 받는데, 부모와 자녀들은 배척할 수도 있다. 또 반대로 배우자는 받아들이지 않는데, 부모와 자녀들은 잘 받아들일 수도 있다.

가족끼리 결속한 모습이 당신 가족의 새로운 모습이 될 수 있다. 그러면 당신은 그들을 위한 경계자의 위치에 서야 한다. 가족을 일렬로 세워서 운동을 하는 것처럼 그리스도를 믿도록 해선 안 된다. 당신의 가족 가운데 새로운 결신자가 다른 가족의 일원을 위협하거나 해칠 수도 있다. 만일 그리스도께서 누이를 결신케 하셔서 나와 누이 사이에 새롭고 따뜻한 관계와 결속을 이루어 주신다면, 그것 때문에 그 누이와 아주 가까웠던 남동생이 받을 수 있는 마음의 상처와 소외감에도 민감해야 한다. 누이를 얻은 것을 만족스러워 하고만 있을 것이 아니라, 누이를 잘 권면해서 그 누이와 절친한 남동생이 외로워하지 않도록 하기를 그리스도께서는 더 원하신다.

그러므로 가정에서의 당신의 일은 진리와 사랑과 빛의 중심이 되는 것이다. 이 말은 가정에서 부자연스럽게 행동하라는 말이 아니다. 그리스도께서는 당신의 가슴에 불을 켜셨다. 가정 안에서의 당신의 위치를 찾아라. 그러나 당신은 하나님께 속해야 한다.

하나님이 기뻐하시는 가정

아무것도 그 가정의 본질적인 성격을 변화시킬 수는 없을 것이다. 하나님께서 사람들이 그 안에 살도록 계획하셨기에 가정은 존재한다. 인간이 가정의 일원으로서의 생활을 중지하는 순간, 인간으로서 존재하는 것을 중단하는 것이다. 또 인간 이하로, 인간 이상으로 존대하는 것을 중지할 것이다. 나는 과학적인 근거보다는 성경적인 근거에서 이 말을 한다.

인류학이나 사회학 혹은 심리학 같은 모든 과학이 할 수 있는 말은 가족들에게 어떤 일이 '일어나고' 있는가와 또 그들에게 어떤 일이 '일어날 수' 있는가 하는 것이다. 과학으로는 '정상적인' 가정이 어떤 것인지 알 수 없기 때문에 무슨 일이 '일어나야 하는지'는 결코 말할 수 없다. 과학은 다만 일반적인 가정이 주어진 문화의 배경 속에서 무엇처럼 보이는가를 알 수 있을 뿐이다. 정상적 상태는 과학의 영역을 넘어선다. 그것은 과학이 모르는 목적과 뜻을 포함한다.

하나님은 홀로 계시는 분이 아니다. 그분은 삼위(三位)로 존재하신다.

삼위는 인간이 심리적 안정을 위하여 창안한 것이 아니다. 하나님께서 우리에게 계시될 때에 성부로서만 오신 것이 아니라 삼위 일체적 존재로 오셨다. 이 실체는 우리가 창안해 내기는 고사하고 이해할 수조차 없는 것이다.

그러나 하나님은 우리에게 아버지로 계시되었다. 그의 형상대로 지음을 받은 인간은 친밀한 인격적 관계를 가질 수 있는 **능력**을 가지고 창조되었다. 가정의 단위는 기본적인 생리적 필요를 충족시킨다. 그것은 어떤 문화적, 경제적인 상태와 밀접한 관련이 있다. 그러나 이런 필요성과 상태보다 더 기본적인 것이 있다. 가정이란 단위는 하나님 그분의 존재하시는 방법에서 발생했다.

인간을 창조하신 하나님께서는 가족 관계의 기초를 분명히 하셨다. 가정 안에서 하나님의 종이 되는 것은 당신이 자녀로서, 아내로서, 부모나 혹은 그 외 다른 신분으로서 특별한 역할을 잘 수행해야 함을 뜻한다. 가정에서 그리스도의 중인이 되거나, 가정을 변화시키고 치유시키는 하나님의 대행자가 되는 점에 있어 이것보다 더 힘 있는 방법은 없다. 또한 당신의 역할이 어떤 것이든 간에 판사나 비판자가 되어서는 안 된다는 사실을 명심하라.

내가 정신과 의사가 되기 오래전, 현재 가정 상담으로 알려진 내용 속에 내 자신이 포함되어 있음을 발견했다. 가족의 역할에 대해 성경적인 이해를 자주 적용시켰으므로 나는 성경이 가르치는 아버지와 남편 혹은 아내로서의 역할에 대하여 자주 상담자들에게 지적했다. 곧 다음과 같은 말로 요약할 수 있는 평범한 반응에 익숙해지게 되었다. "그렇습니다. 나는 아내를 사랑해야 한다는 것을 성경을 통해 알고 있습니다. 그러나 또한 성경은 아내가 남편에게 순종해야 한다는 것도 가르치고 있지요. 그런데 그녀는 그렇게 하지 않습니다. 나는 그녀가 자신의 역할을 할 때 나의 책임을 이행할 생각입니다."

나는 이것을 '그렇습니다 - 그러나' 반응이라 부른다. 본질적으로 그것은, 다른 가족 구성원들이 자신들의 책임을 다 이행하지 않는 한 누군가에게 자신의 역할을 다하라고 할 수는 없다는 생각을 변호한다.

그러나 이런 반응은 가정 생활을 불가능하게 하는 토대를 형성한다. 만일 가족 각 사람이 다른 모든 가족의 만족할 만한 역할을 먼저 확인해야 하거나 가족 가운데 한 사람에게 기대하려고 한다면, 그 가정은 끝없는 논쟁을 벌이는 재판소가 될 것이다. 가정에서 각 사람의 책임은 임시적일 뿐 영원하지 않기 때문이다. 가족 관계의 본질은 우리와 하나님과의 관계처럼, 흔들리지 않는 헌신 위에 기초를 두어야 한다. 각 가족 구성원들의 서로에 대한 무조건적이고 견고한 헌신이 풍요로운 인격적 관계의 성숙을 가능하게 해 준다.

그러므로 이 사실이 가족에 대한 당신의 기초석이 되어야 한다. 다른 가족 구성원들이 자신들의 역할을 잘하고 안 하고와 관계없이, 하나님을 위해 가정에서의 당신이 어떤 역할을 하든지 상관없이 당신의 역할을 잘 수행하기 위해서는 하나님께 신실하게 헌신해야 한다. 이것은 그리스도인으로서의 헌신의 일부분이다.

다른 가족들이 모두 당신을 거절할지도 모른다. 가족 전체가 당신을 내쫓을지도 모른다. 그러나 그렇게 되더라도 당신은 아버지로서, 아들과 아내로서, 어머니 혹은 남편, 그리고 다른 가족의 일원으로서 하나님의 말씀이 명령하시는 역할을 다 해야 한다. 가족들이 당신을 싫어할지라도 당신은 자신의 역할을 계속해야 한다.

각자의 역할은 다른 사람들의 역할과의 관계 속에서 이루어진다. 부부간의 대무(對舞 : 마주 서서 추는 춤)에서 각 무용수는 상대 무용수에게 피차 복종해야 한다. 남편의 기본 스텝은 사랑과 희생인 반면에 아내의 스텝은 복종과 존경이다(엡 5:21-33 참조). 아름다운 춤을 연출하기 위해서는 계속해서 연습을 해야 한다.

이러한 부부 간의 원리가 거의 인기를 끌지 못하는 이유는, 혼인을 지탱하려고 현재의 딱딱하고 메마른 20세기 사상을 끌어들이기 때문이다. 우리는 평등을 똑같이 되는 것으로 착각한다. 분명히 이것을 원하면서도 실제로는 다른 것을 요구한다. 그 결과 그것은 대무가 아니고 더 이상 춤도 아닌 단정치 못하고 언짢고 불만족스러운 것이 된다.

그렇지 않으면 그 춤은 오히려 경쟁적인 것이 되어서 소위 혼인무도회에서처럼 서로 다투어 의욕적인 스텝을 밟으려고 하는 경우도 있다.

결국 피차 괴로울 수밖에 없다. 그들은 서로 발이 밟히든지, 상대방의 발에 걸려 몸이 솟구쳤다가 상대방이 손을 내밀어 그를 부축해 주지 않기 때문에 마룻바닥에 넘어지곤 한다.

좀 더 구체적으로 생각해 보자. 하나님은 아내의 순종 여부에 대해 남편이 책임을 지도록 하지는 않으셨다. 또한 남편의 사랑 여부에 대해 아내가 책임지도록 하지도 않으셨다. 각 사람은 자기들을 위하여 기록된 말씀에 순종하도록 되어 있다. 만일 대무에서 상대방이 실패한다면, 그것은 그 무용수와 연출자의 공동 책임이다.

그러므로 하나님께 상대편의 실패를 처리하실 책임을 맡겨라. 당신 자신의 스텝에만 집중하라. 만일 당신이 남편이라면 아내를 사랑하고 그를 위해 희생하라. 아내에 대해 실망했을 때에도 그렇게 하라. 만일 당신이 아내라면, 할 수 있는 한 남편에게 아름답게 헌신하고 존경하는 마음으로 순종하라. 만일 당신이 아들이나 딸이라면, 당신의 부모를 공경하라. 부모에 대한 불순종은 곧 그리스도께 대한 불순종이다.

부모에게 순종하라.

만일 당신이 '당신이 만일 나의 부모님이 어떤 사람들인 줄 안다면 그들을 공경하라는 말은 못할 것입니다'라고 말한다면, 당신은 '그렇습니다 - 그러나' 놀이를 하는 것이다. 당신이 그리스도께 속했기 때문에 그리고 그리스도께서 우리가 부모를 공경하기를 원하시기 때문에 우리는 부모를 공경해야 한다.

'이 모든 일들이 무익한 매저키즘(masochism)적 훈련은 아닙니까'라고 물을 수도 있다. 비록 그렇다 할지라도 앞의 원리에 따라 춤을 추어야 한다. 그러나 그렇게 하는 것이 결코 매저키즘은 아니다. 왜냐하면 우리는 고통이 아니라 기쁨 가운데 그것을 행하기 때문이다. 그리고 비록 무익한 것처럼 보일지라도 능력 있는 결과를 가져올 수 있다.

우리는 능수능란한 무용수가 아닐 수도 있다. 그러나 대무에서 완벽하게 춤을 추는 상대 무용수에게 적절히 대응해 주는 무용수가 느끼는 감정을 느낄 수 있을 것이다. 우리는 상대방의 완벽함과 아름다움을 보면서 경이감 가운데서 춤을 춘다. 그리고 자신이 보는 미(美)와 완전함에 자연스럽게 반응하면서 춤을 출 때 우리 가슴은 설렌다.

자기 연민이나 반항심은 서서히 녹아 없어지고 우리 발에는 생명이 약동한다. 기술과 자유 분방함 속에서 춤을 출 때 내적으로 뿌듯함을 느끼기 시작한다. 우리의 발이 능란하게 움직이려면 시간이 필요하다. 그러나 내 속에는 그렇게 하고 싶은 절박함이 가득하다(벧전

3:1-2 참조). 상대방이 춤을 추고 싶어 하든지 안 하든지 관계 없이 안무가는 이미 당신을 위해 악보를 준비했다. 그대로 춤을 추라.

당신은 당신 주위에 좀 더 이상적인 가족을 두고 싶어 하는 환상에 빠질 위험이 있다. 그러한 환상이 있다면 하나님께 기도하라. 또 가족 관계에서 많은 좌절감을 느끼는가? 당신의 가족을 같이 살기에 편하게 만드는 것이 하나님의 일차적 목표는 아니다. 하나님께서는 가족에 관한 일들을 좀 더 쉽게 처리하라고 당신에게 교훈을 주고 계신지도 모른다. 그렇지 않다면 하나님의 계획은 당신이 상상도 못했던 일을 포함하고 있는지도 모른다.

야곱은 비통하고 상처받은 아버지였다. 요셉에 대한 편애가 다른 형제들의 질투심을 자극했는지 아닌지는 우리가 판단할 것이 아니다. 그의 편애는 지혜롭지 못해 보인다. 모든 것이 비극으로 끝나고 또 사랑하는 베냐민까지 잃어야 할지도 모르는 상황에 직면하지 않았는가? 우리는 야곱이 마땅한 응보를 받는 것이라고 말할 수도 있다.

그는 고통 속에 빠졌다. 고난 속에서 야곱은, 요셉이 모든 백성을 굶주림에서 구원하리라는 것을 상상이나 했겠는가? 하나님께서는 요셉 형제들의 질투와 살인적인 증오와 탐욕을 포함하는 큰 계획을 세우셔서 수백만을 구출하신 것이다. 그리고 그 속에서 신비스럽게도 가족이 놀라운 조화를 다시 회복했다.

당신 가족의 비극이 서구 문명을 구원할 것이라고 약속할 수는 없다. 그러나 하나님께서 당신 가족을 뛰어넘는 계획을 갖고 계시는 것은 확실하다. 또한 하나님께서는 악에서 선한 결과를 이루시며 당신의 실패와 상처를 돌보아 주신다는 것도 알고 있다. 그러므로 가족의 미래에 대한 당신의 어떤 계획에 지나치게 얽매이지 말라. 미래를 하나님께 맡기고 그를 신뢰하라.

하나님의 가족

당신은 하나님 가족의 일원이다. 당신은 같은 피로 죄 씻음 받았고, 또한 동일한 성령으로 거듭났다. 당신은 같은 도시 시민이며, 같은 주인의 종이고, 같은 성경을 읽으며, 같은 하나님을 섬긴다. 하나님은 그들 안에서처럼 당신 안에도 조용히 거하신다.

그러므로 당신은 그들에게 맡겨져 있고, 그들은 당신에게 맡겨져 있다. 그들은 하나님 안에서 당신의 형제 자매들이며, 아버지와 어머니, 그리고 자녀들이다. 당신은 사랑 안에서 그들을 맡아야 할 책임이 있다. 당신이 이 땅 위에 살아 있는 한, 그들에게 빚을 지는 것이다. 그들이 당신에게 많은 일을 했거나 적은 일을 했거나 그리스도께서는 모든 것을 다 감당하셨다. 그리스도께서는 당신이 그리스도께 진 빚을 그들에게 갚기를 원하신다.

맡길 때에 안정이 있다. 인생에서 너무 많은 선택을 해야 한다고 생각하면 불안하고 고통스럽다. 우리의 생활 속에서 우리의 선택권을 박탈한 영역이 있다. 우리를 속박하시기 위해서가 아니라, 우리가 동요하는 것을 막고 창조적인 선택을 할 수 있도록 하기 위해서다.

우리는 우리의 형제 자매들을 선택할 선택권이 없으며 또 그들에게도 우리를 선택할 선택권이 없다. 그들은 우리에게 속하고 우리는 그들에게 속한다. 우리에게는 그들을 사랑하고 돌보며 또한 그들에 대한 책임을 져야 한다는 사실에 대해 통제권이 없다. 우리는 우리를 그리스도께 맡기는 생활에 실패할지도 모르며 또한 그를 배반하는 삶을 살게 될지도 모른다. 그러나 우리의 배반이 그리스도의 위임을 철폐하는 것은 아니다. 그 위임은 우리 삶이 존속하는 한 계속될 것이다.

당신은 모든 새로운 형제 자매들에게 맡겨졌다. 어떤 사람들은 당신에게 호의를 베풀 수도 있고 또 어떤 사람들은 그 반대로 대할 수도 있다. 당신은 어떤 사람들에게는 곧 호감을 가질 수 있으며 그들과 교제할 때는 즐겁고 따스한 감정을 가질 수도 있을 것이다. 그러나 어떤 사람들은 당신에게 불쾌감을 느끼게 할 수도 있다. 당신은 싫증을 느껴서 그들을 피하는 자신을 발견하거나, 싫어하지는 않지만 아무런 느낌을 갖지 않는 사람들을 발견할 수도 있다.

그러나 당신은 좋아하는 몇몇에게만 자신을 국한시켜서는 안 된다. 당신이 비판하는 사람뿐 아니라, 변덕스러운 사람이나 괴벽스러운 사람들과도 접촉해야 한다. 당신은 당신과 견해를 달리하는 사람들에게도 속해 있다.

그렇게 하는 것이 더 좋다. 위임이 호감에 기초했을 때는 호감이 일시적이듯 그 위임도 일시적이다. 사실 그것은 전혀 위임이 아니다. 서로 싫어하는 경우, 그들은 그 관계에서 멀어질 것이기 때문이다. 그리스도라는 피난처로부터 멀어진 관계 곧 호감에 기초한 관계는 불안과 긴장의 근원이 된다.

호감에 기초한 관계에 대한 한 가지 언급이 있다. 예를 들어 좋은 호텔은 종업원들에게 고객 상대 봉사 훈련을 잘 시켜 그들의 단골손님들을 만들어 간다. 손님이 들끓는 상점의 점원은 항상 손님이 옳다는 인상을 주게끔 행동하기 때문에, 부유하고 까다로운 손님들이 즐거운 마음으로 돈을 쓰게 하는 데 성공한다.

사람들을 친절하게 일하게 만드는 더 좋은 방법이 있다. 만일 내가 나를 계속 좋아하도록 하기 위해서 당신에게 친절하거나, 당신의 일을 원하기 때문에 그 이유만으로 당신에게 친절하다면, 그때 나의 친절은 위선이다. 주위의 사람들에게 상업적이거나 신경에 거슬리는 친절이 아닌 참된 친절을 베풀어야 한다. 우리는 신뢰에 기초한 진정한 친절을 필요로 한다.

당신 자신도 그것을 필요로 한다. 당신이 호감이 있든지 없든지 언제나 당신을 환영해 주고 관심 가져줄 사람들을 당신은 필요로 한다. 만일 당신이 죄를 짓는다면 그들은 당신을 책망할지도 모른다. 그들은 당신에게 회개와 행동 수정을 요구할 수도 있다. 그러나 그들은 결코 당신을 그들과 무관한 사람이라고 말하지 않을 것이다. 또 당신을 포기하거나 돌보는 일을 결코 중단하지 않을 것이다.

그들이 당신에게 헌신하는 것은 당신이 뛰어나다거나 훌륭해서가 아니다. 그리스도의 인격과 사역이라는 견고한 기초에 근거한 것이다. 그리스도께서 당신에게 본성적으로는 그렇게 해 줄 수 없는 사람들을 인내로 책임져 주라고 명령하실 때는 참으로 그리스도께서 당신에게 은혜를 베풀고 계신 것이다. 그리스도께서는 구성원들 간에 결코 서로를 실망시키지 않는 섬김의 공동체를 활성화시키기를 당신에게 요구하신다.

그러나 당신은 '도대체 그런 공동체가 어디 있습니까?'라고 질문할지도 모른다. 그런 모임은 이미 존재하며 또 당신은 그 단체의 일원이다. 하나님께서는 당신이 아주 처음부터 시작해 아무것도 없는 데서 그런 단체를 창설하기를 요구하시지 않는다. 이미 거룩한 피와 물, 영적 생활, 그리고 하나님의 **능력**으로써 하나가 되어 성도들의 공동체는 존재한다. 그 모임의 성도들이 때때로 그들의 책임 수행에 실패할 수도 있다. 그렇다고 공동체 자체까지 사라지지는 않는다. 또한 그 단체와 당신의 관계를 하나님께서 완전히 지켜 주실 것이다.

적절한 교회를 찾아라

이 문제에 대해 실제적인 면을 살펴보자. 당신은 하나님의 백성에 대한 책임을 매일매일 어떻게 이행해 갈 것인가?

아직도 교회에 소속하지 않았다면, 하나님의 말씀을 귀하게 여기고, 분명하게 말씀을 가르쳐 주는 교회를 찾으라. 신뢰할 수 있는 그리스도인 친구에게 조언을 구하라. 그 문제를 두고 기도하라. 당신이 한 교회를 선택했을 때, 그 교회에 몇 주간 계속 출석하면서 교인들에 대하여 알아보라. 당신을 목사님에게 소개할 시점을 선정하라.

올바른 결정을 했다는 확신이 들 때까지는 그 교회에 등록하는 데 서두르지 말라. 과오나 모순이 없는 완전한 교회를 기대하지 말라. 그런 교회는 거의 없다. 만일 이상적인 교회를 찾는다면, 오랜 시간이 필요할 것이다.

그 교회에 출석하는 사람들이 그리스도께 속했다면, 그들이 당신의 형제 자매들이라는 사실을 기억하라. 하나님의 성령께서 그들 가운데 계신다. 어떤 교인들은 혐오할 만한 성격을 가지고 있을 수도 있다. 그러나 그리스도께서 그들을 용납하시는데, 당신이 어찌 감히 그들을 정죄할 수 있겠는가? 당신이 어떤 교회 교인이 된다는 것은 당신과 똑같이 하나님의 긍휼하심을 받은 죄인들의 무리에 참여하는 것이다. 교회는 골프 클럽 같은 게 아니다.

만일 이미 한 교회의 교인이라면, 교회를 옮기기 전에 그 문제에 대하여 신중하게 생각하라. 어쩌면 당신은 최근에 그리스도께 나아왔을 수도 있다. 만일 그렇다면 여러 가지 다른 시각으로 교회를 관찰할 것이다. 당신이 그리스도인으로 회개한 새 신자들이 계속 늘어나고, 새로운 신자를 위한 영적 양식을 계속 공급하는 교회에 속했다면 아무 문제가 없다. 하지만 어떤 교회의 교인들은 당신이 새로 발견한 기쁨을 이해하지 못하고 또한 인정하지도 않으려 할지도 모른다.

갑작스럽게 교회를 옮기는 일은 신중히 생각하라. 통찰**력**을 가진 눈으로 관찰하고 또 예리한 귀를 주의 깊게 기울이면 전에는 결코 알지 못했던 일들이 당신의 교회에서 일어난다는 사실을 발견할 것이다. 당신처럼 그리스도에 대한 경험을 가진 다른 사람들을 만날 수도 있다. 목사님은 당신과 같은 사람이 방문해 주기를 기다린다는 사실을 알게 될 것이다. 그러므로 당신에게 유익이 될 참된 그리스도인의 친교를 발견할 수 있도록 하나님께서 도와주시기를 기도하라.

성급한 바리새인이 되지 말고 또 고통받거나 오해받지 않도록 하라. 하나님께서 당신에게 그 교회 교인과 당신의 새로운 믿음을 나누는 좋은 기회를 주시도록 기도하라. 목사님과 약 30분 정도 시간 약속을 해서 당신의 체험을 분명히 설명할 수 있도록 하라.

반드시 함께 기도하고 함께 성경을 공부할 수 있는 그리스도인 그룹을 교회 안팎 어디서라도 찾아라. 그들과 정기적으로 만나라. 매주간의 모임을 단순한 활동으로 보지 말고 당신이 주인인 모임으로 생각하라.

그 그룹의 다른 사람을 도울 수 있는 방법을 찾아라. 어떤 사람에게

차량이 필요한가? 어떤 사람은 경제적인 어려움으로 식생활이 어려운가? 또 어떤 사람에게는 직업이 필요한가? 어떤 사람이 개인적인 문제로 고통을 받고 있으며, 특별한 기도를 필요로 하는가? 그리스도인들은 섬기는 가족이어야 함을 기억하라. 다른 사람들이 보살핌을 기쁘게 받아들이고 당신도 다른 사람에게 그렇게 하도록 하라.

초교파적 단체를 통해 그리스도를 만났을 수도 있다. 만일 그런 경우 그들은 당신이 참석할 수 있는 기도와 성경 공부 그룹을 제의할 것이다. 소그룹의 기도, 성경 공부, 친교 모임은 아무리 강조해도 부족하다. 다른 일을 그만두더라도 이 일만은 절대로 제하지 말라. 당신은 몸의 한 부분으로서 영적으로 성장하고 발전해야 하며, 그것도 다른 사람과의 교제 가운데서 그렇게 해야 한다.

한편, 나는 당신이 한 교회에 소속해야 한다고 강조하고 싶다. 지금 살고 있는 지역을 떠나야 하거나 초교파적인 그룹에서 발견하는 그 친교의 수준을 벗어나야 할 때가 올 것이다. 어떤 경우든 초교파적인 그룹이 교회를 대신하는 역할을 할 수는 없다.

그리스도께서는 모든 사람들이 하나님과 화목하고 서로 간에 화목하도록 하기 위해 죽으셨다. 기독교의 위대함은 다른 방법으로는 서로를 즐거워하기는커녕 도저히 용납할 수도 없는 사람들이 계속해서 교제할 수 있도록 하는 데 있다.

계급, 상업, 인종, 교육, 정치, 세대차와 또한 빈부의 차로 분리된 세계에서 그리스도만이 이 모든 모순들을 잘 융화시키고 조화시킬 수 있다.

그러므로 어떤 특별한 기독교 활동이나 관심 사항들이 교회의 교제를 대치하도록 해서는 안 된다. 물론 비슷한 나이나 용모를 가진 사람들끼리 모임을 결성하는 것은 더 쉬운 일이다. 이런 모임을 무시하는 것은 아니다. 그것은 하나님이 주신 것이다. 그것을 누리고 하나님께 감사하라. 그러나 한 가지 일러두고 싶은 것은, 그런 모임은 당신이 생각하는 것보다 덜 중요하다는 것이다.

폭풍우가 지난 후, 같은 구명보트에 탔던 사람들끼리 그리스도가 없는 친교 모임을 만들 수 있고 당신도 그런 모임에 끼어 친교할 수도 있다. 그러나 그리스도만이 서로 반대되는 것을 조화시킬 수 있고, 또 그분은 각각의 교회에서 이런 일을 하기 원하신다.

모든 일에 같은 열심으로

너무 많은 모임에 참석할 가능성도 있다. 기독 학생들은 때때로 '하나님의 일을 한다'는 이유로 공부를 게을리한다. 남편들은 같은 이유로 그들의 아내와 자녀들을 잘 돌보지 않는다. 모임이 아무리 중요하다 해도 그것을 악용해서는 안 된다. 이 모임들은 책임들을 회피하게 해 주는 도피처가 될 수도 있다. 그리스도인의 모임이 하나의 도피처가 되면 영적 가치는 사라져 버린다. 하나님께서는 우리가 현실에 직면하기를 원하시지, 도피하는 것을 원하지는 않으신다.

그리스도인들에게는 각자 맡은 책임이 있다. 모임에 참석하는 일이 공부하는 일이나 또 가족들을 돌보는 일보다 더 중요하다고 말하는 것은 잘못된 것이다. 어떤 의무도 그 자체로 다른 의무보다 더 중요하다고 말할 수 없다. 당신은 특별한 날, 특별한 이유로 '구두를 반짝거리게 닦는 일이 아침을 먹는 일보다 더욱 중요하다'고 말할지도 모른다. 그러나 그 말은 생활을 위한 일반적인 지침은 못 된다. 식사하는 일, 씻는 일, 잠자는 일, 운동, 오락 등은 모든 일상생활에서 중요한 역할을 한다. 이 모든 일은 전부 중요하다. 당신에게 다른 일들보다 더 많은 시간을 쏟을 수 있는 어떤 일이 있을 수는 있다. 그러나 다른 의무도 마찬가지로 잘, 그리고 열심히 해내야 한다.

나는 당신이 어떤 일을 더 우선적으로 해서는 안 된다고 주장하는 것이 아니다. 당신은 해야 할 일과 그렇지 않은 것을 결정하는 지침이 있어야 하며 각 일에 대한 시간 배당 원칙도 있어야 한다. 그러나 결정한 후에는 각 일들을 잘 해야 하며 또한 하나님의 영광을 위해 그 일들을 해야 한다.

하나님께서는 당신의 영성을, 참가하는 모임 수나 그리스도인 동료들에게 바치는 시간의 많고 적음으로 측정하지는 않으신다. 하나님은 각 의무를 행할 때의 당신의 정신에 더 관심이 많다. 그러므로 당신은 '그리스도인'의 활동에 당신이 얼마나 많은 시간을 보내는지 신중하게 생각해 보아야 한다. 당신이 별로 내키지 않는 의무로부터 도피하기 위한 방법으로, 그 모임들을 이용하고 있지는 않는지 확인해 보라. 그리스도인으로서 당신은 당신이 하는 모든 일, 당신이 가진 모든 것을 바쳐야 한다.

우리와 그들을 나누는 이분법적 사고

2천 년 동안 기독교를 괴롭혀 왔던 교회의 분열을 생각해 볼 때, 하나님께서 자신의 천국 확장을 위해 교회를 계속 사용하신 것은 참으로 놀랍다. 오늘날까지도 은밀한 교파 간 싸움, 부패시키고 피를 흘리게 하는 적의, 의심 등은 맹렬하다. 겉모습의 차이를 억지로 교회 연합이란 명목 아래 수습해 놓았으나 내부의 불일치와 쓴뿌리는 계속되고 있다. 한 곳을 결합시켜 놓으면 다른 두 곳에서 분열이 생긴다.

이것에 대해 당신은 무엇을 할 수 있는가?

우선 그것 때문에 당황하지 말라. 그리스도께서는 지금도 계속 통제하고 계시며 또한 그분은 자신이 무엇을 하시는지 안다. 그의 왕국은 확장되고 있다. 그의 계획은 성취되고 있다. 어떤 죄악스러운 싸움도 그의 예리한 눈을 피할 수는 없다. 당신을 놀라게 하거나 또 실망시킬 수 있는 일들은 당신을 슬프게 할지 모르나, 결코 그리스도를 실망시키거나 놀라게 할 수는 없다. 최후의 승리와 심판을 향해 나아가는 그의 전진을 아무도 방해하거나 늦추지는 못할 것이다.

어느 날 그는 자신의 백성을 분리시켰던 많은 장벽을 헐고 그 요소의 뿌리를 뽑을 것이다. 그러므로 그리스도의 눈으로 바라보라. 지역적인 싸움에서 당신을 실망시키는 사소한 문제들을 벗어나 머리를 하늘로 향하고 주님의 승리로 가득한 곳을 바라보라. 그리스도의 군병인 당신은 냉소적이 되거나 환멸을 느낄 시간적 여유가 없다.

당신이 해야 할 그 다음 일은 이 상황에 대해 당신이 어떤 책임을 갖고 있는가를 결정하는 것이다. 그것들은 큰 분쟁과 작은 분쟁으로 설명될 수 있다. 큰 분쟁이란, 분쟁의 열기와 강도가 크다는 의미다. 큰 분쟁에는 전체 교회나 전교파 혹은 전 기독교 조직이 다 연루되어 있다. 주도권 싸움이 잔잔해지고, 연관된 조직들은 가끔씩 불을 뿜는 휴화산처럼 냉각되어 쉬고 있다.

휴화산들을 연합시키려는 **노력**을 조롱하지는 말라. 그렇게 하는 것이 잘하는 것이다. 휴화산은 곧 사람들이며, 그들 가운데 대부분은 그리스도인이다. 조만간 당신은 그들에게 어떤 태도를 취할지 선택해야 한다.

나는 어렸을 때 가톨릭 교인들은 악하고 아주 위험한 사람들이라는 편견을 갖고 있었다. 가톨릭 신자였던 숙모 한 분이 있었다. 그러나 숙모는 대부분 가톨릭 신자들과는 달리 악하지 않고 좋은 분이셨다. 나는 그녀를 좋아했다. 그러나 그녀가 비밀스럽고 악한 우상을 숭배하는 가톨릭에 속해 있었으므로 숙모를 만날 때면 항상 불안했다. 내게 교황은 적그리스도였기 때문이다.

나는 자그마한 형제들의 소모임에 속했다. 우리는 우리 자신들을 일반적인 죄인들과 여러 종교 또는 교회에 출석하는 사람들과는 다른 특별히 선택된 단체로 간주했다. 그 견해가 전혀 근거가 없는 것은 아니었다. 왜냐하면 그 당시 영국에서는 교회에 나간다고 해서 믿음이 있다는 증거는 아니었기 때문이다. 오래된 자유 신학이 널리 퍼져 있었다.

그러나 나는 나이를 먹으면서, 그런 견해는 너무 단순하며 약간 과대 망상이었다는 것을 깨달았다. 그러나 내가 다른 교단 그리스도인들에 대해 현명한 태도를 취하기까지는 몇 년이 걸렸다.

'그들'과 '우리'라는 이분법에 사로잡힌 소위 말하는 복음주의적 단체에 자주 속해 왔다. '그들'이란 말은 다른 기독교 교파 사람들을 일컫는 말이다. 말하자면, '그들'은 어떤 일정한 방법으로 행동하며, 동일한 견해들을 가지며, 같은 오류를 범하며, 놀라울 정도로 획일적이라고 생각하는 것이다.

반면 '우리'는 올바를 뿐 아니라 다양한 개성들을 가지고 있다는 것이다. '우리'들 가운데 어떤 사람은 다른 사람들보다 더욱 영적일 것이다. '우리'는 서로 다른 장점들을 가지는 경향이 있다. 우리는 서로서로 다른 사람들의 감정과 약점을 보완해 준다. '우리'는 인간이다. 그러나 '그들'은 대조적으로 획일적이고 진부한 존재들이다.

나는 숙모를 결코 한 사람의 인간으로 보지 않았다. 나는 그녀를 편견이라는 왜곡된 유리창을 통해 보았다. 우리는 같은 방법으로 그리스도인들과 비그리스도인들을 보는 경향이 있다. 그들의 실체의 모습을 보는 것이 아니라 형상을 왜곡하는 편견된 여과기를 통해 본다. 이것이 우리가 두려워하는 것이다. 진실은 아주 중요하다. 그러나 그것을 잘 이해하지는 못한다. 진리는 우리가 지적으로나 영적으로 교만해지는 것을 막아 준다. 그렇지 못하면 우리는 다른 교파 사람들을 덜 위협적인 존재로 만들고 자기 교파 사람들을 더 강하게 만들기 위해, 우리 마음속에서 다른 교파 사람들을 비인간화시키고 매도한다.

당신이 옳다는 것을 아는 것이 잘못되었다는 것은 아니다. 언제나 진리를 고수하라. 대신 어떤 사람이 그것을 당신에서 탈취할 것이라고 두려워할 필요는 절대로 없다. 그 진리는 한 인격이다. 그는 절대로 당신을 버리지 않으며, 떠나지 않을 것이다. 그러므로 당신은 그것을 선포하는 일이나 그리스도를 선포하는 일에 열심을 기울이라.

당신은 다른 단체 사람들이나 그 전통을 접할 기회가 거의 없을지도 모른다. 어떤 경우에는 그들 역시 '우리'와 '그들'이라는 이분법적 사고로 세상을 바라볼지도 모른다. 그리고 그들이 당신을 위협적이고 위선적이고 위험한 존재로 볼 수도 있다. 그러나 어떤 종교적 테두리 밖에 있는 사람들도 사람이라는 것을 기억하라. 그들이 그리스도인일 수도 있다. 여러 상황 때문에 그들과 많은 시간을 나눌 수 없을지도 모른다. 어떤 경우든 당신이 그들과 함께하는 시간에 누가 옳고 그른가를 서로 논쟁한다면 그것은 시간 낭비다.

그러므로 그들을 정중히 대하라. 당신과 마찬가지로 그들도 어떤 소망이 있고 문제가 있으며 두려움도 있다. 그들과의 사이에 놓인 벽을 헐고 그리스도에 관한 대화를 나누라. 그리고 당신이나 상대방이 책임을 질 수 없는 장벽에 대한 문제는 그리스도께 맡기라.

큰 분쟁이 아니라 작은 분쟁 때문에 당신은 미움의 희생물이 될 것이다. 그 논쟁은 당신이 소속된 지교회 내부의 문제일 수도 있고 혹은 친교 모임의 문제일 수도 있다. 한 형제의 교만과 자만심에 분개할지도 모른다. 비판하려는 마음이 생기는 것에 대해 막연한 죄책감을 느낄 수도 있다. 그러나 그때에도 여전히 그 형제는 점잔을 빼고 잘난 체한다. 또 어떤 자매는 등 뒤에서 당신을 계속 비난한다. 당신은 그녀에게 분노한다. 그녀에게 어떻게 할 것인가? 그녀를 용서할까? 그녀에게 말을 할까?

당신의 대학 성경 공부 그룹이 교리적인 문제로 분리되었다고 상상해 보자. 감정이 고조되고 있다. 당신의 교리적 견해는 어떤 한 파와 같이하지만, 문제는 교리적인 것이라기보다는 상처받은 자존심과 더 많이 연관되어 있다. 이럴 때 당신은 어떻게 할 것인가?

우리는 내가 위에서 언급한 것과 동일한 상황이나 혹은 당신이 이미 잘 아는 여러 상황들을 관찰할 수 있을 것이다. 그러나 나는 어떻게 다툼에 대처할 것인가를 논의하기보다는, 적극적인 접근 방법을 더 논의하고 싶고 또 다음과 같이 질문하고 싶다. 하나님의 백성들 간의 하나됨을 어떻게 촉진시킬 것인가? 앞에서 이미 위임의 중요성과 아주 다른 배경을 가진 그리스도인들 간의 친근함에 대해 설명했다. 그러나 그런 친근함을 실제적으로 어떻게 이룰 수 있을까? 또 친교 그 자체를 목적으로 하는 친교 모임의 위험성은 어떤 게 있을까?

그리스도인의 친교의 핵심

위임이나 개인적 친분, 심지어는 서로 너무 다른 것을 뛰어넘을 만큼 중요한 것이 그리스도인의 친교다. 당신은 모임에서 당신의 적나라한 모습이 그대로 받아들여지는 놀라운 느낌을 가질 수가 있다. 당신은 전시에 부대원들 사이의 전우애와 동료애를 체험할 수 있다.

제2차 세계대전 때 폭탄으로 파괴된 건물의 부서진 조각들 속에서 구출된 많은 사람들은 낯선 이들과 함께 무서운 폭탄이 쏟아지는 날 밤에 방공호 속에서 살아남는다는 것이 무엇을 의미하는지 안다. 새벽이 되어 총소리와 폭격이 멎었을 때, 살아남은 주위 사람들은 서로를 새로운 눈으로 바라본다. 그들이 낯선 사람들이라는 사실은 모두 잊고 생존의 기적을 함께 나눈다. 전에 만난 일도 없으며 또 서로를 위해 봉사한 일도 없는데, 낯선 사람들이 아니라는 느낌을 갖는다. 그 '친교'의 경험은 그들이 그리스도인이 아닐지라도 강렬하고, 숭고하며, 또한 겸손함이 있는 것이다.

그러면 모든 다른 형태의 가까움이나 일체성, 동일감 등이 그리스도인의 교제와 구별되는 점은 무엇인가? 다른 심리적 방법으로 얻을 수도 있다. 그리스도인 간의 교제의 독특성을 경험하는 것이 왜 그리 중요한가? 무엇이 그리스도인의 교제를 그렇게 어렵게 만들고 또 필수 불가결하게 하는가?

많은 그리스도인 작가들은 그 핵심을 코이노니아(Koinonia)라는 헬라어에 둔다. 코이노니아라는 말은 무엇을 함께 나누어 가진다는 신약성경 용어다. 당신이 함께 나누어 가지는 것은 물질적인 것일 수도 있고 그리스도에 대한 경험일 수도 있다.

그러나 오랫동안 코이노니아란 단어를 말할 수는 있어도 그리스도인의 교제가 어떤 것인지 전혀 알지 못할 수도 있다.

서로 나누고, 가까워지고, 서로 알아가는 교제의 **력**은 하나님께서 모든 사람에게 주셨으나 죄로 인하여 단절되고 말았다. 죄는 우리가 서로를 알도록 하는 능**력**을 방해하는데, 그 이유는 죄가 하나님을 아는 우리의 능**력**을 해치기 때문이다. 그러므로 파괴된 인간성을 회복시키려는 어떤 시도는 우리와 하나님과의 관계가 회복되지 않는 한 가상에 불과하며 결국은 실패할 수밖에 없다.

만일 우리 둘다 하나님과의 사귐을 갖지 못한다면, 나와 당신은 참다운 교제를 나눌 수 없다. 나는 당신을 사랑할 수 있고, 당신과 가까워질 수 있으며 또한 당신의 정서를 함께 즐길 수도 있다. 그러나 얼마 못 가서 그 일이 싫증나고 불만족스러워질 것이다. 우리 둘다 그리스도를 통한 하나님의 치유와 화해를 체험하지 못하고 하나님과의 깊은 관계를 회복하지 못한다면, 우리의 모든 시도는 공허한 메아리만 될 것이다.

문제의 핵심은 친교를 나누는 그 자체에 있지 않다. 만일 친교 그 자체가 결정적인 요소라면, 우리가 '무엇을' 나누는가는 별로 중요하지 않다. 나누는 내용과는 관계없이 서로 나눔으로써 생기는 둘 사이의 관계는 서로 비교할 만하다. 그러나 그 결과는 필적할 만한 것이 못 된다. 그리스도인의 친교의 핵심은 화해, 곧 하나님께 대한 관계 회복이다. 왜냐하면 하나님을 통해서나 또한 하나님 안에서만 다른 사람들을 진정으로 알 수 있기 때문이다. 다른 모든 앎은 적어도 부분적으로는 비실재적이다.

또한 하나님과 당신과의 관계는 진행적인 것이다. 그것은 사도요한이 말한 것처럼 '빛 가운데 행하는 일'(요일 1:3-7 참조)인데, 그것은 성령께서 당신의 죄와 잘못을 지적하실 때 거기에 적절한 반응을 보임으로써 하나님과의 회복된 관계를 계속 유지하는 것을 의미한다. 기적 같은 영원한 화해가 매일매일 당신의 삶에서 새롭게 됨에 따라, 다른 형제 자매와 교제하는 수용력도 점점 확대될 것이다.

그러므로 그리스도인의 친교의 핵심은 여기에 있다. 기본적으로 다른 사람들과의 인간적인 관계가 우선이 아니라, 하나님과 우리와의 일상적인 관계가 더 중요하다. 우리가 하나가 되는 것은 오로지 '하나님 안에서'만 가능하다. 우리와 하나님과의 관계가 바로 성립될 때, 우리와 사람들 사이의 인간적인 관계도 원만히 이루어진다. 우리가 하나님과 화목하지 못한다면 다른 사람들과도 마찬가지다. 또한 서로 인간적인 화목(용서)을 이루지 못하고는, 하나님과의 올바른 관계를 유지할 수 없다는 것도 사실이다.

친교를 유지시키는 힘

참된 그리스도인의 친교는 하나님과의 회복된 관계의 외적 표현이다. 나와 하나님과의 올바른 관계가 이루어지면 인간적인 원만한 관계는 자발적이고도 자연스럽게 이루어진다. 만일 당신과 내가 서로 친교에 실패한다면 이것은 우리들 가운데 한 사람이나 혹은 두 사람이 모두 하나님과 올바른 관계 유지에 실패했다는 분명한 증거가 될 것이다.

그러나 친교에 실패했다고 해서 은밀한 곳으로 가서 기도로 하나님과만 시간을 보내야 한다는 것을 의미하지는 않는다. 하나님은 종종 우리가 기도하도록 부르시지 않는다. 만약 우리 둘다 그것을 알고 있다면 해결은 쉬워질 수도 있다. 예를 들어 만일 당신을 용서하는 것이 나의 의무라면, 내가 어떻게 해야 하는지 알기 위해 기도할 필요가 없다. 나는 용서해야 한다. 그것이 내가 할 수 있는 모든 일이다. 내가 그를 용서할 수 있도록 힘을 달라고 오랜 시간 동안 기도하는 것은 부적절하며 용서를 지체하는 일이다.

그리스도인의 친교를 유지하는 법칙들은 간단하면서도 힘든 일이다. 당신은 그 법칙들을 신약성경의 여러 곳에서 발견할 것이다. 나는 빌립보서 2장 3절 말씀을 기억한다. "아무 일에든지 다툼이나 허영으로 하지 말고".

그리스도인 그룹 활동에서 당신에게 동기를 부여하는 것은 무엇인가? 경쟁이나 남에게 인정을 받으려는 동기들이 얼마나 많은가? 처음에는 별로 그런 마음이 아니었을 것이다. 그러나 시간이 지남에 따라 당신의 교회나 그리스도인의 그룹에서 그런 유혹에 빠져드는 자신을 발견할 것이다.

다툼. 본문에서 이 단어는 당신이 다른 사람에게 분노하기 때문에 당신의 방법만을 주장한다는 뜻을 암시한다. 당신이 제의하는 행동 자체는 옳을지도 모른다. 그러나 무엇이 그렇게 당신을 강경하게 나가도록 하는가? 조가 마음을 상하게 했으며 또 그가 당신의 의견을 반대할 것이라고 생각하는가? 아니면 자기 주장을 억지로 밀고 나가려는 메리의 성격이 다른 사람들을 억누르기 때문에 당신의 고집을 관철하려는 것인가?

아무 일에든지 다툼으로 하지 말고. 조와 메리의 생각이 잘못될 수도 있고 또한 그들의 생각이 부당할 수도 있다. 그러나 그들이 쓰는 무기로 그들과 다투는 것은 친교를 깨뜨리는 일이다. 그들과 절대로 다투지 말아야 한다. 진정한 적은 불화의 씨앗을 뿌리고 있는 사탄이며, 당신은 이 적과 싸우기 위해 조, 메리와 다투고자 하는 감정을 가라앉혀야 한다.

그리고 나서 하나님께서 당신에게 원하시는 것이 무엇인지 또 당신이 참으로 옳았는지 하나님께 물어라. 만일 당신이 옳다면, 하나님께서는 당신의 주장을 계속할 것을 요구하신다. 그러나 그 주장을 고집하는 것이 조와 메리에 대한 당신의 어떤 감정에서 기인된 것이어서는 결코 안 된다.

물론 나는 그것을 실행에 옮기는 것이 말보다 훨씬 어렵다는 것을 알고 있다. 당신은 조와 메리에 대해 다른 식의 감정을 갖는 건 불가능하다고 말할 수도 있다. 그 일이 어렵다는 것에는 동의한다. 그러나 불가능한 것은 아니다. 하나님께서는 우리에게 불가능한 일을 요구하시지 않는다.

조와 메리에 대한 당신의 감정을 조정하는 문제가 당신에게 고통이 될 수도 있을 것이다. 조와 메리가 당신의 분노보다는 동정을 필요로 하는 약점과 불안을 가지고 있다는 것을 깨달을 때, 그 일을 하기가 더 쉬워진다. 또한 그들이 별로 성격이 좋지 않을지라도 하나님께서 조와 메리를 사랑하시고 보호하신다는 것을 깨달을 때 당신에게 도움이 될 것이다.

그러므로 당신의 분노의 감정을 제단 위에 내려놓고, 하나님을 찬양하면서 그 분노를 소멸시켜라. 분노가 일어날 때마다 항상 그렇게 하라. 즉각적으로, 단호하게 항상 그렇게 하라.

비장한 각오로 그렇게 하라. 만일 다른 사람들이 조와 메리의 의견을 채택한다 해도 실쭉거리지 말라. 하나님께서는 기다리실 수 있다. 남의 의견에 반대할 때도 항상 밝고 공손하며 온유하게 당신의 견해를 이야기하라.

다툼이나 허영을 통해서는 아무것도 성취되는 것이 없다. 당신이 그룹에서 다른 사람들의 존경을 받으려는 마음으로는 어떤 일도 해서는 안 된다. 당신이 기여할 수 있는 점을 발견했는가? 당신이 뛰어나게 잘한 일이 있는가? 당신 귀에 칭찬하는 소리가 들리는가? 당신보다 열등해 보이는 사람이 있는가?

다툼이나 허영으로 하지 말고. 다툼이나 허영은 교제를 파괴시킨다.

> 오직 겸손한 마음으로 각각 자기보다 남을 낫게 여기고(빌 2:3).

당신이 능숙한 분야가 분명히 있다. 물론 당신에게 약점이 있다는 것도 당신은 안다. 사실 당신은 때때로 자신의 무력함을 느낀다. 당신은 자신이 중간쯤의 수준에 있다고 말하겠는가? 아니면 더 높은 위치에 있다고 하겠는가?

내가 인용한 구절에서 바울 사도는 지적인 문제를 제기한다. 어떻게 우리들 가운데 대부분의 사람들이 우리 자신보다 다른 사람들을 낮게 여길 수 있는가? 그렇게 하는 건 정직하지 못한 것이 아닌가? 결국 우리 '모두'가 가장 열등한 존재가 될 수는 없다. 가장 열등한 사람은 오직 한 명뿐이다. 나머지 우리들은 최고와 최하위의 중간 위치에 속한다. 여러 가지 가치를 기준으로 해서 자신을 실제적으로 평가하는 것이 더 정직한 일이 아닐까?

당신이 남보다 뛰어나다고 하는 판단은 무엇을 근거로 한 것인가? 당신의 학업 성적? 당신의 체육 실기 능력? 당신의 의복? 당신의 체력? 당신의 인격? 당신의 영적 지식? 그리스도의 일에 대한 당신의 열심? 몇 년 동안의 경험?

어떤 사람들이 이 모든 것을 다 소유하고 있는가?

이것들 가운데 어느 것에 자신이 있는가? 만일 그런 것들이 하나님께서 주신 것이라면, 그것들은 당신이 자랑할 것이 못 된다. 그것은 단지 감사해야 할 일이다. 그것들은 오히려 당신을 겸손하게 만드는 것이어야 한다. 그리고 당신이 부지런하고 어떤 점에서는 명성을 얻을 수 있다 할지라도 그것이 당신이 생각하는 것만큼 가치 있는 것은 아니다. 인간의 **노력**은 하나님의 가치 판단 기준하에서는 낮게 평가된다.

당신은 자신의 위치가 상승되기를 즐거워하는가? 당신이 기업의 회장이나 국회위원인가? 당신이 1센티미터도 안 되는 주춧대 위에 서 있더라도 여전히 당신은 회장이다. 혹은 대통령일 수도 있다.

바울의 신분은 지적인 것이라기보다는 오히려 존재를 드러내는 것이었다. 다른 사람들의 은사와 덕(德)을 발견하는 데 있어서 그는 존경을 받을 만했다. 그는 누가 더 나은 사람인가라는 질문이 복잡하다는 것을 깨달았다. 언제나 그것은 그와는 관계 없는 질문이었다. 그는 자신의 은사보다는 다른 사람의 은사에 의해 더 깊은 감명을 받았다.

나의 장인은 캐나다 남동부 반도의 어부다. 장인은 나처럼 대학교육을 받지 못했다. 세상 일이나 철학, 과학적인 방법의 한계성, 또는 그 이외의 일들에 대해서는 내가 그보다 더 감명 깊게 말할 수 있다. 내가 구사하는 용어는 그가 사용하는 말들보다 훨씬 다양하다.

그러나 우리가 함께 배를 타고 케이프 브레톤(Cape Breton)의 바위가 많은 바닷가로 갈 때는 상황이 달라진다. 그는 바다 어느 곳에서나 그 깊이를 육감적으로 알고 있는 것처럼 보인다. 그는 항해하는 데 있어서 초인적인 방법으로 어떤 도움 없이도 안개 속에서 200마일 범위 내에 있는 항구를 발견할 수 있다. 나는 경탄을 금할 수 없는 바다의 전문가 곁에서 어리석은 바보가 되고 만다.

더욱이 그가 우리 집을 방문하여 무슨 못질할 것이라도 없는가 집 안을 살필 때는 더욱 그렇다. 나는 연장을 다루는 손재주가 전혀 없다. 그는 한쪽으로 기울어진 정원문에 못질을 했다. 나에게는 굉장히 힘든 일들이 그에게는 오후 한때의 기분 전환 정도에 불과하다.

내가 그보다 더 나은 사람인가? 어떤 기준으로 우리 두 사람 사이를 측정할 수 있는가? 우리 가운데 누가 더 우월하다고 말할 수 있는가?

나는 성경을 더욱 효과적으로 인용할 수 있고 또한 내가 설교할 때 사람들은 자주 감동을 받는다. 그는 나의 기도와 전도를 통해 몇 년 동안의 방황 끝에 최근에 하나님께로 돌아왔다. 그런데 그리스도 안에서 누리는 그의 기쁨과 성경에 대한 깨달음은 나를 부끄럽게 만든다. 그는 불과 몇 개월 만에 내가 몇 년을 걸려서 이룰 수 있었던 신앙의 발전을 했다. 그는 나처럼 전문적으로 성경 연구를 하거나 또한 내가 크게 영향을 받았던 과목들을 공부한 적도 없다. 나는 그 앞에서 부끄러움을 금할 수가 없다.

하나님 앞에서 우리들 가운데 어떤 사람이 더 낫다고 누가 평가할 수 있으며 또 누가 말할 수 있는가?

나는 그런 질문을 하는 것 자체도 잘못이라는 것을 알고 있다. 하나님의 위엄이 나의 시야를 가득 채울 때, 인간의 위대함에 대한 모든 질문은 무의미해진다. 그런 놀라우신 하나님께서 나를 자녀로 삼으셨다는 데 대하여 두려움을 느끼며 또한 감격의 눈물마저 흘린다. 나는 나의 초라함과 비천함, 어리석은 거짓, 추악한 탐욕에 부끄러움을 느낀다. 그러나 동시에 내가 용서를 받고, 하나님께 사랑을 받고 있음을

세상 모든 사람들은
자기를 이끌어 줄 그 무엇을 찾아 헤맨다. 수많은 사람들이 일간지 역술란을 보고 점을 치러 다닌다. 그리스도인들은 성경을 연구하지만 때로는 여전히 불확실하고 갈피를 못 잡는다.

미래에 대한 불안이 그들을 미신의 세계로 끌어들인다. 소년 시절 나의 그리스도인 친구들은 '약속의 말씀 상자' 놀이에 열중했다. 그 상자들 안에는 성경 구절과 시가 적힌 조그마한 종이 두루마리가 들어 있었다. 우리는 그 상자를 돌리면서 각자의 두루마리를 집었으며, 또한 그 두루마리를 펼쳐서 거기 적힌 성경 구절과 시를 읽었다.

상자가 돌아가는 동안 어떤 사람은 '이것은 바로 나를 위한 것이다!'라고 소리쳤다. 또는 '이 말씀은 오늘 내게 필요했던 말씀이야!'라고 소리치기도 했다. 나는 그때 아주 어린 소년이었지만 그 작은 두루마리에 적힌 성경 구절을 내 삶에 맞추는 게 오히려 내 근심을 줄여 준다기보다 증폭시킨다는 생각이 들었다. 물론 대부분은 인도를 받는 데 이같이 순진한 방법을 쓰지는 않는다. 하지만 여전히 많은 사람들이 인도 그 자체와 하나님의 인도 방법에 대한 명확한 이해를 갈구하면서 불안해하고 불확실해한다.

성경에서 하나님은 우리를 인도하시기 위해 그분이 하실 수 있는 모든 것을 행하시는 분으로 기술되어 있다. 그런데도 상황이 이런 것은 이상한 일이다. 하나님의 인도하심은 시편의 계속되는 주제다.

> 이 하나님은 영원히 우리 하나님이시니 그가 우리를 죽을 때까지 인도하시리로다(시 48:14).
> 온유한 자를 정의로 지도하심이여 온유한 자에게 그의 도를 가르치시리로다(시 25:9).
> 내가 네 갈 길을 가르쳐 보이고 너를 주목하여 훈계하리로다(시 32:8).

예수님은 제자들을 떠나시기 전에 그들을 안심시키기 위해 고심하셨다.

> 내가 너희를 고아와 같이 버려두지 아니하고 너희에게로 오리라(요 14:18).
> 진리의 성령이 오시면 그가 너희를 모든 진리 가운데로 인도하시리니

곧 깨닫는다. 하나님 앞에서 어떻게 다른 형제들에 대한 나의 우월성을 주장할 수 있겠는가? 나는 모든 형제들 가운데 가장 작은 자가 된 것을 기쁘게 생각한다.

다른 그리스도인들을 당신보다 더 낫게 여기는 점에 어려움을 느끼는가? 만일 그렇다면 하나님께서 당신에게 그의 위대하심과 은혜를 나타내 주시도록 기도하라. '나의 영혼이 오직 하나님만을 기다립니다'라고 기도하면서 기다리라. 몇 개월이고 계속 그렇게 하라. 만일 필요하다면 일생 동안이라도 그렇게 하라. 그러면 그를 볼 때, 그리고 그의 앞에 선 당신을 볼 때, 당신의 형제를 당신보다 낫다고 평가하는 데 문제가 없을 것이다.

당신은 다른 사람의 비위를 맞출 필요가 없다. 또한 그들에 대해 열등감을 느낄 필요도 없다. 당신은 다만 하나님 안에서 기뻐할 것이다. 또한 당신은 하나님께서 당신 주위의 사람들에게 어떻게 역사하시고 계시는가에 대해 놀라움을 금치 못할 것이다. 또한 그런 기쁨 속에서 당신은 그리스도인의 기본적인 조건을 성취할 것이다.

> 각각 자기 일을 돌볼뿐더러 또한 각각 다른 사람들의 일을 돌보아 나의 기쁨을 충만하게 하라(빌 2:4).

나는 내 새 차에 관심이 많다. 예배가 끝난 후 교인들이 내 차를 칭찬하면 기쁘다. 내가 어떻게 그런 좋은 차를 샀는지 신이 나서 설명한다. 그러나 톰이 6개월 전에 산 그의 차를 어떻게 샀는지 내 말을 가로채서 이야기할 때면 지루하기 그지없다. 톰은 그의 차가 나의 관심 밖의 일이라는 것을 알지 못할까? 톰은 자신의 이야기가 내게는 얼마나 지루한지 모르고 있단 말인가? 나는 화제가 내 자동차로 되돌아가도록 무척 애를 쓴다.

언젠가 나는 깊은 어둠을 통과해 어느 순간 하나님께서 내가 괴로워할 때 들어오심을 체험했다. 새로운 통찰**력**이 나의 어두움을 빛으로, 나의 고뇌를 기쁨으로 변화시켰다. 나는 교제 시간에 나의 이러한 경험을 하나님을 경외하는 형제 자매들과 함께 나누었다. 그런데 그때 빌은 그 주간에 하나님께서 어떻게 그의 필요를 채워 주셨는지 이야기할 기회를 가로채 간다. 나는 그에게 말할 기회를 주지 않는 것은 어색하다고 느꼈다.

그러나 나는 사람들의 관심이 나에서부터 빌에게로 옮겨 가는 것을 보자 마음이 편치 못했다. 나의 불안정한 마음을 감추기 위해 빌에게 역사하신 하나님께 감사하는 주위 사람들이 대화에 동조한다. 그러나 내 마음은 거기에 가 있지 않다. 나의 문제와 축복은 빌의 그것들보다 더 중요한 것으로 보였다. 그 모임에 대한 열기가 갑자기 식었다.

내가 빌의 기쁨과 슬픔에 관심을 기울이는 것이 어려운 이유는 무엇이었을까? 하나님께 얻기를 구해야 할 것을 사람에서 얻으려 하는 건 아닐까? 하나님이 나의 평안을 위해 그들과의 교제를 주셨는데, 내가 너무 그들에게 기대고 있는 것 같다. 왜냐하면 만약 하나님이 나의 기쁨과 평안의 근원이 되실 때는, 받기보다는 주기를 더 잘할 것이기 때문이다. 그때는 다음 규칙이 적용돼야 한다.

자신의 일에 대해 모든 사람들을 살피지 말라. 그 규칙을 지키기 어렵다는 것을 발견한 순간은 메마른 스펀지 같은 나의 마음이 주위에 있는 사람들의 사랑을 너무나 탐욕스럽게 흡수하는 순간이다. 그 스펀지에서는 달콤한 것이 나올 수 없다. 하나님의 사랑으로 더 무거워져 저절로 달콤한 것이 흘러나오도록 해야 한다. 자기의 편안함을 포기하고 다른 그리스도인의 요구를 위해 희생해야 한다. 내가 하나님 안에서 기쁨을 찾았을 때, 주고자 하는 마음이 받고자 하는 욕구보다 더 강해질 것이다.

하나가 되게 하옵소서

동료 그리스도인들과의 교제의 중요성은 아무리 강조해도 지나치지 않다. 당신에게는 그들의 사랑이 필요하다. 그들의 훈련이 필요하다. 또한 그들에게도 당신의 사랑과 훈련이 필요하다.

복음은 일차적으로는 당신을 지옥의 고통에서 구원하기 위해 전파된 것이 아니다. 당신이 하나님과 형제 자매들과 교제하도록 하기 위해 전파되었다. 이것이 요한1서 1:3-4의 교훈이다. 그것은 또한 요한복음 17장에 나타난 그리스도의 대제사장으로서의 기도 제목이었다.

죽음이 임박하면 사람들은 미래를 깊이 생각한다. 예수님께서는 십자가에 못 박히시기 몇 시간 전에 미래의 교회를 위해 간구하셨다. 그가 바라본 것은 당신과 나, 그리고 그리스도인으로서 우리가 직면하고 있는 상황 등이었다.

이상하게도 그분은 단 한 가지 기도만 하셨다. 그가 교회의 미래에 대하여 말씀하실 때 그는 우리가 외적으로 하나가 아니라 마음으로 하나가 되도록 하셨다. "곧 내가 그들 안에 있고 아버지께서 내 안에 계시어 그들로 온전함을 이루어 하나가 되게 하려 함은 아버지께서 나를 보내신 것과 또 나를 사랑하심 같이 그들도 사랑하신 것을 세상으로 알게 하려 함이로소이다"(요 17:23).

예수님이 교회를 위해서는 단 한 가지만을 위해 기도하셨다는 사실은 그 기도 제목이 얼마나 중요한가를 나타낸다. 그러나 그의 기도 제목의 본질을 살펴볼 때, 그것이 아무리 중요하다 할지라도 무슨 이유로 마음의 하나 됨이 그런 배타적인 관심을 끌 만한 것인지 의아하다. 예를 들어 예수님이 교회가 계속 성령의 **능력**으로 충만케 되도록 해 달라는 기도를 하셨다면, 더 납득이 갈 것이다. 즉 열심 있는 교회, 신실한 교회, 투쟁하는 교회, 원수들을 쳐부술 수 있는 교회가 되도록 기도하셨다면 우리는 이해할 수 있다. 그러나 교인들이 그리스도 안에서 서로 화목하고 가깝게 지내는 교회가 뭐가 그리 중요한가?

그는 그 수수께끼에 대하여 우리에게 거듭 실마리를 제시한다.

그는 "세상으로 …… 믿게" 하려 함이라고 21절에서 말씀하셨다. 그 목적을 위해 교회가 지상에 존재하는 것이다. 곧 세상이 믿도록 하기 위해서 말이다. 증거의 **능력**은, 교회가 분열된 상태에서는 얻을 수 없다. 결코 홀로 존재할 수 없다.

하나님께서 하늘에 살아 계신다는 것을 불신자들에게 확신시킬 수 있는 교회는 하나님께서만 하실 수 있는 일, 즉 사람들이 천국의 사람으로 서로 하나 된 것을 분명하게 보여 줄 수 있는 교회다. 사랑의 하나 됨이 있는 곳에서 세상 사람들은 확신을 가질 수 있다. 병고침의 기적, 거대한 종교 집회, **능력** 있는 설교, 거대한 조직, 이 모든 것들도 그들 나름의 역할을 하는 건 사실이다. 그러나 불신자들에게 천국의 실재를 믿게 하고, 그들의 하나님에 대한 숨은 욕구를 일깨워 주는 데 서로를 사랑하는 그리스도인들의 모습을 보여 주는 것보다 더 효과적인 것은 없다.

광고의 힘이 오늘날보다 더 **위력**을 발휘한 때는 없었다. 큰 회사는 비록 상품의 질이 작은 회사의 것보다 열등하다 하더라도 대규모 광고 공세를 펼쳐 3개월 안에 그 작은 회사를 문닫게 할 수 있다. 더 효과적인 선전을 펼친 정치 후보자가 당선될 가능성이 더 많다. 광고라는 마술에 어리둥절해진 기독교 단체들은 미국 광고업의 중심지인 뉴욕의 메디슨 가로 몰려가 광고의 신(神)들을 경배한다.

그러나 광고로 할 수 있는 일에는 한계가 있다. 당신의 상품을 계속 파는 일에는 한계가 있다. 당신의 상품 이외의 것을 모르는, 즉 경쟁이 없는 시장에서는 팔 수 있을 것이다. 복음이 너무 자주 상품화되고 또한 이와 같은 개념으로 '구매'된다는 것이 문제다.

당신은 무엇을 하려 하는가? 당신은 교회 전체를 변화시킬 수는 없다. 그러나 우선 당신의 삶에서 대제사장이신 그리스도의 기도에 응답하는 것은 시작할 수 있다. 당신은 변화를 위한 자그마한 근원지가 될 수 있다. 만일 당신이 기꺼이 하나 됨의 통로가 되고자 할 때, 천국의 능력이 당신 편에 있음을 보게 될 것이다.

당신은 당신이 가능하다고는 생각조차 못했을 정도의 고통과 기쁨을 체험할 뿐 아니라, 또한 주변 비그리스도인들에게도 인생의 향기가 될 것이다. 성도들 간에 사랑으로 하나 된 모습은 불신자들을 감동시킨다. 그것은 불신자들의 지성의 벽을 헐며 그들의 양심을 움직이고 또한 그들의 마음속에 열망을 갖게 한다. 그들도 당신이 보여 주는 사랑의 하나 됨을 즐기며 살도록 창조되었다.

나는 이 장을 아시시의 성 프란체스코(St. Francis of Assisi)의 기도로 마치려 한다. 그 기도를 암기하도록 하라. 마음으로 그 기도를 하라. 당신이 만나는 번뇌하는 그리스도인들 안에서, 하나님의 평화의 중심지가 되도록 하라.

주님, 저를 평화의 도구로 삼으소서.

미움이 있는 곳에 사랑을,

상처가 있는 곳에 용서를,

의심이 있는 곳에 믿음을,

절망이 있는 곳에 희망을,

어둠이 있는 곳에 광명을,

슬픔이 있는 곳에 기쁨을 심게 하소서.

오 거룩하신 주님, 제가

위로받기보다는 위로하고,

이해하기보다는 이해하며,

사랑받기보다는 사랑하는 사람이 되게 하여 주소서.

우리가 주는 것이 곧 받는 것이며

우리가 용서하는 그곳에 곧 우리의 용서받음이 있으며

또한 우리가 죽는 그곳에 우리가 영생으로 다시 사는

축복이 있기 때문입니다.

04
지휘 :
인도하심을
경험하다

The Fight

세상 모든 사람들은

자기를 이끌어 줄 그 무엇을 찾아 헤맨다. 수많은 사람들이 일간지 역술란을 보고 점을 치러 다닌다. 그리스도인들은 성경을 연구하지만 때로는 여전히 불확실하고 갈피를 못 잡는다.

미래에 대한 불안이 그들을 미신의 세계로 끌어들인다. 소년 시절 나의 그리스도인 친구들은 '약속의 말씀 상자' 놀이에 열중했다. 그 상자들 안에는 성경 구절과 시가 적힌 조그마한 종이 두루마리가 들어 있었다. 우리는 그 상자를 돌리면서 각자의 두루마리를 집었으며, 또한 그 두루마리를 펼쳐서 거기 적힌 성경 구절과 시를 읽었다.

상자가 돌아가는 동안 어떤 사람은 '이것은 바로 나를 위한 것이다!'라고 소리쳤다. 또는 '이 말씀은 오늘 내게 필요했던 말씀이야!'라고 소리치기도 했다. 나는 그때 아주 어린 소년이었지만 그 작은 두루마리에 적힌 성경 구절을 내 삶에 맞추는 게 오히려 내 근심을 줄여 준다기보다 증폭시킨다는 생각이 들었다. 물론 대부분은 인도를 받는 데 이같이 순진한 방법을 쓰지는 않는다. 하지만 여전히 많은 사람들이 인도 그 자체와 하나님의 인도 방법에 대한 명확한 이해를 갈구하면서 불안해하고 불확실해한다.

성경에서 하나님은 우리를 인도하시기 위해 그분이 하실 수 있는 모든 것을 행하시는 분으로 기술되어 있다. 그런데도 상황이 이런 것은 이상한 일이다. 하나님의 인도하심은 시편의 계속되는 주제다.

> 이 하나님은 영원히 우리 하나님이시니 그가 우리를 죽을 때까지 인도하시리로다(시 48:14).
> 온유한 자를 정의로 지도하심이여 온유한 자에게 그의 도를 가르치시리로다(시 25:9).
> 내가 네 갈 길을 가르쳐 보이고 너를 주목하여 훈계하리로다(시 32:8).

예수님은 제자들을 떠나시기 전에 그들을 안심시키기 위해 고심하셨다.

> 내가 너희를 고아와 같이 버려두지 아니하고 너희에게로 오리라(요 14:18).
> 진리의 성령이 오시면 그가 너희를 모든 진리 가운데로 인도하시리니

> 그가 스스로 말하지 않고 오직 들은 것을 말하며 장래 일을 너희에게 알리시리라(요 16:13).

성경에서 그렇게 반복적으로 하나님의 가까운 인도하심을 보증해 주고 있는데도 불구하고 하나님의 자녀들이 이처럼 혼란스러워하고 불안해하는 것은 참으로 이상한 일이다.

인도자가 계시다

성경에서는 '인도하심'이라는 용어가 아니라 '인도자'에 관해서 무수히 많이 말한다. 당신은 인도 그 자체를 원할 것이다. 그러나 하나님은 더 좋은 것을 주시기를 원하신다. 그것은 곧 하나님 자신이다. 내가 중점을 두려고 하는 것이 이 점이다.

사실 당신 마음 깊은 곳에서는 인도받는 것보다 인도자가 되길 원한다. 낯선 도시의 복잡한 거리를 운전하는데, 한 행인은 말로만 길을 알려 주고, 다른 누군가는 함께 타고 가면서 길을 알려 주겠다고 하면 당신은 어느 편을 택하겠는가? 만일 처음 찾은 넓은 대학 캠퍼스에서 복잡한 등록 과정을 혼자 해결해야 하는 대학 신입생이라고 생각해 보자. 학교 지도 한 장을 주거나 혹은 학교 안내서를 주는 사람보다는, 당신을 바로 등록실로 데리고 가서 등록을 하게 해 주는 우정 있는 학생이 더욱 필요하다.

점성은 애매하고 불확실하며 때로는 악하고 비인격적이다. 문제를 함께 의논할 대상도 손을 붙잡아 줄 사람도 없다. 그리스도인인 당신에게 인도하심은 당신이 하나님과 갖는 계속적인 관계의 한 측면이다. 하나님께서는 당신이 그를 알기를 원하신다. 그에게 인도하심을 받는 것은 바로 그렇게 되도록 하시기 위한 하나님의 섭리의 한 부분이다.

인도하심에서 경험상 분리할 수 없는 두 가지 요소가 있다. 그것은 방향 안내와 후원이다. 나는 시청으로 가는 길을 물어볼 수 있다. 표면적으로는 방향 안내를 요청한다. 그러나 내면에서는 길을 잃었다고 걱정이 크다. 내가 어디에 있는가, 내가 원하는 시간에 그곳까지 갈 수 있는가, 내가 그 안내서를 보고 정확하게 그것을 따라갈 수 있는가에 대한 불안 때문에 알려 준 게 맞는지 재차 확인한다. 그래서 '내가 그곳으로 바로 찾아가고 있는가?'라고 다른 사람에게 또 묻는다면 그것은 아주 바보스럽게 느껴질 것이다.

그러나 만일 내가 어른이 아닌 어린아이라면 그렇게 할 수 있다. "내 양은 내 음성을 들으며 나는 그들을 알며 그들은 나를 따르느니라"(요 10:27).

그것은 방향 안내만이 아니라, 그가 함께하시리라는 약속의 재확인이다. 하나님께서는 모세에게 말씀하셨다. "내가 친히 가리라 내가 너를 쉬게 하리라"(출 33:14).

내 말에 동료의사 한 사람이 '어린아이 같은 일'이라고 반박하며 이렇게 덧붙였다. "그리스도인은 너무 의존적으로 보인다. 그리스도인은 결코 자신의 개인적인 결정에 대해 책임을 질 만큼 성숙해지지 못한다. 그는 자신이 무엇을 해야 하는지를 항상 지시받아야 할 뿐 아니라, 어떤 일을 하는 동안에도 언제나 손을 잡아 줄 누군가를 필요로 한다."

의존자인 것은 사실이나 어린아이 같은 건 아니다. 당신도 모든 인간들처럼 근본적으로는 의존자다. 그렇게 창조받았기 때문이다. 사람은 하나님을 떠나서 혼자 지낼 수 있는 성숙의 상태로 창조되지 않았다. 당신은 영원토록 그의 앞에 무릎을 꿇고 안식의 위로를 받으며 기뻐할 것이다.

그러나 당신은 성숙할 것이다. 성숙함과 의지할 수 있는 마음은 서로 관련은 있지만 그렇다고 동의어는 아니다. 당신이 성숙해질 때, 당신과 하나님과의 관계와 당신이 그에게 요구할 인도의 형태, 이 두 가지가 변화한다. 당신의 사랑과 신뢰는 더욱 깊어질 것이다. 하나님을 알면 하나님께서 생각하시는 바 또한 알게 된다. 그러므로 그분이 무엇을 하실 것인지 하나님께 묻지 않아도 점점 그분의 뜻을 알 수 있다.

이 일이 어떻게 가능한지 이해하기 위해 하나님의 인도하심의 본질 두 가지를 알아야 한다. 첫째, 하나님은 당신의 인생에 대한 총체적인 목표가 있으시다. 둘째, 하나님의 목표는 도덕적인 목표다. 당신에 대한 그의 계획은 방향보다는 도덕과 더 관계가 깊다. 그의 최고의 목적은 당신을 그의 아들과 같이 만드시는 것이다(롬 8:29 참조). 그가 당신을 성장시키는 과정에 돈, 즐거움, 고통이나 그 밖의 것들이 포함되어 있는지 없는지는 이차적인 것이다. 그의 목표는 당신을 거룩하게 만드는 것이다. 따라서 그의 인도하심에는 이것이 스며 있다.

바로 이 점에서 당신은 문제를 느낄 수도 있다. 일반적으로 인도받기를 원할 때, 우리 마음 이면에는 우리가 추구하는 전반적인 목적이 있다. 나는 당신에게 병원으로 가는 길을 물을지도 모르나 나의 참목적은, 나의 암을 고쳐 줄 수 있는 어떤 의사를 발견하는 데 있다. 마찬가지로 나는 A라는 직업을 가져야 할까, 아니면 B라는 직업을 가져야 할까를 알고 싶어 할 수도 있다. 그러나 마음속 깊은 곳에서의 행복, 성공 혹은 돈과 관계가 있는 삶의 목적을 이루려고 투쟁한다.

이와 같이 우리가 하나님께 인도를 요청할 때에도 마음속에 하나님의 계획과는 다른 목적을 가지고 있을 수 있다. 하나님이 마땅히 제시하실 그 인도에 관심이 없을 수도 있다.

성경과 인도하심

모든 결정의 도덕성을 알아내는 일은 결코 간단한 일이 아니다. 언뜻 보기에는 그렇게 많은 도덕성이 관련되어 있다고 보이지 않을 수도 있다. 그리고 도덕성이 연관되어 있을 때조차도 어느 것이 옳으며 당신 내면의 깊은 동기가 무엇인지 알아내기가 혼란스러울 수도 있다. 만일 일상생활에서 옳고 그름을 이해하는 것이 간단하다면 두꺼운 성경이 필요하지 않을 것이다. 또 성경을 깨닫도록 우리를 인도하시는 성령의 지도나 조명도 필요치 않을 것이다.

우리가 하나님의 인도하심을 간절히 원하는 이유는 바로 여기에 있다. 일상생활에서 옳은 것과 그른 것을 구별할 줄 알아야 하기 때문이다. "청년이 무엇으로 그의 행실을 깨끗하게 하리이까?"라고 시편 기자는 묻는다. "내가 주께 범죄하지 아니하려 하여 주의 말씀을 내 마음에 두었나이다"(시 119:9, 11).

이미 이 장 첫 부분에서 성경을 점술처럼 사용해서는 안 된다는 것을 분명하게 밝혔다. 그런데도 많은 그리스도인이 성경을 읽는 도중 그들에게 주시는 하나님의 직접적 음성의 역할을 하는 특정 구절이나 문단에 사로잡히곤 한다. 그러나 나는 그런 경험들이 표준은 아니라고 주장한다. 하나님께서는 우리를 마술처럼 인도하고 싶어 하지 않으신다.

하나님께서는 우리가 그분의 마음을 알기를 원하신다. 그는 우리가 바로 그의 마음을 깨닫기를 원하신다. 우리의 마음이 성경 내용에 깊이 잠기고, 성경적 관점과 원리로 고쳐지고, 성령의 움직이심에 민감해져서 크고 작은 모든 상황에서 본능적으로 올바른 길을 선택할 줄 알아야 한다.

그러므로 인도받는 것과 관련해서 성경을 사용할 때 가장 중요한 것은, 성경 공부를 통해 하나님의 방법과 생각에 친숙해지는 것이다. 인도하심은 핀으로 찍는 것과 같은 방법으로는 오지 않는다. 눈을 감고 즉흥적으로 성경을 펼쳐서 핀으로 어떤 페이지를 꼭 찍는다. 당신이 핀으로 찍은 그 말씀이 당신의 방향 설정에 실마리이다. 이 얼마나 미신적인가? 성경은 절대 점판(占板)이 아니다.

그러나 당신은 이렇게 말할 수도 있다. "성경이 환상이나 꿈, 예언, 음성, 그리고 모든 종류의 개입에 대하여 말하고 있지 않는가?" 맞는 말이다. "이 모든 일들은 지금도 일어나고 있는가?" 틀림없이 그렇다. 또 나는 그중 어떤 것들을 친히 체험한 적도 있다.

하지만 생각해 보라. 많은 극적이고 '특별한' 인도의 형태는 자신의 길에 너무 집착한 사람들에게 주어졌다. 이런 형태의 것은 바로, 모세, 발람, 다락 위에서 기도하는 베드로, 느브갓네살, 다메섹 도상의 사울 등 그 외의 많은 사람들에게 주어졌다. 어떤 경우엔 마리아의 경우처럼 그 계시가 너무나 특별해서 꿈 외에 다른 방법으로는 가르쳐 주실 방법이 없었다. 혹은 사람이 하나님을 너무나 모르고 있었기에 다른 방법으로는 그에게 가르쳐 주실 방법이 없었던 경우도 있다. 하나님께서는 당신의 매일매일의 삶에 관해 더 좋은 것을 마음속에 가지고 계신다.

그의 목적은 당신이 그의 친구가 되도록 하는 것이며 또 당신이 그와 동행하는 것이다. 그는 이미 당신에 대한 모든 것을 알고 계신다. 하나님은 이제 당신이 그를 알기를 원하고 계신다. 하나님을 더 많이 알면 알수록 하나님과의 동행은 더욱 실제적이 될 것이고, 또한 당신은 하나님이 지시하시는 길을 따라 더욱 쉽게 그와 보조를 맞추어 갈 수 있을 것이다.

욕망의 영향력

하나님의 생각을 아는 것과 그가 원하시는 것을 사람도 원하는 것은 별개 일이다. 우리의 욕망은 우리의 생각과 견해에 무서우리만큼 영향을 미친다.

이혼한 동료와 사랑에 빠진 미혼 여선교사 한 사람이 있었다. 그녀는 그와 사랑에 빠지기 전까지는 이혼 후의 재혼이 잘못이라고 생각했다. 그런데 그녀는 자기들의 결혼에 대한 정당성을 성경에서 교묘하게 끌어냈다. 나는 그녀의 재주에 놀라움을 금치 못했다.

문제는 이혼 후의 재혼이 타당하냐 타당하지 않냐가 아니라, 강한 욕망이 기존의 견해와 의향에 미치는 기이한 힘에 관한 것이다. 그녀는 자신의 결혼을 합리화하려 하고 있었다.

우리는 모두 진흙으로 만들어졌으므로 이와 같은 기질이 있다. 우리는 하나님과 사이가 나빠지게 할 뿐 아니라, 욕망이 우리의 생각에 채색하도록 한다. 만일 우리가 지속적으로 하나님이 원하시는 것과 반대되는 것을 갈구한다면 결과는 간단하다. 그 경우 하나님께서는 우리가 하고 싶은 것을 못하게 하시고 하기 싫어하는 것만 하도록 인도하실 것이다. 그렇게 되면 하나님의 뜻을 따르게는 될지라도 즐거움은 거의 없을 것이다.

그러나 사실 우리의 많은 욕망은 하나님께서 심으신 씨앗이다. 나는 정신과 의사로 진료하면서 종종 양심적인 그리스도인들을 만난다. 그들은 너무도 양심적인 나머지 자신들이 몹시 간절히 원하는 것이 있다면 그것은 무조건 하나님의 뜻이 아니라고 느낀다. 그들의 하나님은 높으시며 금욕적인 하나님이시다. 그 하나님께서 즐겨 쓰시는 말은 '안 돼'이며, 또한 아무것도 하시지 않는 것을 좋아하신다. 그들이 아는 하나님은 얼음의 하나님이시다.

누가 욕망의 굴레에서 우리의 마음을 해방시켜 줄 것인가? 만일 내 마음이 감정에 좌우된다면, 어떻게 내가 경건한 욕망과 악한 욕망의 사이를 구별할 수 있겠는가? 욕망이 이미 그 왕좌를 차지한 뇌(腦) 속에, 누가 이성(理性)을 앉힐 수가 있는가? 이것은 최근에 어떤 사람이 나에게 질문한 것과 같은 것이다. "내가 인도받기 위해 기도할 때, 스스로를 설득해서 어떻게 해서든지 내가 하고 싶어 하는 것을 하게 하고 있지는 않은지 어떻게 알 수 있습니까?"

우리의 모순을 해결하려고 시도하기 전에 한 가지 문제점을 생각해 보자. 방향 인도가 필요한 그 시간에 우리는 우리의 참된 욕망이 무엇인지 모른다. 어떤 이유에서 그 욕망을 눌러 놓았을 수도 있다. 정신분석학자 프로이드(Sigmund Freud)는 그가 해결해야 할 어려운 문제에 부딪쳤을 때 동전을 튕기는 습관이 있었다. 그 말을 듣고 놀란 친구들이 어떻게 그럴 수 있느냐고 묻자 그는 이렇게 대답했다고 한다. "만일 동전이 떨어지면, 나는 즐거워지고 내가 진정으로 원했던 것이 무엇인지 알게 된다네. 그러나 동전이 그렇게 되지 않을 때면 나는 실망하게 되는데, 그때는 내가 하길 원치 않는 것이 무엇인가가 분명해지지."

그러면 내가 '하나님께서 무엇을 원하시는가?'라고 묻기 전에 먼저 '내가 무엇을 원하는가?'라고 질문해야 한다는 결론이 나온다. 내가 나의 욕망의 실체들을 면밀히 살피고, 공정한 입장에서 그것들의 전체 모습을 살펴보기 전에 그 욕망들이 내 마음을 지배하는 정도를 어떻게 측정할 수 있겠는가? "하나님이여 나를 살피사 내 마음을 아시며 나를 시험하사 내 뜻을 아옵소서"(시 139:23).

아마 그 욕망들이 숨어 있던 곳에서 그 실체를 드러낼 때, 하나님은 웃으시면서 말씀하실 것이다. "나는 너희들이 그 욕망으로 나를 끌어가려고 했을 때 놀랐다."

만일 우리가 우리를 돌보시지 않는 하나님과 교제한다면 우리에겐 희망이 없다. 만일 우리의 확신이 이성에 근거한 것이라면 우리는 영원히 불확실함 속에 거하게 될 것이다. 그러나 다행스럽게도 하나님은 우리가 인도받고 싶은 것보다 훨씬 더 우리를 인도하시는 데 관심과 열의가 있으신 분이다.

그는 적극적으로 역사하신다. 우리를 보호하시고 또한 숨겨진 욕망들의 노예 상태에서 우리를 해방시키신다. 인도함의 문제는 우리의 인도자이시며 해방자이신 분에게 협조하는 문제로 귀결된다. 그 실제적인 면들에 대해서는 다음에 살펴보기로 하겠다.

인도하심과 은사

내가 말하는 거룩을 자칫 소극적인 표현으로 생각하지 않기를 바란다. 한 장을 할애해서 이 주제를 뒤에서 논의할 것이다. 지금 유의해야 할 사실은 하나님의 당신에 대한 목적은 당신이 어떤 일들을 단순히 피하게 하려는 데 있지 않다는 것이다.

거룩은 당신의 일상생활과 분리될 수 없는 적극적인 것이다. 한 행위는 그 행위의 동기나 정신에 따라 경건하거나 악하거나 둘 가운데 하나가 된다. 거룩은 당신의 육체적 취향과 타고난 재능과 정신적 은사를 최대한 표현하며 사는 것을 배제하지 않는다.

사람들은 '어떤 행위는 경건하고 다른 것들은 세속적이다'라고 이름 붙이기를 좋아한다. 기도회에 참석하는 것은 영적인 일이다. 피아노를 치는 것은 좀 괜찮다. 그러나 그것은 질적으로 다르며, 별로 중요하지 않다. 우리는 그렇게 판단한다.

그러나 기도회에 참석하는 것도 만일 내가 쓴 뿌리를 품고 불신을 안고 그곳에 간다면, 그것은 아주 비영적인 일일 수가 있다. 그리고 피아노를 치는 일은 연주할 때 마음 자세에 따라 좋은 것일 수도 있고 나쁜 것일 수도 있다. 이 문제는 당신이 어떤 종류의 직업은 종사하지 말아야 하는가 하는 것을 결정하는 것과 관계있기에 중요하다.

당신을 그리스도인답게 만들려는 하나님의 목적과 연주회 피아니스트로서의 경력과는 모순되지 않는가? 당신이 그리스도인다운 공중 그네 묘기가가 될 수 있는가? 혹은 그리스도인다운 군인, 회사 간부는 가능한가?

모든 '세속적인' 직업은 차선책이며 솔직히 말하면 의심받을 만한 것인가? 그렇다면 모든 그리스도인들은 그리스도인의 직업에 종사하는 게 더 좋은가? 머지않아 당신은 어떤 전임 사역자들이 직선적으로 말하기는 꺼려하면서도, 은근히 또는 암시적인 말로 전임 사역이야말로 하나님의 뜻의 핵심부를 차지한다라는 자신들의 신념을 내비치는 것을 보게 될 것이다. 오직 복음으로 사는 '전임 사역자들'만이 우선적이며 그 나머지 사람들은 전부 2급 시민이 된다. 때로는 우리도 우리 자신을 그렇게 보곤 한다.

좋은 의미에서 볼 때 그와 같은 생각은 사실일 수 있다. 많은 전임 사역자들은 세상의 재물과 하늘나라의 보화를 놓고 갈등을 느끼다가 결국은 믿음과 희생의 길을 택한 데에 비해, 그 나머지 사람들은 종종 그렇게 하지 못한다고 말할 수도 있다. 그렇다고 기독교 세계를 이원

화하여 그리스도인들 간에 어떤 차별을 둔다면 안 되겠다. 굳이 구분을 하자면 전임 사역이냐 부분 사역이냐 등 시간상의 구분보다는 그리스도에 대한 믿음이나 헌신도에 따라 구분해야 한다.

우리는 모두 우리가 하는 모든 일이 하나님의 영광을 위한다는 의미에서 전임 사역자들이다. 만일 하나님께서 우리에게 타고난 세상적 재능을 주셨다면, 우리는 그 재능을 계발하고 사용하기를 결정하기 전에 대단히 신중하게 생각해야 한다. 다음과 같은 질문을 해 보라. "나의 타고난 세상적 능력을 사용해 생활비를 벌면서 직장 동료들에게 그리스도를 전하며 사는 것과 나의 몇 가지 재능은 사용하지 못하더라도 나의 모든 시간을 그리스도의 일에 바치는 삶, 둘 가운데 어느 것이 나로 하여금 하나님을 가장 잘 섬기도록 하겠는가?"

어떤 경우에는 그 질문에 대한 분명한 해답이 있기도 하다.

지금까지 나는 하나님께서 선천적으로 우리에게 주신 능력, 즉 유전, 배경, 훈련에 의해 하나님이 우리에게 주신 것에 대해 말해 왔다. 그러나 그런 것들은 본질상 초자연적인 것들이 아니다. 그 실마리를 풀기 전에 성경은 초자연이나 '영적 은사'에 대해 무엇을 가르치는지 간단히 살펴봐야겠다.

이런 것들은 특별한 재능이며, 그리스도인들이 교회를 위해 적절하게 봉사할 수 있도록 하기 위해서 성령께서 초자연적으로 주신 은사들이다. 당신의 몸에서 간, 심장, 신장, 근육, 심지어는 발톱 등이 각각의 역할을 맡아 하듯이 교회의 모든 교인들은 교회가 그 조직체로서 기능을 잘 수행하도록 상호 보완적인 역할들과 재능들을 갖고 있다. 교회의 역할은 본질적으로 초자연적이기 때문에, 교회 기능의 가장 중요한 은사는 자연적 재능이라기보다는 영적인 은사들이다.

영적 은사들에 대해서는 나중에 더 자세히 살펴보겠다. 그것들은 신유의 은사, 방언, 어떤 초월적인 믿음, 지도자의 은사, 가르치는 은사, 또한 책망하거나 권고하는 은사 등을 모두 포함한다. 오늘날도 그런 은사들이 존재하는지에 대해서 모든 그리스도인들이 다 동의하는 것은 아니다. 그렇다 해도 하나님께서는 당신이 영적 은사들을 갖기 원하시며 또한 어떤 은사는 다른 은사들보다 더 중요하다는 것을 명백히 하신다.

하나님께서 나에게 주신 재능을 나의 인생에 선용하도록 어느 정도까지 어떻게 지도를 받는가? 분명히 하나님이 주신 은사들은 그것이 선천적인 것이든 혹은 영적인 것이든 무시될 수가 없다. 그 은사들은 계발하고 사용하라고 주신 것이다. 어떤 그리스도인들은 은사를 활용하는 데 갈등을 느끼지 않는다. 그들은 자신들의 생활 현장에서 선천적인 재능이나 초자연적 능력들을 모두 충분히 활용하며 산다. 그러나 하나님께서는 우리에게 은사를 주시는 데 대해서는 아주 관대하시므로 어떤 그리스도인들은 자신이 소유한 다양한 재능 가운데 어떤 것을 중점적으로 계발하고 활용할 것인지 결정하지 않을 수가 없다.

마틴 로이드 존스(Martyn Lloyd-Jones) 박사는 젊은 내과의사로, 영국 왕실 내과 의사였던 홀더(Horder)의 조수이며 심장병 전문의사였다. 그런데 하나님께서는 그에게 성경 주석가로서의 초자연적인 은사와 교회에서 예언을 하는 은사를 함께 주셨다. 그는 의사로서의 은사와 그리스도인으로서의 은사를 동시에 충분히 발휘하기는 어려웠다. 그래서 후자의 은사를 택했다.

그렇게 하기 위해 그는 의사로서의 탁월한 경력을 포기하고 웨일즈의 조그마한 장로교회에서 설교자가 되었다. 그 후 런던의 웨스트 민스터(Westminster) 교회 강단을 통해 그는 영국의 모든 복음화 운동에 영향을 미쳤다. 또한 많은 저술과 강연으로 전세계 사람들의 존경과 사랑을 받고 있다.

그러므로 장차 하나님을 위해 어떻게 봉사할 것인가를 고심할 때는, 당신의 바람뿐만 아니라 당신의 은사나 재능까지도 모두 하나님 앞으로 가져와야 한다. 현재 활용하고 있는 중요한 은사가 있다고 해도 하나님이 주신 다른 은사가 소홀히 다루어질 수도 있다는 점을 기억하라. 그리고 일반적인 법칙으로, 자연적인 재능의 충분한 활용이 영적 은사의 충분한 활용과 충돌되는 경우라면, 나는 전자가 후자에 희생되어야 한다고 생각한다.

그것은 자연적인 재능이 영적 은사보다 덜 중요하다는 의미는 아니다. 오히려 그것은 우리가 비정상적인 시대에 살고 있으며, 영적 갈등이 많은 시대에 살고 있기 때문이다. 전시에는 생존의 문제가 시급하기에 문화·예술 활동들은 사치품이 되어 버린다. 그럴 때 이런 활동들의 빈도수를 줄여야 하는 것처럼, 우리는 우리 시대 상황에 맞춰서 우선순위를 정해야 한다. '빈도수를 줄여야 한다'라는 말을 제대로 받아들여야 한다. 전시에는 오케스트라를 아예 해체해야 한다는 의미가 결코 아니다. 하나님께서는 우리에게 풍요로이 누릴 수 있는 모든 것을 허락해 주셨다. 당신이 만일 시간을 많이 요하지 않는 영적 은사를 받은 예술가라면, 그림 그리는 것을 당신 직업으로 삼아라. 자유롭게, 즐겁게, 그리고 하나님의 영광을 위해 그림을 그려라.

상담, 환경과 양털

우리의 바람이나 은사는 결정적이고 확실한 판단 기준이 될 수 없다. 이제는 상담, 환경, 그리고 양털이라는 이 문단의 제목이 된 세 가지 가운데 어느 하나도 절대적인 기준이 될 수 없음을 살펴보자.

양털. 사소한 문제를 먼저 생각해 보자. 만일 당신이 양털에 대하여 들어본 적이 없다면, 다음 몇 페이지를 읽어 보면 된다.

가나안 주변 적대 국가들의 **압력**을 받던 이스라엘 백성을 위해 하나님께서는 구원자와 사사로 기드온을 부르셨다(삿 6:11-40 참조).

기드온은 이스라엘을 구원하도록 자신을 부르시는 환상을 보았다.

당신은 어쩌면 환상이 장래 방향 설정을 명확하게 해 줄 것이라 생각할지도 모른다. 그러나 환상에 의한 인도도 다른 형태의 인도와 똑같이 어려움이 있다. 기드온은 분명 불확실함을 느꼈다. 그 환상이 참으로 하나님에게서 온 것인가? 날이 지남에 따라 그 환상의 생생함은 사라져 갔고, 기드온의 확신도 그러했다. 그 환상은 그로 하여금 집에서 우상을 제거하게 했다. 그러나 외국의 침입자들을 대적하는 군대 지도자가 되어야 했을 때, 그는 무엇인가 더욱 실질적인 확신이 필요했다.

그는 그 문제에 대해 기도한 후, 아버지의 타작마당에 밤새도록 양털을 놓아두고는 그것이 하나님의 뜻임을 확인하는 징표로, 그 양털에만 이슬이 내리고 땅은 그대로 말라 있도록 해 달라는 기도를 드렸다. 하나님께서는 기드온의 요구를 들어주셨다.

그러나 기드온은 그것으로 만족하지 못하고 이번에는 하나님께서 그와 반대 상황으로 응답해 달라고 요구했다. 땅은 젖고 양털은 이슬에 젖지 않도록 하나님께서는 다시 기드온의 요구를 들어주셨다.

기드온의 양털은 일부 그리스도인들의 행위의 표본이 되었다. "만일 하나님께서 진정으로 제가 A라는 계획을 수행하기를 원하신다면, 전화벨을 밤 9시 10분에 울려 주십시오. 그러면 제가 그 계획이 하나님의 뜻이라는 것을 알겠습니다."

이렇게 한다면 당신은 양털을 놓는 것이다. 표징의 역할을 할 수 있는 것이라면 무엇이나 양털로 삼을 수 있다.

만일 당신이 아직까지 양털을 사용하지 않았다면, 양털을 놓는 일은 하지 말라. 만일 당신이 그런 일을 했다면 당장 그만두라.

하나님은 기드온에 대해 참으시고 자비를 베푸셨다. 기드온의 양털 시도는 창조의 법칙에 반대되는 것을 요구하고 있기에 잘못된 믿음이다. 대부분 현대의 양털 시도자들은 기드온보다는 덜 모험적이다. 그들은 8월에 눈을 요구하거나 태양이 그냥 머물러 있게 해 달라는 요구를 하지 않는다. 단지 가능성이 있는 어떤 것을 택해 요구한다.

기드온은 하나님의 뜻을 분별할 수 있도록 도와주는 자료들을 현재 우리보다 훨씬 적게 갖고 있었다. 그는 아마 여호수아서나 모세 오경을 본 적도 없었을 것이다. 또한 출애굽 사건에 대해서도 잘 몰랐을 것이며, 게다가 그의 집은 우상 숭배의 본거지였다. 한편, 현재 우리는 신구약 성경이 있고 계속 성령의 조명을 받는다. 그런데도 현대 그리스도인들이 반이교도(semi-pagan)와 같은 기드온 식의 시도를 하는 것은 아주 잘못된 일이다.

그것을 다른 식으로 살펴보자. 기드온의 양털 시도 이면에는 다음과 같은 추리가 있었다. "만일 나에게 말씀하신 분이 하나님이셨다면 그리고 만일 내가 이스라엘 백성을 인도하기를 원하신다면 그는 내가 확신할 수 있도록 기적적인 표징을 보여 줄 수 있으실 것이다."

문제는 그 표징으로도 기드온은 확신하지 못했다는 것이다. 기드온이 양털을 집어 올렸을 때 그 양털은 이미 이슬에 젖어 무거웠으며, 땅은 그대로 메말라 있었다. 그러나 의심은 다시 생겼다. 아마 이것은 우연의 일치인지도 모른다. 때로는 이슬이 내리지 않아도 양털이 젖을 수 있지 않겠는가. 아마 어떤 사람이 밤에 그렇게 했을지도 모른다. 기드온은 군대를 싸움터로 인솔해야 했다는 것을 기억하라. 그런데 무서운 운명이 그 젖은 양털에 달려 있었다.

그러나 심리적 이유야 어떻든 기드온은 반복해서 표징을 요구했다. 그가 겪었던 딜레마는 과학자들의 경우에도 마찬가지다. 실험은 성공했으나 다른 가설로도 그 사실을 설명할 수 있을지 모른다.

그리스도인들이 반이교도와 같은 태도를 취하는 것은 합당하지 않다. 하나님의 개입을 그 일부로 여기는 조잡한 과학 실험도 부적절하다. 그리스도인들은 자신이 무엇을 하는지 알지 못하고 있다. 이 경우는 다음과 같이 요약할 수 있다. "하나님, 죄송하지만 나의 상자로 들어가서서 나의 일을 성취해 주십시오."

그보다 비중이 조금 가벼운 다른 많은 어려움들을 만날 수도 있다. 밤 9시 11분에 전화가 왔다면? 9시 30분이나 혹은 9시 20분에 전화가 왔다면? 만일 하나님의 말씀이 당신에게 충분하지 못하다면 양털 역시 당신에게 의심을 남길 것이라는 사실을 명심하라. 인도받으려 하면서 잘못된 방향을 보고 있으며, 결국 허우적거릴 것이다.

상담. 연세가 많고 지혜로운 분과 상담하는 것은 확실히 좋은 일이다. 하지만 상담을 할 때는 중요한 규칙이 있다. 첫째, 당신이 미처 고려하지 못한 당신의 문제점을 지적해 줄 만큼 지혜롭고 원숙한 사람들을 선택해야 한다. 둘째로, 조언자가 당신 대신 결정해 주기를 바라는 마음으로 찾아가지 말라. 당신은 하나님과의 직접적인 관계를 원하지, 간접적인 관계를 원하지는 않을 것이다. 결정은 당신이 해야 한다. 상담자의 동조를 받으려 안달하지 말라. 하나님께 응답해야지 사람에게 응답해서는 안 된다.

상담의 가치는 상담자의 다양한 견해와 유익한 판단 자료를 얻는 데 있다. 만일 상담자가 당신이 무엇을 해야 하는지 알려 준다면 당신은 위로를 받을 것이다. 물론 그의 권고를 받아들이지 않을 수도 있다. 그래도 이것이 시간 낭비가 아닌 것은 한 문제의 모든 측면을 신중하게 검토하는 것이 시간 낭비일 수는 없기 때문이다.

그러나 하나님 앞에서의 책임은 당신에게 있다. 만일 어떤 사람이 당신을 대신해 무슨 결정을 했다면, 그 일의 결과가 잘못되었을 때 당신은 그 사람을 비난할 것이다. 핑계거리가 생긴 것이다. 그렇게 하지 말라. 조언을 구하되 하나님의 뜻에 대한 결정의 책임은 당신의 것이다.

환경. 환경은 당신에게 안내자가 될 수도 있고 안 될 수도 있다. 만일 우산이 있을 때 비가 오면 우산을 펼지 안 펼지 누구에게 특별히 상담을 할 필요가 없다. 집이 춥다면 당신은 온도 조절기를 돌리면 된다.

환경 하나만으로 그리스도인들을 인도할 수는 없다. 문이 잠기고 '들어오지 마시오'라고 쓰여 있다고 해도 상황만으로 충분하지는 않다. 만일 어떤 사람이 부상을 입고 문 옆에 누워 있다면, 당신은 그 사람을 안으로 들이기 위해 그 문을 부수는 게 더 옳을 것이다.

그러므로 우리가 보통 환경에 대하여 말할 때는 파악 가능한 상황에 대해서만 말한다는 것을 깨달아야 한다. 전체 사태를 변화시킬 수 있는, 우리에게 알려지지 않은 상황이 있을 수도 있다. 예수님께서 예루살렘으로 향하는 마지막 여행을 계획하셨을 때, 제자들은 여러 가지 상황들이 예루살렘 여행을 반대한다고 이의를 제기했다. 실제로 예수님은 극도의 위험에 직면한다. 그러나 예수님께서는 제자들은 생각조차 못했던 중요한 상황들을 고려하고 계셨다. 예수님께서는 자신이 십자가에 못 박히실 것과, 자신의 죽음으로 인하여 죄인들의 구속이 이루어질 것이라는 사실을 알고 가셨다.

우리가 모든 환경들을 알면 무엇을 해야 할지 결정하기가 훨씬 쉬울 것이다. 그러나 결코 모든 상황을 알 수 없다. 알고 있는 환경과 다른 판단 자료들이 있음에도 모르는 환경들이 있기 때문에 좀 더 좋은 결정을 내리기 위해 고민하곤 한다.

그러면 당신은 환경이 하나님의 뜻을 결정하는 데 도움이 될 수 없다는 결론을 내릴지도 모르지만, 그것은 아니다. 당신의 환경을 정직하게 살펴보는 것은 항상 좋은 일이다. 그러나 결코 환경이 유일한 기준은 될 수 없다. 어떤 사람들이 말하듯이 환경보다는 도덕성에 문제를 더 두어야 한다.

자전거를 구입할 계획이라고 예를 들어 보자. 의사는 운동이 필요하니 사는 것이 좋겠다고 말한다. 또 자전거를 이미 가지고 있는 친구들은 그들의 자전거 여행에 내가 합세하도록 권한다. 나는 자전거를 살 만한 경제적 여유가 있다.

그러나 내가 만일 나의 자전거 구입으로 인해 친구 헨리에게 빌린 돈을 갚을 수 없으며 또 그 친구가 그 돈을 절실히 필요로 한다면, 다른 상황을 제쳐 놓고라도 나는 친구의 돈부터 갚아야 한다. 헨리에 대한 도덕적인 의무는 다른 상황보다 비중이 크다.

목자의 음성

"주님께서 나의 여행에 대하여 말씀하셨으며, 내가 여행을 떠나야 한다는 확신을 주셨다."

"친구들이 내가 하는 일을 비난할지라도 나는 그 일에 대해 참으로 마음이 편하다."

"나는 이러이러하게 하라는 지시를 받고 있는 것처럼 느낀다."

우리 주변에는 이런 말을 하는 그리스도인들이 많이 있다. 그것에 대해 좋은 인상을 받을 때도 있을 것이며, 가끔은 그 사람이 자신이 하고 싶은 일에 하나님을 구실로 삼는 건 아닌가라는 생각이 들기도

한다. 어쨌든 주관성이라는 날카로운 문제에 걸려 넘어질 수 있다. 성령의 인도하심이나 마음의 평화, 확신감 같은 것은 모두 주관적인 느낌과 관계있다.

나의 느낌을 어떻게 해석해야 할까? 내가 만일 친구에게 전화를 하고 싶은 절박감을 느낀다면, 그 절박감이 나의 혼란스러운 마음에서 온 것인지 아니면 하나님께로부터 온 것인지 어떻게 알 수 있는가?

어떤 그리스도인들은 우리의 느낌에 휘둘리지 말라고 경고한다. 그들은 객관적 기준과 하나님의 말씀, 그리고 처한 환경과 다른 여건들에 따라 판단하기를 더 좋아한다. 주관적 요소를 남용하는 사례들에 환멸을 느낀 적이 있기에 이런 입장을 취하는 것이다.

언젠가 아주 열정적인 그리스도인들을 만난 적이 있다. 그들은 하나님이 인도하신 것이라 느껴진다는 행동에 대해 나에게 이야기했다. 그러나 나는 그 행동이 비성경적이며 도덕적으로도 잘못된 것 같아 그들에게 내 느낌대로 말해 주었다. 그러자 그들이 대답했다. "그러나 존, 당신은 잘 모르는 것 같아. 우리는 주말을 고스란히 그 일을 위해 기도와 금식으로 보냈어. 우리는 하나님께서 우리를 인도하고 계심을 알고 있어."

그들의 2일 동안의 금식과 기도가 그들이 옳다는 것을 보증한다는 것이었다. 불행하게도 그것은 내 친구들이 생각한 것처럼 그렇게 단순하지가 않다. 한 시간 동안의 기도를 통해서도 그럴 수 있듯이, 이

틀 동안의 금식과 기도 중에도 자기가 바라는 바를 하나님의 뜻으로 혼동할 수 있다. 그 마음은 거짓된 것이고 또한 극도로 악한 것이다. 우리는 지금 다시 의식적, 무의식적 욕망들이 우리 마음을 지배함으로써 생기는 문제를 직면한 것이다.

그러나 그리스도인의 삶이 기록된 가르침을 단순히 따르는 것으로 전락해서는 안 된다. 기록된 인도하심은 대단히 중요하다. 만일 당신에게 성경과 반대되는 일을 하고 싶은 내적 욕망이 있다면, 당신은 그 욕망이 하나님께로부터 오지 않았음을 확신할 수 있을 것이다.

그러나 우리는 이미 성경이, 인도받는 방법보다는 인도자의 현존을 더 강조하고 있음을 보았다. "내가 친히 가리라 내가 너를 쉬게 하리라."

우리는 위로와 확신, 그리고 하나님과의 교제라는 주관적인 경험을 누릴 수 있다. 그리스도인들은 그들 자신의 욕망과 목자의 음성을 혼동할 수 있다. 하지만 그런 사실 때문에 하나님이 우리를 인도하신다는 약속과, 하나님과의 달콤한 교제를 체험할 수 있다는 확신을 약화시킬 필요는 없다. 하나님께서는 우리가 안개 속에서나 어둠 속에서 더듬거리며 나아가게 하지 않으셨다. 또한 우리가 혼자 걸어가게 하지도 않으셨다.

그럼 어떻게 하면 내가 어리석게 행동하지 않게 막을 수 있을까?

예수님은 "내 양은 내 음성을 들으며"라고 말씀하셨다. 더 정확하게

"나의 양은 나의 음성을 분별하며"라고 풀이할 수 있다. 덧붙여 이 말씀은 "내 양은 내 음성에 귀를 기울이느니라"는 뜻을 내포한다.

양은 길을 잃는 것에 대한 염려를 할 필요가 없다. 목자가 그 바른 길을 알고 있으며, 양을 세심하게 돌보기 때문이다. 양은 목자의 명령에 순종해야 한다. 만일 내가 목자의 음성을 듣는 것과 그리스도에게 주의를 기울이는 것, 그에게 순종하는 것과 그의 뜻을 행하는 데 관심을 기울이기만 한다면, 그의 음성을 분별하는 것은 쉬워진다. 인생의 길을 잃어버리는 문제에서도 동일하다.

우리는 속지 않기 위해 목자의 인도를 잘 받아야 한다. 늘 이렇게 다짐하라. "나는 감히 움직이지 않는다. 나의 마음은 대단히 위선적이다. 나 자신이 바보스러워질 수 있는 가능성은 많다. 그래서 잘못된 걸음을 걷기보다는 차라리 전혀 움직이지 않는 것이 더 낫다."

여기에서 심각한 실수를 할 수 있다. 만일 당신이 가만히 그 자리에 머물러 있다면, 그리스도를 따를 수가 없다. 전혀 움직이지 않는 것보다는 때때로 실수를 범하는 것이 더 낫다.

그리스도를 따르는 것이 줄타기를 하는 것과 같다고 생각할지도 모른다. 한번 잘못하는 것은 그만큼 당신이 발전한다는 것을 의미한다. 양이 길을 약간 벗어났을 때 그 양의 이름을 잘 아는 동방의 목자는 그 양이 잘못된 길을 계속 가도록 버려 두지 않는다. 목자는 양의 이름을 부를 것이다. 양이 목자의 부름에 응답하지 않으면 그는 가서 그

양을 데리고 올 것이다. 인도하심은 줄타기를 하는 것이 아니다.

당신이 길을 벗어나거나 잘못된 길을 가라고 하는 것도 아니요, 목자의 선하심을 이용하라고 권하는 것도 아니다. 이렇게 말하는 것은, 어떤 지점에서 길을 잃었다 하더라도 자신을 이류 인생으로 폄하하지 말라고 격려하는 것이다. 하나님께서는 당신이 어디 사느냐보다 당신과의 교제에 더 관심이 많으신 분이다.

인도받는 것을 배우는 것은, 항해하는 법을 배우는 것과 같다. 최근에 나는 속력이 빠른 조그마한 돛단배를 샀다. 항해를 할 때마다 바람은 번번히 그 배의 방향을 바꾸고 또 그 속력을 촉진시킨다. 그 배는 전에 타 보았던 안전하고 작은 다른 배들로 항해하는 것보다 더 도전심을 자극했다. 보트 조정 기술을 배우던 어느 날 오후, 나는 열 번이나 그 보트를 뒤집어엎었다. 그렇게 그 보트에 대한 감각을 점점 익혀 마침내는 그것으로 능숙하게 파도를 탈 수 있게 되었다.

인도하심을 받는 것은 항해하는 것을 배우는 것과 같다. 그것은 배움의 과정이다. 처음에는 배가 기울어지지 않게 똑바로 유지하는 것이 당신의 최종적인 목적지에 도착하는 것보다 더 중요하다. 보트를 타다 전복되어 바다에서 허우적거리는 것도 일종의 즐거움일 뿐이다. 사실 처음 몇 번 동안은 두렵다. 조금씩 보트를 바람 방향에 맞춰 조정하는 법을 배워감에 따라, 이젠 목적지에 대한 관심도 가질 수 있게 된다.

이와 마찬가지로 하나님의 목적은 당신에게 인도함을 받는 방법을 가르치는 것이다. 당신은 때때로 넘어지기도 할 것이다. 그러나 그것은 문제가 아니다. 넘어짐은 배움의 한 과정이다.

인도하심에 반드시 필요한 요건들

지금까지 인도받는 것이 필요할 때 고려할 수 있는 몇 가지 요소들을 살펴보았다. 하지만 여기에는 어떤 간단한 공식은 없다. 모든 상황을 다 알 수 없기 때문에 때때로 당신이 아는 상황들을 무시해야 할 때가 있다.

누군가에게 상담을 구하는 것은 지혜로운 일이다. 그러나 항상 그 상담대로 할 수 있는 것은 아니다. 당신의 내적 욕망들은 하나님께서 인도하시고자 하는 방향으로 당신의 마음을 움직일 수도 있고, 또 그렇지 못할 경우도 있다. 주관적인 감성들은 성령의 인도하심을 나타낼 수도 있고 당신 자신의 뜻을 나타낼 수도 있다.

그러면 당신이 어떻게 인도하심을 받을 수 있는가?

당신에게 필요한 것은 어떤 공식이 아니라 세 가지 요소에 관계되는 당신의 태도라고 생각된다.

1. 하나님과 같은 생각을 가져야 한다.

2. 당신은 하나님의 뜻을 행하려고 해야 한다.

3. 그리고 당신은 하나님을 신뢰해야 한다.

하나님과 같은 생각을 가진다는 것은, 당신이 하나님의 생각을 우선적인 것으로 간주해야 한다는 것을 의미한다. 그렇게 하기 위해서 당신은 '정직한' 결정보다는 '바른' 결정을 하는 데 관심을 더 기울여야 한다. 그리고 방향보다는 의(義)에, 당신의 급여보다는 성화(聖化)에 관심을 더 기울일 것이다.

성경을 더 많이 알수록 하나님의 뜻을 더욱 잘 분별할 수 있다. 그러나 성경 지식 그 자체는 당신에게 도움을 주지 못한다. 당신이 이루어야 할 중요한 목표는 그 진리를 실천에 옮기는 것이다.

그러므로 성경을 공부해야 한다. 성경을 연구하고 그 말씀을 기억하라. 또 그 말씀을 깊이 묵상하라. 그러나 이 모든 것을, 하나님께서 기뻐하시는 삶을 사는 방법을 알려는 목표를 갖고 하라. 이렇게 하면 특별한 상황에서도 하나님의 뜻을 더 쉽게 이해할 수 있다. 어떤 의미에서 당신은 이미 하나님의 뜻을 기뻐하기 시작했을 것이다.

하나님의 뜻을 행하기 위해 **노력**하라는 말은, 당신 의지로 하나님의 뜻을 선택하라는 의미다. 하나님의 뜻이 당신의 개인 욕구와 상반될지라도 하나님의 뜻을 받아들이기로 결심해야 한다. 하나님 뜻의 특정 내용을 모른다고 하면 그것은 맹목적인 선택이다. 그러나 당신이 하나님께서 어떤 분이시라는 것을 아는 한, 당신의 선택은 맹목적이 아니다. 당신은 당신이 선택한 그분의 인격과 능력을 알고 있다.

그 선택은, 당신이 원하는 것과 하나님이 원하시는 것 사이에 놓여 있다. 한편 그 두 가지 '원함'은 서로 일치할 수 있지만 그러나 그 반대일 때도 있다. 그 두 가지가 일치하지 않을 경우, 당신은 자신의 뜻보다는 하나님의 뜻을 따르기로 결정한다.

그런 결정을 하는 데에 어떤 특별한 덕(德)이 필요한 것은 아니다. 하나님께서 당신을 사랑하시고 그는 전지하신 분이시므로 당신의 뜻보다 그의 뜻을 따르는 건 합리적이다. 그런데도 그의 뜻을 따르려는 그 결정이 상처를 줄 수 있다. 그 이유는 부분적으로 당신이 선택한 그 가치와 우선순위에 당신이 자동적으로 공감할 수 없기 때문이다.

인도받게 해 주는 태도를 갖는 데 도움을 주는 세 번째 요소는 믿음과 관계있다. 하나님을 신뢰하라는 말을 이해하기 위해, 하나님의 인도하심에 대해 왜 마음속에서 의심과 불안이 생기는지 그 이유를 먼저 살펴보아야겠다. 거기에는 기본적으로 다른 두 가지 종류의 의심이 있기 때문인 것으로 보인다.

첫째, 당신은 하나님의 뜻이 당신의 뜻보다 과연 더 나은가를 의심할 수 있다. 당신의 뜻은 당신이 이해할 수 있는 것이며, 또 거기에서 당신이 안정을 느끼기 때문이다. 둘째, 당신 스스로에게 하나님의 인도하심의 과정을 해석할 수 있는 능력이 있는지 의심스러워할 수 있다. 하나님의 뜻이 더 나은가를 의심할 수 있다는 말은 어리석게 들린다.

　이론상으로는 절대로 그럴 수 없는데, 실제로는 때때로 그렇게 한다. 수영을 못하는 자가 물이 자신의 몸을 뜨게 할 수 있다고 믿는 것과 가라앉았다 솟았다 하는 물 속에 자신의 몸을 내맡기는 것과는 별개 문제다. 우리도 실제 이 사람처럼 행동한다. 우리는 이전에 믿었던 것에 곧 의지한다. 수영장 바닥에 발을 대거나 양쪽 레일을 거머쥐거나 다른 사람을 붙잡으려 하는 행동을 하는 것이다. 마찬가지로 익숙지 못한 어떤 상황에 처하면 정신적으로 긴장을 하게 되고 마음이 얼어붙는다. 불안이나 공포에 직면했을 때 상식은 우리에게 적용되지 않는다.

　어렸을 때 바닷가 절벽을 오르던 일이 기억난다. 해안 위에 있는 산 중턱 고속도로까지 갈 요량이었다. 그때껏 산이라고는 타 본 경험이 없었다. 목적은 있었지만, 절벽을 오르기 시작한 순간부터 나의 두려움과 불안은 점점 더해 갔다. 그런데 아무리 올라가도 가파른 절벽이 계속 내 머리 위에 펼쳐지지 않는가?

　오르기를 포기하고 다시 내려가려고 결정했을 때는 해안에서도 너무 멀리 떨어져 있었다. 올라가는 것보다 내려가는 것이 더 어렵다는 것을 깨닫는 순간 나의 불안과 두려움은 더 고조되었다. 그때 왼쪽 산 너머로 난 길이 보였다. 그러나 그곳에 도달하는 것도 내겐 엄청난 과제였다. 초긴장 상태에서 가다 보면 닿겠지, 하는 심정으로 그저 왼쪽으로 왼쪽으로 계속 올라갔다. 그런데 어느 순간엔가 근육이 더 이상 말을 듣지 않았다.

얼마를 그렇게 있었을까? 위쪽 바위 바로 밑에 있는 쐐기풀 한 다발이 보였다. 왼손으로 얼른 쐐기풀을 움켜쥐고 몸을 맡겼다. 어리석게도 나는 그 쐐기풀을 붙들지 않고, 나 스스로 그 곤경에서 벗어나려고 했던 것이다.

얼마나 오랫동안 거기에 매달려 있었는지는 모른다. 그때 나는 내가 어리석다는 것과 그 쐐기풀이 나를 찌르는 아픔 정도는 내 생명에 비해 아무것도 아니라는 사실을 알았다. 그러나 오직 믿을 수 없을 만큼의 의지**력**으로 나의 망상을 정복할 수 있었다. 또한 쐐기풀을 의지해 손을 내밈으로써 바위 끝을 드디어 잡았다. 거기서부터 다음 단계는 아주 쉬웠다.

하나님의 뜻에 대한 우리의 두려움은 동일하게 우리를 떨게 한다. 알지 못하는 어느 절벽에 매달려 있는 것보다도 더 불안한 상태에 머물게 한다. 사랑과 전능의 하나님에 대해 지적으로 아는 것과 그를 신뢰하는 것과는 전혀 별개의 것이다. 불안한 상태에 있다는 것을 알게 될 때에 불안과 공포는 점점 고조된다. 우리는 다만 우리의 과거 경험만을 이해할 뿐이며, 하나님의 말씀에 대해서는 마음 문을 닫아 버린다.

> 너는 마음을 다하여 여호와를 신뢰하고
>
> 네 명철을 의지하지 말라
>
> 너는 범사에 그를 인정하라
>
> 그리하면 네 길을 지도하시리라(잠 3:5-6).

인도하심을 구할 때는 마음속에 불안이 도사리고 있는지 살펴보라. 무엇이 당신을 '올바른' 인도하심에 그렇게 관심을 기울이도록 하는가? 당신이 만일 특정 방법을 선호한다면, 그것을 버리기 싫어서 하나님을 의지하기 두려워하는 것은 아닌가? 만일 그렇다면 당신의 두려움에 맞서라. 그 공포를 하나님 앞에 내려놓고, 하나님께서 당신에게 무엇을 하라고 요구하시든 간에 당신이 하나님을 신뢰하겠다고 그에게 말씀 드리라.

두 번째 두려움의 종류는 더 어려운 것이다. 당신이 하나님의 인도하심을 받고 있으며 자신의 욕망에 의해 잘못 인도받는다는 것을 어떻게 확신할 수 있는가? 누가 자신의 마음을 이해할 수 있는가? 하나님께서 당신을 인도하신다고 확신할 수 있는 한, 당신은 이 모든 일에 대처할 수 있고 또한 더 의롭게 살아갈 수 있다. 특별한 결정을 내릴 때, 하나님과 진정한 관계 속에 거하고 있다는 확신이 당신이 간절히 바라는 것이다. 만일 당신이 이것을 확신할 수 있다면, 다른 사람들이 아무리 당신을 오해하고 비난하며 또 어떤 어려움에 부딪칠지라도 당신은 용단을 내릴 수 있을 것이다. 그러나 당신이 어떻게 그것을 확신할 수 있는가?

오직 믿음으로만 할 수 있다. 오직 믿음으로만 하나님이 계신다는 것을 알 수 있다. 오직 믿음으로만 그가 당신을 인도하시는 일에 더 관심을 기울이신다는 것을 알 수 있다. 또 당신이 잘못했을 때에 어떻게 그의 음성을 분별할 수 있는지 가르쳐 주신다. 뿐만 아니라 당신의 잘못 속에서도 당신을 바른 길로 인도하신다는 것을 알 수 있다.

오직 믿음으로만 어떤 일에 대한 확신을 가질 수 있다. 만일 당신이 당신의 영원한 운명을 그에게 맡겼다면 지금 인도받는 것에 대해 그를 신뢰하는 것이 그렇게 큰 문제인가?

당신은 분명히 '나는 나 자신을 의지하지 않는다'라고 말한다. 그렇다. 당신은 당신 자신을 믿도록 부름을 받은 것이 아니라, 하나님을 믿도록 부름 받았다. 하지만 당신에게는 하나님의 인도하심을 받을 만한 분별**력**이나 순수한 동기가 없다. 하나님의 인도하심은 하나님께서 당신에게 주신 것이지 당신이 노**력**해서 얻은 것이 절대 아니다.

당신은 결코 그것을 받을 만한 자격이 없다. 그러므로 당신은 하나님께서 당신에게 그것을 주신다는 것을 믿어야 한다. 당신은 '그'의 관대하심과, 미천한 당신에게까지 도달하는 '그'의 역량, 당신이 길을 잘못 들어서는 즉시 끄집어내시는 '그'의 능**력**, 그리고 자신의 음성을 당신이 분별하도록 해 주시는 '그'의 능**력**을 믿어야 한다.

그러므로 어려운 결정을 해야 할 때 용기를 내라. 당신에게 깊은 관심을 가지신 분은 이미 당신이 무엇을 하기 원한다는 것을 알고 계신다. 그는 당신과 기쁜 관계를 갖기 원하시며 당신이 직면한 바로 그 상황을 통해 그에게 더욱 가까이 나아오기를 원하신다.

당신을 인도하는 일은 그분에게 전혀 어려운 문제가 아니다. 다만 그 길을 통하여 당신을 그분께로 더욱 가까이 끌어들이신다. 당신이 하나님과 같은 안목을 갖는다는 것은 참으로 좋은 일이다.

STUDY 04

지휘 :
인도하심을 경험하다

시편 25:1-4을 읽으라.

1 ▶ '인도하심'이라는 말은 이 구절 어느 곳에도 나타나지 않는다. 그러나 여러 구절에서 하나님에 의해 인도하심을 받는다는 사상이 나타나 있다. 인도와 연관하여 활용할 수 있는 구절이나 표현을 찾아보라.

2 ▶ 하나님께서는 기본적으로 인도하심의 도덕적인 면에 관심을 기울이고 계신다는 나의 주장을 지지할 만한 어떤 증거가 거기 나타나 있는가?

3 ▶ 하나님의 인도하심을 받는 사람에서 발견되는 특징들을 기록해 보라. 특별히 하나님께서는 우리를 인도하시기 전에 어느 정도의 도덕적 완전성을 원하시는가?(8절 참조).

*주의할 점 : 성경에서 두려움이라는 말은 '공포'나 심지어는 '전율'을 의미한다. 하지만 이 특별한 본문에서는 깊은 경외와 존경심을 나타낸다.

T h e   F i g h t

야고보서 1:5-7을 읽으라.

4 ▶ 시편 25편에서의 당신의 공부는, 당신이 하나님 앞에서 어떤 영적 자세를 취함으로써 하나님의 인도하심을 받을 만한 자격을 갖추어야 한다는 결론을 얻게 할 것이다. 이 구절에서 어떤 표현이 그런 관념을 떨쳐버리게 하는가?

5 ▶ 야고보 기자는 하나님의 인도하심에 대해 어떤 필수 조건을 강조하는가?

05
작전 :
거룩함을 알아가다

The Fight

오염된 강가에서

낚시를 하면서 낡은 구두나 커피 주전자 혹은 녹슨 통조림통을 낚아 올린 적이 있는가? 만일 내가 거룩이라는 말의 미끼를 내 음침한 마음의 바다에 던진다면, 같은 종류의 것들을 낚아 올리지 않을까 싶다. 나는 거룩을 생각하면 놀랍게도 다음과 같은 것들이 연상되어 떠오른다.

눈이 움푹 들어간 여윈 모습	턱수염
길게 늘어진 겉옷과 샌달	돌로 된 작은 방
성 생활을 하지 않음	농담을 모르는 무뚝뚝함
찬물 목욕	금식
새벽 기도	자기 비하

이런 항목들은 고통스럽고 가혹한 과정을 거쳐야만 거룩에 이를 수가 있는 것처럼 보인다. 그러나 거룩은 당신이 성취할 수 있는 것이 아니라 하나님께서 주시는 것이다.

여러 항목들을 열거한 이유는 그 누구도 경솔하게 처리할 수 없는 주제에 대해 부질없는 태도를 덧붙이는 것을 드러내기 위해서다. 만일 어떤 사람이 거룩을 추구하는 것이 우스갯거리로 보인다면, 우리는 웃기보다는 울어야 한다.

이런 마음속 잡동사니들은 우리들이 갖고 있는 거룩에 대한 견해에 무엇인가 비실제적인 것들이 있음을 지적한다. 겉옷이나 구두, 그리고 턱수염 등의 항목을 예로 들어 보자. 우리는 예수님의 겉옷이나 수염이 그의 거룩함과 관계가 없다는 것을 알면서도 무의식적으로 그 모든 것들을 함께 떠올린다. 수염을 깎고 청바지를 입고 자전거를 타는 예수님의 모습을 그려 보라. 충격적이지 않은가? 당신이 이성적으로는 청바지나 자전거가 거룩함과는 상관이 없고, 예수님께서 20세기에 그런 것들 가운데 어떤 것을 이용하시지 못할 아무런 이유가 없다는 것을 깨닫더라도 충격은 쉽게 가시지 않을 것이다.

우리의 이런 역설적인 반응은 하나님의 거룩함에 대한 우리의 생각이 인위적이라는 것을 깨닫는 실마리가 된다. 거룩함과 세속적인 것의 구별이 우리 삶에서 완전히 사라지게 하기 위해서는 일상의 모든 행위에 거룩함이 깊이 배어 있어야 한다.

거룩하신 하나님

성경은 하나님의 본질을 설명할 때 하나님의 속성인 거룩에 대해 두 가지 중요한 개념을 말한다.

첫 번째 개념은, 분리됨과 다름이라는 말과 관계가 있다. 하나님은 우리가 알거나 상상하는 그 무엇과는 완전히 다른 분이시다. 하나님은 그가 창조하신 우리 인간이나 우주 만물들과는 질적인 면에서 완전히 다르며, 또 무한하시고 전능하신 분이다. 우리는 하나님의 형상으로 지음을 받아 그의 형상을 반영하고 있다. 하지만 하나님과 인간 사이에는 무한히 깊은 심연의 간격이 존재한다. 하나님은 '나는 스스로 있는 자니라', '나와 비교될 수 있는 것은 세상에 없다'고 말씀하신다.

두 번째 개념은 도덕과 관계가 있다. 하나님의 거룩하심은 단순히 부정한 것으로부터의 분리가 아니라, 우리가 생각할 수 있는 것 이상의 적극적인 선이다. 하나님이 보시기에는 하늘까지도 부정하다. 그러나 거룩함은 하나님께서 우리에게 나누어 주기를 원하시는, 하나님 같은 선하심과 아름다움이다. 하나님께서는 당신이 그분과 같이 되기를 원하신다.

당신은 결코 하나님을 이해할 수 없을 것이다. 그러나 당신은 그를 알도록 부르심을 받았다. 당신은 하나님과 다르다. 그러나 하나님께서는 하나님을 가장 뚜렷하게 구별하는 하나님의 특성을 당신에게 나누어 주기를 원하신다. 당신은 하나님께 특별하게 쓰임을 받기 위해

택함을 받았으며, 또한 도덕적인 완전성에 참여하도록 하나님의 부르심을 받았다.

하나님을 아는 것과 그의 거룩함에 참여하는 것은 밀접한 관계가 있다. "여호와의 산에 오를 자가 누구며 그의 거룩한 곳에 설 자가 누구인가 곧 손이 깨끗하며 마음이 청결하며 뜻을 허탄한 데에 두지 아니하며 거짓 맹세하지 아니하는 자로다"(시 24:3-4).

오직 눈이 맑은 자만이 희미하게나마 하나님을 뵈올 것이다. 만일 당신이 희미하게라도 그분을 뵈올 수 있다면, 하나님께서는 자신의 아름다움을 당신에게 나누어 주실 것이다. 그때 당신의 얼굴은 모세의 얼굴처럼 빛날 것이다.

거룩은 선택의 문제가 아닌 가장 본질적인 문제다. '내가 거룩하니 너희도 거룩하라'(벧전 1:16 참조)는 명령은 폭이 꽤넓은 수렁 건너편에서 울려오는 듯하다. 그 계명을 지키는 일이 아무리 불가능해 보여도 이 계명에 순종해야 한다. "하나님의 뜻은 이것이니 너희의 거룩함이라"(살전 4:3).

당신은 그 문제에 대해 아무런 말도 할 수가 없다. 당신이 거룩하게 되는 것은 하나님의 뜻이며 또한 당신이 거룩해야 하는 것도 하나님의 뜻이다(롬 6:22, 12:1; 엡 1:4; 살전 3:13, 4:7; 딤후 1:9; 벧전 1:15, 2:5; 벧후 3:11 참조).

그러나 도대체 어떻게 거룩해진단 말인가?

화평함과 거룩함

 이제는 조금 신학적으로 살펴보아야겠다. 당신이 그리스도인이 되었을 때, 하나님께서는 당신의 죄를 용서하시는 그 이상의 일을 하셨다. 그분은 당신을 의롭게 하셨다. 생과 사의 주관자이신 하나님께서 당신에게 '무죄'라고 선포하셨다. 그분은 당신을 살피시며 또한 당신을 완전히 의로운 사람으로 대하신다.

 그분은 당신에게 자신을 속이지 않으신다. 오히려 그분의 피로 당신을 구속하신 그리스도의 손이 당신의 손을 붙잡고 계신다. 그리스도께서 말씀하신다. "이 사람은 나의 소유입니다! 내가 그의 모든 죄의 대가를 치렀습니다."

 그러자 하나님의 보좌로부터 다음과 같은 응답이 울려 온다. "잘했다. 그 일을 위해 내가 너를 세상에 보냈다. 그러므로 이제부터 그와 나 사이에 화평이 있을지어다. 자, 나의 구속받은 자녀여! 어서 오너라. 너의 죄들은 태양에 의해 구름이 물러가듯이 다 소멸되었다. 나는 이제 너의 죄를 기억하지 않겠다."

 당신을 의롭다 선포한 과정과 하나님과 당신과의 평화를 선포한 과정을 '칭의'라고 부른다. "그러므로 우리가 믿음으로 의롭다 하심을 받았으니 우리 주 예수 그리스도로 말미암아 하나님과 화평을 누리자"(롬 5:1).

 하나님께서는 당신을 의롭다고 인정하시는 그 이상의 일을 하셨다.

당신을 '거룩하게 하셨다.' 하나님께서는 당신을 의롭다 선언하시는 데서 만족하시지 않고, 자신의 거룩하심을 당신에게 나누어 주시기 시작했다.

이렇게 말할 수도 있다. "하나님은 나와 함께하실 수 없다. 나는 다만 거룩해지기를 원할 뿐이다. 내가 의롭다 칭함을 받은 것을 아는 것과 실제로 거룩해졌다고 말하는 것은 별개의 일이다."

그러나 성경에는 두 가지 주장이 나온다. 그것은 동전의 양면이라고 할 수 있다. 만일 당신이 그것들 사이의 친밀한 관계를 깨닫지 못한다면, 칭의의 평화나 성화의 자유와 기쁨을 누리지 못할 것이다. 그것들을 분리하는 것은 그 두 가지를 불구로 만드는 일이다. 다음 구절들을 생각해 보라.

사도 바울은 거만한 고린도 교회에 이렇게 썼다. "너희는 하나님으로부터 나서 그리스도 예수 안에 있고 예수는 하나님으로부터 나와서 우리에게 지혜와 의로움과 거룩함과 구원함이 되셨으니"(고전 1:30).

게다가 예수님은 분명히 말씀하셨다. "그들을 위하여 내가 나를 거룩하게 하오니 이는 그들도 진리로 거룩함을 얻게 하려 함이니이다"(요 17:19).

"그리스도께서 교회를 사랑하시고 그 교회를 위하여 자신을 주심같이 하라 이는 곧 물로 씻어 말씀으로 깨끗하게 하사 거룩하게 하시고"(엡 5:25-26).

"그가 우리를 대신하여 자신을 주심은 모든 불법에서 우리를 속량하시고 우리를 깨끗하게 하사 선한 일을 열심히 하는 자기 백성이 되게 하려 하심이니라"(딛 2:14).

"친히 나무에 달려 그 몸으로 우리 죄를 담당하셨으니 이는 우리로 죄에 대하여 죽고 의에 대하여 살게 하려 하심이라"(벧전 2:24).

성화와 구속 그리고 칭의가 서로 얼마나 밀접한 관련이 있는지 주의 깊게 살펴보라. 여기에는 세 가지를 분리한다는 어떤 암시도 없다. 이 구절들을 다시 한 번 살펴보고 마음에 굳게 새기라. 그것들 사이의 분리는 그리스도인들의 마음속에 있는 것이지, 성경말씀 속에 있지 않다. 참으로 히브리인들의 교회는 본받을 만하다. "거룩하게 하시는 이와 거룩하게 함을 입은 자들이 다 한 근원에서 난지라 그러므로 형제라 부르시기를 부끄러워하지 아니하시고"(히 2:11).

하나님께서는 당신을 실제로 거룩하게 하셨을 때 두 가지 일을 행하셨다. 성령의 사역으로, 그분은 당신을 특별히 사용하시기 위해 따로 떼어 두셨다. 나아가 그분은 당신을 자신의 거룩하신 목적에 적합한 사람이 되도록 하기 위한 과정을 시작했다. 그분은 성령을 통해 당신을 거룩한 사람으로 변화시키기 시작하셨다.

내가 읽은 거룩에 대한 책 가운데 가장 좋은 책은 호라티우스 보나르(Horatius Bonar)의 저서인 〈거룩한 길로 나아가라 *God's Way of Holiness*〉였다. 그의 책 서문에서 일부를 인용해 보자.

화평의 방법과 성화의 방법은 병행한다. 아니 그들은 하나다. 화평하는 것은 거룩하게도 한다. 또 이 두 가지 가운데 한 가지를 소유하는 사람은 다른 하나도 동시에 소유한다. 화평의 성령은 거룩의 성령이기도 하다. 평화의 하나님은 거룩하신 하나님이시기도 하다.

만일 어떤 순간에 이 두 가지 길이 따로 분리된 것처럼 보인다면, 뭔가 잘못된 것이 틀림없다. 그것을 가르치는 것이 잘못된 것이든지 혹은 그들의 생활 속에서 그렇게 실천하지 못한 상태가 잘못된 것이든지, 어느 것 가운데 하나일 것이다.

화평과 거룩은 함께 출발한다. 결코 분리될 수 없다. 정확히 말하면, 화평은 거룩보다 먼저이며, 거룩의 부모라고도 할 수 있다. 신학자들은 이것을 시간에서는 아니라 할지라도 본질에서는 우선이라고 한다.

이 두 가지는 서로 독립적이지 않다. 둘 사이는 친교 관계, 곧 상호간에 긴밀하게 돕는 조력자의 관계다. 화평은 거룩함을 낳게 하는 불가분리의 요소이며 또한 거룩함은 화평을 유지하고 심화(深化)하는 데 필수적인 요건이다. 죄악 된 생활을 하면서 자신이 화평하다고 주장하는 사람은 '거짓말쟁이이며, 그 속에 진리가 거하지 않는 사람'이다. 화평하지 않으면서도 자신이 거룩하다고 생각하는 사람은, 화평과 거룩에 대하여 성경이 뜻하는 바를 올바르게 깨닫고 있는가를 스스로 다시 한 번 자문해 보아야 한다.[5]

어떻게 거룩한 생활을 할 수 있을지 알기 위해 여러 해 동안 분투했다. 여러 나라에서 개최되는 각각 다른 영적 생활에 관한 회의에 참석했고 '승리의 생활'에 관한 책이면 뭐든 구해서 읽었다. 때때로 내 생애에서 중요한 고비를 넘긴 것처럼 느낄 때도 있었다. 그리고 마침내 성화의 비밀을 소유한 것같이도 보였다.

그러나 내 호주머니 속에 햇빛을 잡아 넣는 것보다 더 그 비밀을 소유하기가 어려웠다. 어렵게 진리를 깨달았다고 생각했는데 며칠 후 되풀이해 보면 무의미하고 진부하게 느껴졌다. 마치 탄산음료에서 가스가 새어 나가 버린 것 같았다.

나에게 결코 존재할 수 없는 것을 비록 불만족스럽게라도 받아들일 수 있는 결과였다면, 나는 그걸로 만족했을 것이다. 그러나 나는 나의 평화를 잃었다. 나는 내가 그리스도인이라는 것을 알았다. 죄책감과 좌절감으로 만신창이가 되었다. 하나님께서는 나와 같은 죄인을 어떻게 기뻐하시며, 어떻게 사랑하실 수 있을까?

내가 선교사로 있던 몇 년 동안 때때로 꾸던 꿈은 나의 갈등을 상징했다. 마지막 자격 시험을 치르기 전날 밤, 많은 의학 서적 속에 묻혀 있는 꿈을 꾸었다. 이 책의 대부분은 내가 의학 공부를 하는 수년 동안에 알아야 될 지식인데, 계속 미루다가 하룻밤 안에 다 습득하려고 정신없이 빠른 속도로 대충대충 읽으려고 하는 것들이었다. 나는 합격 가능성이 없다는 것을 알았다. 몇 권을 채 읽기도 전에 무정한 밤은 아침을 독촉했다. 절망감이 나를 휩쌌다. 나는 질식할 것 같은 절망감과 싸워야 했으며, 땀에 흠뻑 젖어 전율과 패배감을 안은 채 잠에서 깨어나곤 했다.

그 여러 해 동안 내가 깨닫지 못했던 것은 화평과 거룩함(혹은 칭의와 성화) 사이의 밀접한 관계였다. 신약성경을 읽을 때는 때때로 서광이 비치기 시작했다. 하지만 그 구절은 결코 내 마음에 필요한 깨달음을 주지 못했다. 나중에서야 비로소 나는 성화가 칭의에서부터 나온다는 것과 거룩함은 화평으로부터 나온다는 것, 그리고 이 둘을 분리하는 것은 그 두 가지를 모두 불구로 만드는 것임을 깨달았다.

> 최근에 라일(Ryle) 주교는 그 일을 더욱 강조했다. 두 가지(화평과 거룩함)는 한 사람에게서 동시에 발견된다. 칭의를 받은 사람은 항상 성화된 사람이며 또한 성화된 사람들은 항상 칭의를 받은 사람들이다. 하나님께서는 그 두 가지를 함께 두셨으며, 그들은 따로 분리될 수 없다. 이 두 가지는 동시에 시작한다. 칭의되기 시작하는 그 순간에, 그 사람은 또한 성화된 사람이 된다. 그 사람 자신은 그것을 느끼지 못할지도 모르지만 그것은 사실이다.[6]

그것이 내 생애에서 어떻게 작용하는지 설명해 보자. 비록 내가 머릿속으로는 믿음으로 성화되었다는 것을 알았지만, 나는 그 지식으로부터 거의 도움을 받지 못했다. 나는 죄의 무거운 짐 아래서 두 발을 질질 끌고 가는 생활을 했다. 나는 때때로 일반적인 그리스도인의 의무에 대하여 마음을 쓰지 않았다. 그것은 내 생활을 하나님께서 원하시는 것만큼 바르게 할 수 없다는 무기력 때문이었다.

어떻게 똑같은 죄를 수백 번씩 고백할 수 있는가? 나의 진실함은 어디 있는가? 여러 번 '성화의 경험'을 통해 내 전부를 그리스도께 바치고, 그의 안에 거하며, 성령의 인도하심을 받으며, 나로서는 도저히 할 수 없는 일을 내 안에서 역사하시는 하나님께 의지했으면서도, 나의 상태는 절망적인 것으로 보였다.

앞에서 이미 정죄자 사탄을 다루던 부분에서 어느 정도 그 갈등을 언급했다. 나의 공로로 온 결과가 아니라 그리스도께서 나를 위해 행하신 일 때문에, 나는 이미 용서를 받고 정화되었다. 또한 그로 인해 하나님께 용납 받았고, 의롭게 되었다는 사실을 깨달았을 때 나에게는 빛이 비치기 시작했다. 이 복음을 25년 동안 비그리스도인들에게 전하면서도 정작 자신은 그 충분한 맛을 결코 깨닫지 못했던 것이다.

그것은 새벽 동이 트는 것과 같았다. 갑자기 용서와 사랑을 받았다는 것을 깨달은 해방감이 내 영혼의 무거운 짐을 다 덜어 주었다. 나는 나 자신이 해방되었으며, 거룩하게 되었다는 사실을 발견했다. 나는 놀랍게도 내가 죄를 짓기보다는 거룩한 삶을 살기를 훨씬 더 많이 원한다는 사실을 발견했다. 용서는 나를 자유롭게 해서 내가 가장 하고 싶었던 일을 할 수 있게 해 주었다.

 그때 이후의 내 생활이 무죄한 생활이라고 말할 수는 없다. 다만 나는 범죄할 때마다 다시 우리 주님의 십자가 앞으로 돌아온다. 나는 부끄러움 없이 주님 앞에 엎드린다. 나는 감정적 체험을 위해 고군분투하지 않으며, 또 완전한 경지의 경건에 이르려는 갈등을 일으키지도 않는다. 나는 평화와 용서가 우리의 경건성의 여부에 따라 좌우되는 것이 아니라, 그리스도와 그의 행하신 일에 달려 있다는 것을 깨닫는다. 그리스도와 그의 행하신 일에 대하여 내가 믿음으로 하나님을 찬양하는 정도만큼 새로이 자유로워져 거룩해진다. 이것은 앞의 가르침이 잘못된 것이라기보다는 그 가르침이 내 문제의 뿌리를 지적해 주지는 못했다는 것이다.

 나는 완전한 성화에 이르지는 못했다. 지금까지 일어났던 일은 배움의 진행 과정이었다. 그것을 가장 비근한 실례와 비교할 수 있다면 그것은 배 타기를 익히는 일과 같다.

 우리도 순풍이 일고 배의 방향을 자주 바꿀 수 있는 곳에 그 배를 띄운다. 나는 한 번 항해할 때 보트를 열 번 이상 뒤집어엎었다. 나는 지금도 배우고 있다. 비교하자면 한창 지진 중에 자전거를 배우는 것과 같은 일이다. 그러나 어떻든지 나는 바람과 파도와 배에 대한 조정법을 배우기 시작하는 것이다. 또 배를 뒤집어엎는다 해도 나는 그 보트를 다시 바르게 하고 그 배에 올라타서 항해를 계속할 것이다. 머리

끝부터 발 끝까지 상처투성이지만 누가 그것을 상관하랴? 나는 항해사가 되는 것이다.

마찬가지로 나는 거룩함에 대하여 배운다. 한때는 내가 십자가 앞으로 용서를 구하기 위해 되풀이하여 나아가는 것을 수치스럽고 굴욕적인 일로 생각한 적도 있었다. 그 굴욕감은 다분히 자만심을 반영하는 것이었다. 그러나 지금은 기쁘게 그 십자가 앞으로 간다. 그것은 거룩한 생활의 기본적인 운동이다. 나는 상처투성이로 숨을 헐떡거리면서도 나의 구속주를 찬양하면서 나의 배로 다시 기어오르고 항해를 계속한다. 나는 항해를 배운다. 나는 거룩하게 되기를 배운다.

하나님의 은혜와 사랑에 대한 새로운 깨달음이 나를 사로잡는다. 그것이 죄의 악함을 덜 인식하게 하지는 않는다. 반면 그것은 죄책감에 대한 나의 태도를 완전히 변화시켰다. 이전에는 죄책감을 느낄 때마다 절망했다. 그러나 지금은 내가 하나님을 찬양한다. '하나님, 내 잘못을 가르쳐 주셔서 감사합니다'라는 나의 기도는 감사가 넘치는 자발적인 응답이다.

성령은 재빨리 나의 잘못을 지적해 주어 내가 더 빨리 그 기술을 익히고 보트를 덜 뒤집어엎도록 해 주는 보트 선생과 같다. 여기에 더하여 내 잘못에 대한 성령의 지적은 그와의 계속적인 친교를 더 쉽게 해 준다. 그는 나를 비난하기 위해서가 아니라, 그에게로 더욱 가까이 인도하시기 위해 내 죄를 지적하신다. 이것은 말로는 표현할 수 없는 하나님과의 귀중한 친교를 순간순간 계속하게 만든다. 나는 몇 시간씩 하나님을 잊어버릴 수도 있다. 그러나 내가 그를 다시 기억할 때면, 그가 나를 계속 찾고 계시며 다시금 그와의 사랑의 친교 속으로 이끌고 계신다는 사실에 놀라움을 금치 못한다.

만일 당신이 칭의와 성화의 밀접한 관계에 대해 어떤 의문을 갖고 있다면, 다음 사실들을 깊이 생각해 보라.

1. 당신이 의롭다 함을 받으면, 이전과는 달리 어떤 일들이 죄로 느껴진다. 성화가 시작된 것이다. 그것은 당신의 도덕적 인식에 영향을 미친다.
2. 당신은 개심 후 즉시, 유혹을 극복하는 게 얼마나 더 쉬워졌는지 알게 된다. 당신은 죄책감으로부터 벗어나, 순결한 길을 걸어갈 수 있도록 자유스러워진다.
3. 칭의에 뒤이어, 당신은 의와 순결에 대한 새로운 갈망을 갖게 되며 또한 그것들을 따르려는 더욱 강렬한 성향을 갖게 된다. 이런 일들은 당신의 성화 과정이 이미 시작되었기 때문에 일어나는 것들이다.

그런 경사스러운 시작 다음에는 당신이 기대하지 못한 격렬한 투쟁과 처절한 실패가 온다. 당신은 성령과 당신의 죄악스런 성향이 절충될 수 없다는 것을 깨닫지도 못하고, 그 갈등의 본질을 파악하는 데 실패한다.

당신은 칭의를 받았고 또한 성화되었다. 성화 과정에서 무엇이 잘못되었는가? 어떻게 성화를 다시 이루려고 시도한단 말인가? 이것이 문제다.

위기인가, 성장인가?

인생의 모든 과정은 위기의 시기와 성장의 시기가 혼합되어 있다. 출생은 하나의 위기다. 이유기(離乳期)도 위기다. 사춘기, 청년기, 결혼, 그리고 첫 아기의 출산, 이 모든 때가 그 이후의 평범한 발전의 때와 구별되는 위기의 때다.

성화도 또한 그 자체의 위기와 맞닥뜨린다. 내 인생의 여러 면에 대한 새로운 통찰**력**을 얻는 순간에 성령께서 나를 정결케 하신다. 또 성화의 발전적인 사역에 내가 하나님과 어떻게 협**력**할 수 있는지 더욱 분명하게 보여 주시는 순간들이 있다.

그러나 그리스도인의 생활의 모든 위기가 다 하나님께로부터 오는 것은 아니다. 어떤 것은 설교자에게서 오고, 어떤 것은 가짜인 것도 있다. 특히 우리가 분명히 하고 지나가야 할 일이 한 가지 있다. 그리스도인의 개심을 제외하고 성화를 낳을 수 있는 위기는 없다.

당신은 그리스도를 믿는 믿음을 가졌을 때 성화되기 시작했다. 바로 그때 하나님께서 그의 특별하신 사용 목적을 위해 당신을 따로 떼어 두셨다. 또한 하나님께서는 당신 속에 당신을 하나님 마음대로 사용할 수 있는 정확한 사람이 되도록 하기 위한, 그리고 당신에게 자신의 거룩함을 주기 위한 하나의 과정을 시작하셨다.

당신의 불신과 오해 때문에 그 과정이 중단되는 일이 일어날지도 모른다. 만일 그렇다고 하더라도 하나님의 목적에는 지체함이 없다. 성령께서 그의 역할을 계속하실 것이기 때문이다. 당신은 당신이 특별한 집회에 갈 수 있을 때까지 기다릴 필요는 없다. 지금 로마서 12:1-2을 살펴보면 된다.

> 그러므로 형제들아 내가 하나님의 모든 자비하심으로 너희를 권하노니 너희 몸을 하나님이 기뻐하시는 거룩한 산 제물로 드리라 이는 너희의 드릴 영적 예배니라 너희는 이 세대를 본받지 말고 오직 마음을 새롭게 함으로 변화를 받아 하나님의 선하시고 기뻐하시고 온전하신 뜻이 무엇인지 분별하도록 하라.

왜 당신의 몸을 하나님께 드려야 하는가? 하나님께서 당신의 몸을 만드시고, 소유하시는 분이시며 또한 당신의 몸을 구속하셨을지라도 하나님은 결코 당신의 몸을 하나님께 바치도록 강요하시지는 않기 때문이다. 하나님은 그렇게 할 수 있는 권리가 있으시지만, 당신이 스스로 드리기를 원하신다. 지금 당장, 당신 스스로의 의지로 그렇게 하기를 바라신다. 또 하나님은 당신의 몸이 하나님께 속해 있음과 그것에 맞게 행동해야 함을 당신이 계속 기억하기를 원하신다.

하루하루 삶이 바빠 잊어버렸던 옛 습관에 다시 사로잡히거나 현재의 당신을 잊어버리고 말았는가? 그렇다면 자신의 실패를 한탄하는 것으로 시간을 낭비하지 말고 곧 하나님께 기도하라. "하나님, 깨닫게 해 주셔서 감사합니다. 저는 하나님이 기뻐하시는 뜻대로 사용하셔야 할 당신의 몸입니다. 저희 실패를 용서해 주십시오. 그러나 저는 항상 당신 곁을 떠나려고 합니다."

그리고 당신이 소유한 모든 것을 드리라. 당신은 당신 전체를 성령으로 충만한 존재가 되도록 성령께 드리게 될 것이다.

어떤 획기적인 일을 하지는 않을 것이다. 당신의 몸은 언제나 하나님의 것이다. 하나님께서, 성령의 역사로 성화의 과정이 중단되는 바로 그곳에서 그것을 떠맡으셔서 역사하시는 것이 앞으로 일어날 일의 전부다.

> 이 세대를 본받지 말고 …… **변화를 받아**(롬 12:2).

변화는 하룻밤 사이에 일어나지 않는다. 변화하는 데는 일생의 시간이 필요하다. 그러나 끊임없는 거룩함의 진보는 보장되어 있다.

그러므로 '승리'나 성화의 '간단한 비결'을 가르친다고 주장하는 어떤 책이나 교훈을 조심하라. 성화 과정에는 아무런 비결이 없다. 그 책에 약간 도움이 될 만한 제안이 있을지도 모른다. 그러나 믿음도, 권고도, 그 아무것도 '내버려 두어 하나님이 하시게 하라'라는 사상도 당신이 그리스도인이라면, 그 과정은 이미 시작된 것이다. 하나님께서는 이미 당신을 자신의 거룩한 목적을 위해 따로 떼어 두셨다. 또 성령은 당신을 그 과정에서 계속 적응하게 하는 일에 아주 열심이시다.

하나님의 일인가, 당신의 일인가?

'내버려 두어 하나님이 하시게 하라'라는 말을 살펴보자. 19세기 후반부터 내려온 말로 기원은 분명치 않다. 한 대학생이 '하나님이 하시게 하라'(LET GOD)라는 글자를 여섯 개의 종이 카드에 써서 방 옆에 붙여 두었는데, 갑자기 바람이 불어 'D' 자가 떨어졌다. 이 순간 그 학생은 'LET GO'라는 문장을 보고, 자신의 삶을 내버려 둠으로써 하나님께서 자신의 삶을 다스리도록 한다는 자기 나름대로의 성화의 비결을 깨달았다고 전해진다.

많은 사람들은 그 말이 도움이 된다는 것을 알았다. 그런데 또 한편으로 그 말은 많은 다른 그리스도인들의 동의를 받지 못해 논쟁점이 되었다. 어떤 사람들은 거룩을 그리스도인들이 아무런 기여도 할 수 없는 하나님만의 사역으로 본다. 그리스도인으로서 자신이 할 수 있는 일은, 단순히 자신이 자기 삶을 통제해 보겠다는 생각을 단념하는 것이라는 말이다. 거룩을 추구하려는 사람의 **노력**은 무익한 것이 될 것이다.

  사람의 육신에는 선한 것이 전혀 없기에 사람이 성화에 기여할 만한 점은 전혀 없다는 말이다. 그러므로 사람은 하나님의 선하심을 신뢰하고 그 안에서 안식한다. 자신의 기질을 다스리려고 투쟁하지 않고 다만 그리스도께서 자신의 분노의 감정을 다스려 주시도록 그에게 맡긴다. '나는 죽고 그리스도만'이라는 바울 사도의 말을 자신도 말한다. 그것은 선장이 배의 키를 잡듯이 지금 자신의 생의 키를 그리스도에게 맡기는 것이다. 믿음도 붙잡거나 자기 것으로 만들려고 노력하는 것이 아니라 안식하고 느슨하게 하는 것, 곧 자신의 의지를 수동적이 되게 하는 것이라는 말이다.

  거룩에 대한 이런 견해는 '수동적 견해'다. 이것과 대조적인 견해는 '능동적인 견해'로 분투, 노력, 투쟁, 열렬히 기도하는 것 등을 지지한다.

  능동적 견해를 가르치는 교사들은 '은혜의 수단들'이라는 말을 강조한다. 내드려 포기하는 것은 좋은 것이다. 그러나 성경에 대한 관찰과 기도, 그리고 묵상이 절대로 필요하다. 또 다른 신자들과의 선교, 선행을 계속하려는 신중한 노력, 죄로부터의 정화와 적극적인 그리스도인의 의무 이행 등을 절대로 배제해서는 안 된다.

  두 견해는 '믿음이 가장 핵심이다.' 두 견해는 인간만의 노력은 무익하며 거룩한 생활을 위한 능력은 하나님께로부터 오는 것이 틀림없다는 데 동의한다. 두 견해는 성화의 근거가 하나님의 아들 예수 그리스도의 죽음, 부활, 그리고 승천에 하나님이 개입하셨다는 데 동의한다. 또 그 도우심은 '성도들을 그리스도와 하나 되게 하시는 성령에 의해 전달된다'는 것에도 동의한다. 그러나 이 두 견해는 서로 반대되고 모순되는 점이 있다.

먼저 신약성경 자체는 두 가지 견해를 모두 나타낸다. 바울 사도는 "두렵고 떨림으로 너희 구원을 이루라"(빌 2:12)고 빌립보 교인들에게 편지했다. 이는 그리스도인의 삶에 대한 '능동적' 견해를 드러낸 것이다.

그러나 그는 "너희 안에서 행하시는 이는 하나님이시니 자기의 기쁘신 뜻을 위하여 너희에게 소원을 두고 행하게 하시나니"(빌 2:13)라고 계속 말한다. 만일 당신이 이 말씀의 한 부분만 취한다면, 그리스도인이 그의 안에서 적극적으로 활동하시는 하나님의 손에 모든 것을 맡기기만 하면 된다는 결론을 내릴 것이다. 그러나 주의하라. 하나님은 우리 인간에게 오직 자신이 원하시는 것만 '행하도록' 만들지는 않으셨다. 하나님께서는 인간 속에서 결정을 하신다. 인간이 의지를 발동하도록 만드신다는 말이다.

그러나 바울 사도에게는 이 첫 번째 문장과 두 번째 문장 사이에 아무런 모순이 없는 것처럼 보인다. 우리는 하나님께서 우리 안에서 역사하시기 때문에 일하는 것이다. 신약성경은 어떤 모순이나 충돌 없이 거룩에 대해 일관되게 수동적인 접근과 능동적인 접근 둘 다를 제시한다.

우리가 성경을 살펴보기 전에 알아야 할 것은, 우리는 지금 하나님의 의지와 인간의 의지 사이의 상호 작용이라는 신비를 취급한다는 사실이다. 당신을 죄에서 구원하시는 영광스러운 사역과 당신 삶에 놀라운 것을 이루는 것은, 당신과 하나님이 각자 할 역할을 갖고 있는 그런 일이다. 하나님의 사역이 어디에서 끝나고, 당신의 일은 어디에서 시작되는가를 엄격히 구별하기는 어렵다.

헌신에 대한 한 곡의 찬송에 성화 과정을 겪은 시인의 경험이 묘사되어 있다. 첫 소절에서 다음과 같이 고백한다. "나의 역할이 전부였고 당신의 역할은 전혀 없었습니다." 마지막 절까지 다음과 같이 진행된다. "어떤 부분은 나의 역할이었고 어떤 부분은 주님의 역할이었습니다." 그리고 "나의 역할이 더 적고 주님의 역할이 더 많습니다." 마침내 그는 "제가 할 일은 아무것도 없고 모든 것은 다 당신이 하십니다"라고 고백한다.

시인은 '나'라는 말로 그의 반역적인 자의지(自意志)와 오직 하나님께서만 하실 수 있는 일을 그 자신의 힘으로 하려 했던 무익한 **노력**, 하나님께서 왕이 되시지 않은 그의 생활의 어떤 영역, 그리고 그 자신을 위해 따로 남겨 놓으려 했던 것을 표현했다. 그렇다면 그 찬송은 우리 모두가 불러야 할 찬송이다.

그러나 내게는 하나님의 사역과 내 일이 경쟁적인 상태에 있는 것이 아니라, 서로 조화를 이루는 것으로 보인다. 하나님께서 역사하시기 때문에 나도 일한다. 하나님의 성령이 내 안에서 투쟁하시므로 나도 투쟁한다. 하나님께서는 내 안에서 나를 통해 능**력** 있게 역사하시므로, 나도 내 영혼의 원수와 싸운다. 그것은 하나님의 싸움이며 또한 동시에 나의 싸움이다. 하나님의 싸움일수록 그것은 더욱 나의 싸움이 된다.

'성화'에 대한 수동적 가르침의 핵심이 되는 표현은 '내드리다'이다. 신약성경 가운데 로마서 6:13-19 단 한 곳에서 하나님께 드리라고 우리를 권고하고 있다. 그러나 학자들은 여기에서도 그 말이, 하나님의 손안에 수동적으로 머무는 것을 뜻하기보다는 자신을 하나님의 일에 바치는 것을 뜻한다고 확신시켜 준다.

로마서의 다음 교훈 가운데 어떤 수동적인 것이 나타나있는가?

> 사랑에는 거짓이 없나니 악을 미워하고 선에 속하라 형제를 사랑하여 서로 우애하고 존경하기를 서로 먼저 하며 부지런하여 게으르지 말고 열심을 품고 주를 섬기라 소망 중에 즐거워하며 환난 중에 참으며 기도에 항상 힘쓰며 성도들의 쓸 것을 공급하며 손 대접하기를 힘쓰라 (롬 12:9-13).

물론 우리 가운데 그 누구도 성령의 도움 없이는 이 교훈을 순종할 수 없다. 그러나 '성령께 내드리는 것은 성령의 지시에 믿음으로, 그리고 성령의 **능력**으로 복종하는 것을 의미한다.'

어떻게 해야 거룩이라는 성품을 가질 수 있을까? 인내로? 우리의 행위로? 베드로후서 첫 부분에 나타나는 흥미 있는 역설을 주의 깊게 살펴보라. "(하나님께서) 이로써 그 보배롭고 지극히 큰 약속을 우리에게 주사 이 약속으로 말미암아 너희가 정욕 때문에 세상에서 썩어질 것을 피하여 신성한 성품에 참예하는 자가 되게 하려 하셨느니라"(벧후 1:4).

그것은 모두 하나님께서 하시는 일이다. 또한 하나님께서 우리에게 그분의 전부를 주셨다. 그러면 우리가 해야 할 몫은 무엇인가? 약속만 믿고 가만히 앉아 모든 것을 신의 성품에 맡기면 되는가? 실제로 베드로 사도가 이렇게 교훈했다.

> 그러므로 너희가 더욱 힘써 너희 믿음에 덕을, 덕에 지식을, 지식에 절제를, 절제에 인내를, 인내에 경건을, 경건에 형제 우애를, 형제 우애에 사랑을 더하라(벧후 1:5-7).

하나님이 은혜로 주신 것을 잘 활용할 수 있도록 모든 **노력**과 힘을 기울이라!

우리 안에 계신 성령의 도움이 없다면 우리의 **노력**은 무익하다. 우리의 타락하고 죄악이 가득한 마음에서는 아무런 선한 것이 나올 수가 없다. 그러나 우리는 구속받았으며 또한 성화되었다. 우리는 하나님의 목적을 위해 거룩히 구별되었다. 그러므로 그 일에서 우리는 하나님과 일치한다.

만일 우리를 내 드리는 것이 왕이신 그분께 엎드려 경외하는 것이라면, 날마다 시간마다 우리의 전체를 다 드려 그에게 충성하자. 이기적 욕심과 야망을 이루기 위해 내 존재의 일부분을 결코 따로 떼어 두지 말자. 그리고 우리 자신을 모두 하나님께 드리며, 하나님의 전신 갑주를 입고, 우리 안팎에 있는 모든 악들과 놀라운 힘으로 대항하자.

그의 무한한 능력을 힘입고
그의 모든 힘을 받으며,
하나님의 갑옷을 입고
하나님의 무기로 무장하여,
힘있게 싸움터에 나가자.[7]

성령

성화에서 성령이 하는 역할에 대해 이야기하다 보면 서서히 혼란에 빠지고 점점 논쟁조로 변해 간다. 처음에는 웃는 얼굴로 기뻐하며 자신들의 견해를 입증한다. 그러다 의견 차이가 생기면 그때부터 미묘한 변화가 일어난다. 미소는 계속 남아 있지만 마음이 얼어붙는다. 부드럽던 어조가 점점 적대적인 표현들로 바뀐다. 부드럽게 미소짓던 입술에서 독설이 뿜어져 나오기 시작하면 제아무리 온화한 상담자라도 당황할 수밖에 없다. 오래지 않아 미소는 완전히 사라진다. 그러면서 '이단', '성경의 진리를 지독하게 곡해하는 사람', 또는 '당신은 기본적인 원리를 조금도 이해하지 못한 듯 보인다' 등의 말을 서슴지 않고 해 댄다.

다른 견해와 무엇이 다른지 차이점을 설명하는 것은 고사하고, 성령의 교리에 관한 나의 모자라는 견해조차 몇 마디 말로 압축해서 표현할 수 없다. 그러나 이해를 돕기 위해 두 가지 간단한 사실을 언급하려고 한다.

옛날 청교도들은 그들이 은사라고 부르는 것과 성령의 사역이나 은혜를 구별했다. 그들은 은사들과 성령의 사역이 이 세상에서의 하나님의 사역과 연관이 있다고 생각했다. 어떤 사람들을 통한 특별한 역사를 통해, 그리고 그들에게 영적 은사를 나누어 주심으로써 하나님은 세상에서 그분의 절대적인 주권을 행하신다고 생각했다. 오웬(Owen)과 같은 청교도 작가들은 그런 사역과 은사들이 구약시대의 하나님 종들에게만 국한된 것이 아니라고 주장했다. 또한 신약시대 그리스도인들에게만 나타난 것도 아니라고 논리를 펼쳤다. 절대자 하나님께서는 그 누구라도 선택하셔서 성령을 통해 사용하실 수 있으시다.

'하나님의 쓰임을 받는다'는 것을 자신이 갖춘 덕이나 헌신의 대가로 해석했던 20세기 복음주의자들은 그 사상에 큰 충격을 받았다. 그렇다 해도 성경에서는 청교도들의 사상을 지지한다. 예수님의 제자들은 제자가 아닌 다른 몇몇 사람들이 그리스도의 이름으로 이적을 행하는 것에 대해 그리스도께 한두 번 불평을 했다. 그때 예수님은 그 일을 반대하거나 막지 못하도록 하셨다. 그러면서 제자들에게 기적을 행하는 사람들이 예수님과 경쟁을 하는 것이 아니라, 예수님 편에 있는 사람들임을 분명히 하셨다.

> 나더러 주여 주여 하는 자마다 다 천국에 들어갈 것이 아니요 다만 하늘에 계신 내 아버지의 뜻대로 행하는 자라야 들어가리라 그날에 많은 사람이 나더러 이르되 주여 주여 우리가 주의 이름으로 선지자 노릇하며 주의 이름으로 귀신을 쫓아내며 주의 이름으로 많은 권능을 행치 아니하였나이까 하리니 그때에 내가 그들에게 밝히 말하되 내가 너희를 도무지 알지 못하니 불법을 행하는 자들아 내게서 떠나가라 하리라(마 7:21-23).

성령으로 예언하고, 악마를 쫓아내고, 이적을 행한다 해도 참된 마음으로 하나님의 뜻을 행하지 않는 이도 있을 수 있는 것이다. 그러므로 하나님의 참된 종인가 아닌가의 여부는 이적을 행할 수 있는가의 여부가 아니라, 하나님의 말씀에 순종하는가에 달려 있다. 이것이 예수님이 하신 "그의 열매로 그들을 알리라"(마 7:20)라는 말씀의 의미다.

그러나 존 오웬과 청교도들은 성령의 '사역'과 '은사'는 그 사람이 거듭났든 아니든 간에 하나님의 절대적인 주권으로써 그 사람에게 주어졌다고 말한다(고전 12:11 참조). 하지만 이와 대조적으로 '은혜들'은 성령이 내주하는 사람들에게서만 나타난다.

> 성령은 많은 사람들에게 힘있는 역사자로서 함께 있을 수 있지만, 은혜로운 내주자로서 그들과 함께 있지는 않을 수도 있다. 다시 말해 성령의 영적 은사에 참여하는 많은 이들이, 성령의 구원의 은혜에도 참여하는 것은 결코 아니라는 말이다.[8]

만일 오웬의 말이 사실이고 성경적이라면, 그것으로 우리 시대의 많은 혼란스러운 일들을 설명할 수 있다. 그들의 견해는 고린도전서 12:31-13:3까지의 바울 사도가 가르친 성령의 열매들이 그의 은사나 사역보다 더 중요하다는 점을 뒷받침해 준다. 후자는 중요한 것이며 또 구해야 할 것들이다. 그러나 전자만이 성도의 몸 속에서 그의 인격적인 내주하심과 참증거가 된다.

내가 언급해야 할 두 번째 사실은, 봉사의 능력과 거룩을 위해 반드시 함께 있어야 할 성령 충만함이다. 신약성경 학자들은 성령 충만하라는 명령에 순종하라고 끊임없이 지적한다. "성령 충만을 받으라"는 말씀은 '계속 성령으로 충만해야 한다'는 의미다. 그러므로 하나님께서 우리에게 행하실 것을 수동적으로 기다릴 것이 아니라, 계속 명령에 순종해야 한다. 당신을 가득 채워 주기를 원하시는 분, 생수의 근원과 같으신 분, 당신 안에서 그 생명의 샘이 솟아 넘치게 하시는 분과 **합력**하라.

'성령 충만을 늘 유지하라'는 명령에 어떻게 순종할 수 있는가? 그 명령은 거룩함과 무슨 관계가 있는가?

먼저 '그 명령과 거룩함의 관계'에 대한 답이다. 성령은 하나님의 사람들 사이에서 많은 일을 한다. 그 가운데 한 가지는 당신의 삶을 빚어 하나님의 뜻에 부합하도록 하는 것이다. 이는 당신을 계속 성화시키는 것을 말한다. 당신의 생활이 계속 그의 지시를 따르는 상태에 이르기까지, 그리고 당신이 앞으로 나아갈 수 있는 성화의 사역의 정도에 이르기까지 그렇게 하신다.

이번에는 어떻게 하면 '계속 성령 충만한 생활을 할 수 있을까?'에 대한 답이다. 만일 하늘나라의 황홀감 속에서 우리의 생활이 언제나 하나님의 영광으로 흘러 넘친다면, 그보다 간단한 일은 없다. 그러나 잠시 멈추어 보자. 영적인 황홀한 기쁨은 실재한다. 어쩌면 이미 그런 상태를 체험했을 수도 있다. 만일 아직 그런 체험을 하지 못했다면, 당신이 그런 체험을 하기를 바란다.

그렇다고 당신의 운명을 지배할 권리를 영원히 상실한다고 생각하는 건 오해다. 성령 세례를 통해, 혹은 어떤 다른 체험을 통해서도 하나님은 성도들의 결정권을 결코 취하지 않으신다. 이렇게 고백할 수는 있다. "성령께서 영원히 나의 생애의 지배권을 취하십시오. 이제부터는 그것이 나의 것이 아니라 당신의 것이 되게 하시옵소서. 저는 이 순간 이곳에서 내 생애의 지배권을 포기하겠습니다."

당신의 이런 고백을 들으시면 하나님의 마음은 따스해질 것이다. 그러나 하나님께서는 당신의 요구를 그대로 받아들이지 않으신다. 만일 하나님께서 그렇게 하신다면, 그는 당신을 인격을 가진 존재가 아닌, 일종의 영적 기계로 만드는 것이다. 그분이 원하시는 것은 순간순간마다 당신이 그분을 기쁘게 해 드리기로 선택하는 것이다.

하나님께서는 우리가 자원하여 드리는 헌신을 받으신다. 성령은 하나님께 대한 당신의 생활과 몸의 헌신을 철저히, 그리고 신중하게 받으실 것이다. 일상생활에서 순간순간 순종함으로써 빛을 갚아 나가라.

이제 왜 끊임없이 성령 충만을 받아야 하는지 깨달았을 것이다. 그렇다면 당신은 그리스도께서 겟세마네 동산에서 하신 기도의 말씀을 매일 매시간 고백할 것이다. "나의 뜻대로 마옵시고, 하나님의 뜻대로 하옵소서."

예수님보다 더 성령 충만한 사람이 누가 있었겠는가? 지금까지 어떤 사람이, 예수님께서 우리의 구속을 위한 최후의 순간에 고뇌의 기도를 하신 것만큼 간곡히 기도해 보았겠는가? 성령께서 그를 십자가로 인도하고 계셨다. 하나님 아버지께서는 그를 죄의 속죄물로 죽게 하시기 위해 이 세상에 보내셨다.

물론 다음과 같이 생각하는 이들도 많다. 만약 예수님이 성령 충만했다면 이런 번뇌는 없어야 하지 않느냐는 것이다. 성령 충만했다면 별 어려움 없이 모든 어두운 공포를 훌훌 털어버리고 승리의 미소를 지으면서 십자가로 나아가야만 했다는 것이다.

성령 충만을 그렇게 이해하는 것은 성경적으로 옳지 않다. 그것은 현대의 '성공적인 인생을 사는 방법'을 나타내는 것으로, 성경적인 실제라기보다는 심리학적인 것이다. 예수님을 따르다 보면 순간순간 우리의 겟세마네에 직면할 때가 있다. 그때마다 고통 속에서도 '나의 뜻대로 마옵시고 하나님의 뜻대로 하옵소서'라는 말을 억지로라도 한다면, 성령으로 새롭게 충만함을 받을 것이다.

물론 인생은 겟세마네의 연속은 아니다. 그러나 인생은 선택의 연속이다. 그리고 우리는 그 선택 속에서 성령께 대한 우리의 순종을 확고히 하는 기회로 삼을 수 있을 것이다. 또한 우리의 죄악에서 떠나는 기회로 삼을 수 있을 것이다. 이것이 우리가 최초의 헌신을 반복적으로 고수해 나가는 것처럼 우리가 성령 충만한 상태로 남아 있을 수 있는 이유다.

우리의 행동과 결정을 좌우하는 것은 우리의 마음 자세다. 그것들은 우리의 사상, 꿈, 사색의 바다 위의 파도와 같이 일어난다. 또한 여기서 계속적인 충만이 일어날 수 있다.

어느 날 책을 읽다가 연관된 추억이 떠올라 즐거운 회상에 젖어들었다. 순간 백일몽을 꾸는 나 자신을 발견했다. 그러다 내가 갑자기 서너 시간 동안이나 하나님을 기억하지 못하고 있었다는 것을 깨달았다.

이 상황에서 나는 두 가지 선택을 할 수 있었다. 처음 내게 더욱 큰 비중으로 다가온 것은 이런 탄식이었다. "나는 절대로 배울 수 없는 인간인 걸까? 과연 **노력**한다고 변화할 수 있을까?"

그러나 나는 곧 이렇게 고백하는 것을 선택했다. "하나님, 다시 깨닫게 해 주셔서 감사합니다. 만일 당신의 깨우침이 없다면 저는 항상 당신을 잊고 있을 수밖에 없을 것입니다. 제 안에 성령을 거하게 해 주신 하나님, 찬양을 드립니다. 저는 성령께 대한 나의 책임이 무엇인가를 깨닫는 한, 또 그가 이루려는 일이 무엇인가를 아는 한, 저의 마음 문을 열겠습니다."

이것은 성령 안에서 이루어지는 단계다. 성령 안에서 계속 단계를 밟아 나가는 것이 곧 성령으로 계속 충만함을 받는 것이다. 계속해서 성령으로 충만한 것이 곧 거룩에서 계속 성장하는 것이다.

STUDY 05

작전:
거룩함을 알아가다

골로새서 2:15-3:17을 읽으라.

1 ▶ 골로새서 2:15-23. 골로새 교회 교인들은 천사 숭배, 절기와 금식을 강조하는 잘못된 교훈들에 노출되어 있었다. 거룩해지는 데 도움을 주지 못하는 행동들이나 태도 가운데 위 본문에 나온 것들을 당신 자신의 말로 표현해 보라.

2 ▶ 골로새서 2:15-3:17. 전체를 보아 그 구절은 거룩에 대한 능동적인 접근을 권고한다. 바울 사도는 이미 이루어진 일들을 적어도 여섯 군데에서 언급한다. 그런 것들은 능동적 접근의 기초가 된다. 당신의 말로 목록을 만들어 보라. 만일 당신이 그것들이 무엇을 의미하는가를 이해할 수 있다면, 무릎을 꿇고 믿음으로 하나님께 그것에 대해 감사를 드리라.

The Fight

3 ▶ 바울 사도가 당신에게 행하도록 한 것들에 대한 목록을 만들라. 바울 사도가 주는 교훈을 당신이 어느 정도까지 실천에 옮길 수 있는가를 생각해 보라.

*주의사항
 · 옛 사람 : 그리스도 밖에 있었을 때의 당신.
 · 새 사람 : 그리스도 안에 있는 새로운 당신의 신분.

2부 | 무장

삶을 승리로 이끄는 힘

THE FIGHT 06 **전략** _ 기도로 하나님과 접촉하다
THE FIGHT 07 **무기** _ 하나님 말씀으로 무장하다
THE FIGHT 08 **공격** _ 전도로 증인이 되다
THE FIGHT 09 **비밀 병기** _ 하나님의 관점으로 살다
THE FIGHT 10 **정복** _ 믿음의 싸움에서 승리하라

06

전략 :
기도로 하나님과 접촉하다

The Fight

영국에서 의과 대학에

다닐 때 우연히 접한 한 장의 종이카드로 내 인생이 바뀌었다. 대학 내 어떤 단체에 속한 사람이 준 카드였는데, 거기에는 예수께서 땅 위에 계실 때 어떻게 기도로 온 밤을 지새웠는지 보여 주는 성경 말씀 두 구절이 기록되어 있었다. 그리고 마지막 줄에 짧은 문장 하나가 쓰여 있었다. "하나님, 하루에 최소한 20분을 하나님께 기도하는 시간으로 갖는 결심을 하도록 저를 도와주십시오."

끝까지 읽고 나서 제일 아래 서명하도록 그어진 점선에 내 이름을 적어 넣었다. 그날 이후 30년이 지났지만 그 작은 카드로부터 시작된 변화로 내 가슴속에서는 오늘도 고요한 기쁨의 노래가 흘러넘친다.

그때 내 안에서는 그 카드가 호소하고자 했던 어떤 내적 갈망, 즉 채워져야만 했던 어떤 필요가 있었음에 틀림없다. 그리고 변화된 나의 자세가 오늘까지 지속되는 것을 보면 그때의 갈증이 충족되었음이 분명하다.

하나님의 부르심

　기도에 대한 설교들을 보면 대개 기도의 중요성이나 그리스도인으로서 마땅히 해야 하는 의무로서 기도를 강조한다. 그런데 나는 그 종이카드에서 기도의 자연스러움과 당위성 등의 인상을 받았다. 예수께서 기도하셨으니 내가 기도하는 것 또한 그만큼 자연스럽고 당연한 행위였던 것이다. 하나님이시면서 인간이신 그에게 기도를 통한 아버지 하나님과의 밀접한 접촉이 필요했다면, 나에겐 그것이 더욱 필요하지 않겠는가?

　물론 기도는 매우 중요한 우리의 의무다. 성경도 그 사실을 강조한다.

> 쉬지 말고 기도하라(살전 5:17).
>
> 아무 것도 염려하지 말고 다만 모든 일에 기도와 간구로 너희 구할 것을 감사함으로 하나님께 아뢰라(빌 4:6).
>
> 모든 기도와 간구를 하되 항상 성령 안에서 기도하고 이를 위하여 깨어 구하기를 항상 힘쓰며 여러 성도를 위하여 구하라(엡 6:18).
>
> 항상 기도하고 낙심하지 말라(눅 18:1).

　그러나 우리가 고작 기도는 의무이며 아주 중요하다고만 알고 있다면, 이 얼마나 슬픈 일이겠는가? 얼마 동안은 의무감에 아주 열성적으로 기도 생활을 할 수도 있다. 하지만 얼마쯤 지나면 의무감으로 하는 열성은 자연 식을 수밖에 없다.

그런데 그 카드는 생각을 행동으로 옮기게 하는 데 그치지 않고, 내 안에 소망을 불러일으켰다. 그 카드에 서명할 때 나는 어떤 교만도 느끼지 않았고 다만 기쁨과 기대감만이 가득 찼다.

그보다 몇 년 전에 기도를 열심히 해 보려고 무척 애를 썼다. 그때도 기도에 대한 어떤 권고의 글을 읽고 그리스도인으로서의 나의 생활에 불만을 느낀 참이었다. 매일 아침마다 2시간씩 기도와 성경 공부를 시작하기로 결심하고, 아침 6시에 일어나 앉았다. 그때는 겨울이었는데, 영국의 가옥들은 어두울 뿐 아니라, 이른 아침에는 참을 수 없을 만큼 추웠다. 눈이 따끔거리고 코끝이 얼 것만 같았다.

하지만 나는 기도했다. 직계 가족들을 위해, 가까운 사촌들과 삼촌들, 숙모들, 그리고 이웃과 친구들을 위해. 꽤 한참 지난 듯해 시계를 보았더니 겨우 5분밖에 지나지 않았다. 어떻게 해서든 1시간 55분을 더 기도해야 했다. 생각해 낼 수 있는 모든 기도 제목들을 다 동원했는데도 시간은 25분밖에 흐르지 않았다.

이제는 성경 공부를 하는 일밖에 남지 않은 듯싶었다. 먼저 로마서를 펼쳤다. 왠지 불만족스러운 느낌이면서도 계속 읽었다. 눈살을 찌푸리면서 성경 공부에 집중하려고 애썼다. 그러나 이상하게도 말씀이 나를 압박했고, 차갑게 튕기기만 했다.

이틀을 더 그렇게 했다. 그러나 3일째 되던 날은 나의 패배를 인정하고, 일어난 지 35분 만에 다시 침대 속으로 들어가 버렸다.

그 뒤부터는 기도와 성경 공부는 성인(聖人)이나 하는 일이지, 나는 기도할 만한 사람이 못 된다고 생각했다. 그러나 그 후 죄책감을 느꼈고 기운이 빠졌고 속고 있는 것 같은 기분이 들었다.

내부에서는 내가 알지 못하는 어떤 것을 간절히 바라고 있었다. 믿음을 계속 발휘해 희생적인 기도를 계속 강행해 나간다면 나의 갈망이 충족될 것이라는 생각이 들었다. 만일 그렇게 해도 만족감이 느껴지지 않는다면 그것은 내 믿음, 즉 희생을 감수하는 분량이 충분치 못해서라고 판단했다. 나는 풍요로움을 열망했으나 그만큼밖에 기도할 수 없었으므로 열망을 억제해야만 했다.

그런 열망들은 어디서 왔을까? 그것들은 내가 비현실적인 해답을 구하면서 생긴 축적된 좌절감들이 밖으로 표출된 것인가? 아니면 기도라는 환상이 아닌 다른 어떤 방법으로 그것을 해결해야 하는가? 이 갈망은 하나님께서 심어 주신 것일까?

어거스틴이 쓴 〈참회록Confessions〉 제1장에는 그가 자주 인용한 구절이 있다. "당신은 당신을 위해 우리를 만드셨기 때문에, 당신 안에서 안식을 발견하기까지는 우리 마음은 평안할 수 없습니다."

이보다 정확한 대답은 없을 것이다. 하나님께서는 친히 우리 마음

속에 하나님께 대한 갈망을 심으셨다. 그 갈망이 당신의 의식을 늘 지배하는 건 아니지만 분명히 존재한다. 더 나아가 하나님께서는 감미로운 음악으로 그 갈망을 약동시키고 소생케 하신다.

당신의 광대한 내적 공간 속의 깊은 곳은(내적 공간과 외적 공간은 영원 속에서는 하나이다) 하나님께서 당신과 교제하려고 지어 놓으신 장막이다. 하나님께서 그 장막에서 부드러운 음성으로 당신을 부르시면 당신 깊은 곳에 있던 갈망이 응답하는 것이다. 물론 때때로 어떤 매력적인 것에 마음을 빼앗겨 하나님의 부르심을 무시한다. 그러나 그런 것들은 당신의 외적인 면에만 호소할 뿐이다. 하나님의 부르심은 평화로의 부르심이지만, 다른 것들은 결국 근심을 불러일으킨다.

혹여 당신은 그 장막에 들어갈 수 없음은 물론이고, 접근할 자격조차 없는 존재라는 데 대한 두려움을 느낄지도 모른다. 하나님께 접근하기 전에 용서받아야 할 일이 너무 많고, 또 극복해야 할 불성실한 마음과 행실이 너무 많아 보인다. 또한 당신 내부에 계신 하나님, 그리고 당신의 내면에서 멀리 떠나 있었기 때문에 마치 소외된 듯한 느낌을 받는다. 내면 깊은 곳에서 하나님께서 부르시는데도 당신은 그저 겉치레만 중시하는 삶을 살고 있는 것이다.

기도, 하나님과의 친밀한 교제

기도에 대해 당신이 배워야 할 가장 중요한 일은 하나님께서는 당신과 교제하시기를 원하시며 또한 친히 당신을 자신에게로 이끌고 계신다는 사실이다. 다른 말로 표현하면, 그분이 당신을 찾으신다는 말이다. 하나님께서는 당신이 하나님을 만날 수 있도록 모든 환경을 만들어 놓으시고 당신을 기다리신다. 하나님께서 그렇게 하시는 것은 당신이 필요해서가 아니라 당신에게 절대적으로 하나님이 필요하기 때문이다.

하나님의 사랑은 보채는 어린 아기를 대하는 어머니의 사랑과 같다. 기도는 하나님께서 당신을 기다리시는 성소로 들어가는 내적인 전환이다. 또한 기도는 하나님께서 당신에게 말씀하시는 통로가 된다. 하나님은 그곳에 계시며 또 말씀하신다.

당신을 부르시는 유일하신 분인 하나님 앞으로 나아가는 확신을 배우기까지 시간이 걸릴 수도 있다. 기도에 관한 많은 책들은 기도의 기술적인 면을 강조한다. 하지만 나는 딱 두 가지 사항만이 필요하다고 믿는다.

첫째, 성령께서 이미 당신의 교사가 되셨다는 사실을 스스로 인정해야 한다. 어떻게 해야 그와 가장 잘 연합할 수 있는지 묻지 말라. 그 교육과 훈련은 오직 성령께서 하시는 일이며 그분이 정한 때에 당신을 가르치실 것이다.

둘째, 내가 지금 말하는 진리를 조용히 당신의 마음속에 간직해야 한다. 다음 성경말씀을 늘 기억하라. "하나님을 가까이하라 그리하면 너희를 가까이하시리라"(약 4:8).

또 다음 성구도 기억하기 바란다. "그러므로 형제들아 우리가 예수의 피를 힘입어 성소에 들어갈 담력을 얻었나니 그 길은 우리를 위하여 휘장 가운데로 열어 놓으신 새로운 살 길이요 휘장은 곧 그의 육체니라 또 하나님의 집 다스리는 큰 제사장이 계시매 우리가 마음에 뿌림을 받아 악한 양심으로부터 벗어나고 몸은 맑은 물로 씻음을 받았으니 참 마음과 온전한 믿음으로 하나님께 나아가자"(히 10:19-22).

지금까지 당신에게 다음 두 가지 일을 깨닫게 하려고 간접적인 방법으로 노력했다.

첫째, 기도의 주도권은 하나님께 있다. 둘째, 당신은 하나님의 주도권에 반응하도록 되어 있다. 당신이 해야 할 일과 또한 당신의 가장 큰 만족은, 그가 제시하시는 제안에 순종하는 마음으로 반응함으로써 얻어진다.

이제는 내가 범할지도 모르는 두 가지 위험에 대해 설명하겠다. 내 말을 듣고, 그저 믿음으로 하나님의 음성에 귀를 기울이며 수동적으로 조용히 기다리기만 하면 된다고 생각한다면 큰 오산이다. 그나마 이것은 덜 위험한 일이라 그것에 대해서는 나중에 논의할 생각이다. 다른 또 하나의 위험은, 기도를 초월 명상(TM)과 같은 것과 혼동할 수도 있다는 것이다. 왜냐하면 내가 지금까지 말한 것이 초자연적인 황홀감을 체험할 수 있는 가능성의 문을 연 것이기 때문이다.

호흡 훈련이나 자신의 신체에 집중하는 훈련, 한 가지 대상이 자기 의식의 모든 부분과 자유로이 교통할 수 있을 때까지 그것에 집중하는 훈련 등 여러 명상 기법들 사이에도 서로 근본적인 차이가 있다. 하지만 이런 훈련들의 목적은 의식을 변화시키는 것이다. 즉 의식을 느슨하게 하고 초연하게 함으로써 마음의 평안을 얻어 보려는 것이다.

그리스도인은 의식이나 감정을 변화시키려는 목적으로 기도하지 않는다. 또한 하나님께서는 함정을 파 놓고, 우리를 기도하도록 부르시지도 않는다. 그의 목적은 실재하시는 하나님과 교제하도록 하는 것이다. 기도하면 의식이나 감정이 순간에 변한다는 말은 어느 곳에도 없다.

가끔 어떤 사람이 바울처럼 "……하늘에 이끌려 간 …… 말로 표현할 수 없는 말을 들었으니 사람이 가히 이르지 못할 말이로다"(고후 12:2-4) 하는 등의 체험을 할 수도 있지만 일반적으로 그런 일은 극히 드물며 또한 소수의 사람만이 할 수 있는 체험이다. 스스로 원한다고 해서할 수 있는 일도 아니며, 추구해서도 안 된다. 그것은 하나님의 특별한 축복을 받았다는 표적이 아니다. 참으로 우리가 추구해야 할 것은 하나님과의 참된 친교다. 그리고 이것은 자연히 내가 제시한 첫 번째 문제와 연결된다.

내가 침묵 속에서 기다리는 것은, 어떤 신비롭고 알려지지 않은 분에게 나의 존재를 여는 것이 아니다. 나는 성경에 명백히 계시된 하나님께 귀를 기울이고 있으며, 하나님께서는 내 가장 깊은 곳에 장막을 세우고 계신다. 그리고 내가 그 성소로 깊이 들어갈 때, 예수 그리스도께서 계시하시고 성경이 나타낸 그 하나님을 만날 것이다. 내가 접근해야 할 분은 성경을 통해 이미 자신을 명확히 계시해 주신 바로 그분이시다.

12세기 한 무명의 영국 신비주의자는 〈미지의 구름 The Cloud of the Unknowing〉이라는 책을 썼다. 그 책을 읽고 꽤 오랫동안 기도하면서 깊이 생각했다. 저자는 하나님에 대한 기존의 모든 지식을 미지의 캄캄한 구름 속에 던져 버리고, 하나님에 대한 모든 관념이나 생각도 훌훌 털어버리라고 권고한다. '있는 그대로의 순수한 사랑을 목적'으로 암흑 속으로 들어갈 때를 제외하고는, 하나님에 대해 알 수 없다고 고백하라고 말한다.

그럴듯하게 들린다. 또한 그것은 과거 800년 동안 예리한 지성을 가진 사람들과 깊이 헌신하려는 사람들의 '마음을 부풀려 놓았다.'

하나님이 알 수 없는 존재라는 것은 사실이다. 하나님의 생각은 우리와 다르다. 그분의 방법은 인간의 이해**력**을 초월한다. 우리는 예수 그리스도의 재림의 날까지 알려지지 않은 일들에 대해서는 알 수 없도록 되어 있다.

하나님께서는 선지자들과 또한 성육신이라는 수단을 통해 고통을 당하심으로써 우리에게 자신을 계시하시고 우리가 그분을 이해할 수 있게 하셨다. 그렇게 큰 값을 치르시면서까지 자신을 계시하신 그 모든 것을, 고차원적 체험이라는 헛된 이익을 위해 무시해 버린다면 그것처럼 어리석고 불경스러운 것이 또 어디 있겠는가? 그렇게 해 보았자 성취할 수 있는 것은 내가 말했던 의식 변화의 체험 그 이상의 것이 못 된다.

우주적인 하나님께서는 우리의 한정된 마음이 이해할 수 있도록 자신을 계시하셨다. 성경에 나타난 하나님께서는 우리와 교제하기를 원하신다. 그분은 항상 신비로 남아 있을 것이다. 그러나 그것은 자비로우시며 참되신 우리 아버지로서의 신비다.

그러므로 당신이 하나님께 접근할 때는 아주 단순하고 실제적이어야 한다. 날마다 조용히 하나님을 기다릴 수 있는 20분 정도의 시간을 생활 계획표 안에 정해 놓으라. 그리고 역시 조용한 장소를 택해 매일 규칙적으로 그 시간을 가져야 한다.

20분 정도의 짧은 시간에 놀라운 경험을 할 수는 없다. 다만 그 정도의 시간은 기도에 미숙한 그리스도인에게 기도의 유익함을 알려 줄 수 있는 출발점일 뿐이다. 당신의 마음이 조급하고 당황하지 않기 위해 처음에는 20분이라는 시간의 길이에 유의해야 한다. 만일 여러 번 거듭하면서 더 긴 기도 시간이 필요하다면 문제될 것은 없다.

기도를 시작할 때, 하나님께서는 당신을 찾으시고 또한 당신과 대화하기를 갈망하신다는 사실을 기억하라. 만일 아침에 일어났는데 머리가 맑지 않다면 '경건의 시간'을 갖기 전에 몸을 씻고 옷을 갈아입어라. 그런 다음에는 하나님의 임재를 느끼든지 혹은 그렇지 못하든지 간에 하나님께 대한 감사로 단순하게 기도를 시작하라. 하나님께서 당신을 기다리신다. 그리고 시편 기자가 했던 것처럼 당신의 영혼을 반복적으로 가르쳐라. "나의 영혼아 잠잠히 하나님만 바라라 무릇 나의 소망이 그로부터 나오는도다"(시 62:5).

거기에서 얼마나 더 나아가는가는 성령의 온유하신 인도 아래에서 무엇을 발견하느냐에 좌우된다.

성령께서는 하나님의 존귀하심을 하나님 그분께 표현해 드리는 의미인 '경배'를 가르쳐 주실 것이다. 아울러 하나님을 향한 감사와 찬양도 가르쳐 주실 것이다. 하나님께 대한 예배의 한 방법으로 시편에서 한 편을 골라 큰소리로 읽어 보라. 시편의 어떤 부분(예를 들어 시 30:1-3)은 당신이 나타낼 수 있는 것보다 당신의 감정을 더 잘 표현해 줄 것이다.

과거 위대한 기도의 사람 가운데 어떤 사람의 기도에서 도움을 받아도 좋다. 또는 당신 자신의 말로 더 자유롭게 찬양이나 경배를 표현할 수도 있다.

하나님과 관계를 투명하게 유지하고 싶다면 죄를 고백하라. 이는 하나님과의 관계에서 든든한 기초가 된다.

기도에는 크게 당신이 원하는 것을 구하는 '간구'와 다른 사람들에 대한 것을 구하는 '중보' 두 가지가 있다. 하나님은 당신은 물론 다른 모든 사람들의 생활에 지대한 관심을 가지고 계신다. 이것을 늘 염두에 두면 자기중심적인 기도에서 벗어날 수 있다.

하나님에 관해서나 또는 성경의 어떤 부분이 문제가 되는가? 주위 사람들이 저지르는 잘못이나 위선 때문에 고통스러운가? 어떤 일이든 하나님께서 모두 감찰하신다. 그리고 그분은 당신이 이런 일들을 그분과 나누기를 원하신다. 그리고 그 믿음을 실천하면 당신은 극히 사소한 일에까지도 관심을 기울이시는 무한하신 하나님에 대해 참으로 놀랄 것이다. 또한 하나님께서 그런 사소한 일까지도 결코 무시하지 않으신다는 사실에 또한 놀라움을 금치 못할 것이다. 왜냐하면 그 사소한 문제들이 당신에게 중요한 것처럼, 하나님께도 역시 중요하기 때문이다.

하나님께서는 당신이 소망하는 바가 있다면 그것에 대해 기도하기를 기대하신다. 당신이 기도 제목들을 마음속에 구체화시키기 전에 하나님께서는 당신에게 기도하고자 하는 마음의 동기를 주시는 것이다. 하나님께서 응답하실 수 없는 잘못된 기도를 할 때도 당신이 그것들을 확신하고 솔직하게 아뢴다면, 비록 응답은 하지 않으실지라도 흐뭇해하실 것이다.

기도는 당신이 하나님을 움직이는 것이 아니다. 기도는 하나님의 의도와 역사(役事) 속에 들어 있는 여러 일 가운데 포함되어 있다. 하나님은 우주의 모든 일을 섭리하시며 또한 당신이 기도로써 그 섭리에 참여하도록 초청하신다. 중보 기도는 당신이 하나님께 **협력**해서 하나님의 완전하신 뜻을 실현시키는 것이다.

어떤 언어로 기도해야 하는가?

기도할 때는 어떤 말을 사용해야 하는가?

기도에 정해진 법칙은 없다. 하나님은 당신이 사용하는 언어나 형식이 아닌 당신 마음의 정직성과 하나님을 향한 경외심을 중요시하신다. 하나님께서 자신에 대해 더 가르치시고 또한 당신이 하나님에 대해 깨달아 갈수록 당신의 태도와 용어 사용은 더 좋아질 것이다. 하나님께서 자신에 대해 당신에게 더욱 가르치시도록 마음을 열라.

"예수 그리스도의 이름으로"라는 언어 사용에 관한 문제는 왜 그 말을 사용하는가에 달려 있다. 그 말을 당신의 기도에 어떤 주술적인 힘을 가하는 말의 일종으로 사용한다면 차라리 그 말을 하지 않는 편이 낫다.

그 말은 두 가지 중요한 사실을 환기시켜 준다. 그 말을 사용함으로써 하나님 앞으로 나아갈 수 있는 권리를 갖게 된 근거를 기억할 수 있다. 만일 예수 그리스도의 구속 사역을 통하지 않았다면 당신은 하나님 아버지 앞으로 나아갈 자격을 갖지 못했을 것이다.

또한 그 말은 간구할 때 사용된다. 예수께서 친히 "내 이름으로" 구하는 것은 하나님께서 거절하지 않으신다고 분명히 말씀하셨다(요

14:13-14 참조). "예수 그리스도의 이름으로" 구하는 기도에는 그리스도의 권위를 부여하신다. 예수께서는 자신을 따르는 자들에게 능**력** 있는 하늘나라 은행의 수표를 끊을 수 있는 권세를 주셨다. 그러나 그 수표는 분명히 목적이 하늘나라의 정책에 합당할 때만 사용이 가능하다. "그의 이름으로" 기도하는 것은 내가 그리스도의 대리인으로서 행동할 때에만 가능한 것이다.

나는 어느 지방 협회의 회장이다. 나는 그 협회의 회계와 함께 그 협회 이름으로 수표에 서명할 권리가 있다. 은행은 내 수표가 나에 의해 인출되고, 내가 서명할 때 비로소 그것을 보증할 것이다. 또한 내 개인적인 목적을 위해 현금이 필요할 때도 가능하다. 단, 그것은 가능은 해도 그릇된 행동이다.

하늘나라 은행의 경우도 마찬가지여서 "예수님의 이름으로"라는 말로 기도의 끝맺음을 했다 해도 그것이 예수님의 뜻을 위한 것이 아니라면 그 기도는 응답받지 못할 것이다. 천국은 이 세상 사람들의 어떤 말로 욕됨을 받을 수 없다. 그러므로 "예수님의 이름으로"라는 표현은 욕된 기도를 사전에 예방하는 데 효과적이다.

기도는 하나님의 거룩하신 목적을 성취하기 위한 하나님과 우리의 협**력**이다. 예를 들어 내 학교 성적이 A가 되도록 도와주시기를 "예수님의 이름으로" 간구하면 하나님께서 응답하실까? 그것은 나의 학교 성적이 하나님의 목적과 부합되는가의 여부에 달려 있다. 내 기도가 사소한가 아닌가가 위 질문의 답을 결정짓지 못한다. 나의 성적이 지금부터 20년 후에 아무 의미도 갖지 않을 것이라는 사실이 위 질문에 대한 답을 좌우하는 것도 아니다. 중요한 것은 나의 기도가 하나님의 뜻에 일치하는가의 여부다. 그러나 내가 이것을 어떻게 알 수 있을까?

이 문제에 관해서도 하나님의 뜻을 아는 데 대한 일들을 취급하는 다음 장에서 논의할 것이다. 일단은 다음 원리들이 도움이 될 것이다.

1. 우리가 하나님을 찬양하고, 그분께 감사하며, 우리 죄를 고백하는 것은 언제나 하나님의 뜻이다.
2. 우리 마음의 간절한 소원을 하나님께 아뢰는 것은 언제나 하나님의 뜻이다. '하나님, 저는 A학점을 받고 싶습니다. 그것은 나에게 숙명과도 같습니다'라고 기도하는 것은 타당한 일이다. 하나님께서는 우리가 원하는 것을 항상 다 주시지는 않을지라도 모든 문제에서 우리와 함께하시기를 원하신다(시 103:13 참조).
3. 우리가 우리 원수들을 위해 기도하는 것은 언제나 그분의 뜻이다(마 5:44 참조).
4. 우리가 성경에 대해 더 많이 배울수록 여러 상황에 대한 하나님의 뜻을 더욱 깨달을 것이다. 우리가 하나님의 사고방식을 더 많이 이해할수록 순간순간의 상황에서 그분의 뜻을 더욱 잘 알게 될 것이다.
5. 성경에는 특별한 약속들이 나타나 있다. 우리가 기도할 때, 이 약속들

을 신중하게 생각하고 그 성취를 기대하는 것은 하나님의 뜻이다.

6. 우리는 하나님의 뜻이 무엇인지를 몰라 당황하게 될 때 지혜를 구해야 한다. 그때 우리는 우리가 구하는 그 지혜를 하나님께서 주시리라는 완전한 확신을 가지고 기도해야 한다(약 1:5-7 참조).

"아멘"이라는 말은 너무 습관적으로 남용되고 있다. 그것은 기도가 끝났음을 말하는데, 오랜 전통을 통해 관습화된 것이다.

성경에서 아멘은 여러 가지 의미를 가지고 있다. 문맥에 의하면 "진실로", "참으로" 혹은 "그렇게 되어지소서"라는 말로 번역할 수 있다. 예수님께서 "진실로, 진실로"라는 말을 하셨을 때 사용된 헬라어는 히브리어 아멘(Amen)의 음역(音譯)이었다.

가장 극적인 아멘은 요한계시록에 나타난다. 보통 하나님과 어린양에 대한 찬양의 합창이 끝난 뒤에 온다. 그 실례로 '참으로 옳습니다'라는 의미를 나타내는 아멘을 사용함으로써 마음속에서 진정으로 우러나오는 찬양을 나타낸다. 아마 이것은 오늘날 아멘을 사용하는 가장 적절한 방법일 것이다.

그렇다면 기도 마지막에 아멘이라는 말을 생략해도 될까? 만일 그것이 단순한 '문장의 관습적인 끝 형식'이거나 '이제 기도가 끝났다'는 신호로 사용된다면 생략해야 마땅하다. 하지만 그것을 사용하는 것이 적합한 경우도 많다.

예를 들면, 무엇을 간청하기 위해 '예수님의 이름으로 기도합니다. 아멘!'이라고 하는 것은 '예수님의 이름으로 그렇게 이루어지소서'라는 뜻을 의미하기 때문이다. 물론 그 말을 한글이나 영어 혹은 히브리어로 해도 상관없다. 히브리어에 어떤 마술이 있는 것은 아니다. '그렇게 이루어지이다'라는 말을 사용하는 요점은, 자신이 드리는 기도의 엄숙성과 진실성을 지도자에게 환기시키는 것이다. 다시 말해서 그 뜻은 '경솔한 마음으로 이 기도를 드리는 것이 아닙니다. 이 기도는 참된 저의 간구입니다. 그대로 이루어 주십시오'라는 의미를 나타낸다.

그 말이 적합한 또 다른 경우는 당신의 기도에서 적극적인 찬양의 자세를 나타내는 것이다. 예를 들면 주기도문 마지막 부분에 "나라와 권세와 영광이 아버지께 영원히 있사옵나이다. 아멘"이라는 말은 '그것은 절대적으로 진실이며, 나는 그것을 확신합니다'라며 하나님의 주권을 인정하고 높여 드리는 말이다. 이것이 바로 이 문맥에서 아멘이 의미하는 참뜻이다.

아멘을 한글로 하든 히브리어로 하든 그것은 당신의 자유다. 당신의 영안(靈眼)이 하늘에 계신 하나님을 향한다면 당신이 어떤 언어를 사용하느냐는 그리 중요한 문제가 아니다. 다만 다른 사람들과 함께 기도할 때, 만일 그 사람들이 사용하는 언어를 구사하는 일이 크게 어렵지 않다면 그들과 같은 언어로 기도하는 것이 더욱 좋다.

함께하는 기도

다른 그리스도인들과 함께 기도회를 갖는 것은 매우 유익하다. 우리 사회에서는 그리스도인들이 기도회에 참석해 같은 시간에 함께 기도를 한다. 이렇게 모든 사람들이 다른 사람의 기도 제목에 함께 참여할 수 있다.

처음에는 함께 기도하기가 쉽지 않을 것이다. 어떤 그리스도인들은 기도에서 자신의 뛰어난 언변을 과시하려 하며, 유창하게 어려운 단어를 사용할 수도 있다. 어떤 사람들은 '대화체 기도'에 익숙하다. 어떠한 형태의 기도든지 겉으로 보이려는 연기도, 웅변 연습도, 진지한 기도도 될 수 있다. 이런 것은 초신자에게 심적으로 부담이 될 것이다.

우선 다른 그리스도인 친구 한 명과 함께 기도해 보라. 그런 다음 더 많은 사람이 모인 기도회에 참석했을 때, 기도의 대상이신 하나님께만 당신의 생각을 집중하고 그곳에서 함께 기도하는 다른 사람에게 신경을 쓰지 않도록 하라. 다른 사람들이 당신의 기도에 대해 어떻게 생각하든 그것은 중요한 일이 아니다. 하나님께서는 당신의 기도를 듣기 원하신다. 또한 하나님께서는 당신의 기도에 다른 그리스도인이 함께 참여하기를 원하신다. 만일 당신이 당신의 마음 중심에 하나님을 지속적으로 모실 수 있다면, 당신은 외적인 어떤 형식이나 회중 기도 형식에 별로 상관하지 않을 것이다.

당신의 음성이 떨리든지 혹은 찍찍거리는 음성이든지 염려하지 말

라. 오직 기도를 계속하면서 하나님과만 대화하라. 그분은 당신의 기도 듣는 것을 기뻐하시며 당신 주변에 있는 다른 그리스도인들과의 새로운 친교도 이루어 주실 것이다. 그들 가운데 어떤 사람들은 당신의 기도로 말미암아 용기를 얻을 것이다. 어떤 사람들은 당신의 기도 제목을 기뻐할 수도 있고, 또한 그것이 그들의 가슴속에 놀라운 자극을 줄 수도 있다.

하나님의 음성을 듣는 일

기도할 때, 하나님께서 말씀하시는 것을 어떻게 들을 수 있는가에 대한 문제는 지금까지 다루지 않았다. 예수님은 "내 양은 내 음성을 들으며 …… 그들은 나를 따르느니라"(요 10:27)고 말씀하셨다. 자신의 생각이나 소원과 목자의 음성을 어떻게 구별하는가? 그것은 당신을 바보로 만들기가 아주 쉽지 않을까? 더욱이 잘못된다면 사탄의 음성을 목자의 음성으로 혼동할 가능성도 있지 않겠는가?

기초적 사항으로 돌아가 보자. 친교를 갖기 원하시는 분은 하나님이시다. 그분은 우리가 그분의 음성을 들으려고 애쓰는 이상으로 우리에게 말씀하고 싶어 하신다. 그분은 우리가 믿기 어려울 정도로 인내하시며 애쓰신다. 문제는 우리가 그분에게 귀를 기울이는 것을 피한다는 데 있다.

어려운 문제들이 제기된다. 첫째로, 예수께서 "내 양은 내 음성을 들으며"라고 말씀하신 것은, 우리가 그 성구를 읽으면서 일반적으로 이해하는 것과는 약간 다른 의미로 말씀하신다는 것이다. 위 말씀에서 우리가 처음으로 받는 인상은, 우리 내부의 어떤 곳에서 즉흥적으로 일어나는 생각들이 하나님께서 우리에게 말씀하시는 것이라는 생각이다. 여기서 즉흥적인 생각들은 예수님이 그것들의 기원이 되신다는 그릇된 지식을 동반한다. 그러나 정확하게는 그것이 그분이 말씀하시는 것은 아니다.

성경에서 듣는다는 말은 일반적으로 '무엇에 주의를 기울인다'는 뜻을 내포한다. 그렇게 볼 때 예수님을 따르는 사람들은 하나님의 명령을 신중하게 고려하는 사람들이다. 그들은 오로지 참목자를 따르기로 결정했으므로 다른 사람들과는 구별된다. 다른 소리들이 주의를 산만하게 하면 의식적으로 그 소음에서 귀를 닫는다. 오직 한 음성에만 순종한다.

또 오로지 한 음성만을 순종하기로 결정했기 때문에 다른 소리들로부터 그 음성을 구별하는 방법을 알 것이다(요 7:17 참조). 그렇게 할 수 있기까지 시간이 꽤 걸릴 수도 있다. 그리스도인은 성숙해 갈수록 하나님의 일들을 깨닫는 면에서 점점 진리를 더 잘 알게 될 것이다. 그리고 그렇게 할 수 있는 그 **능력**은 하나님께 순종하려는 결정의 정도에 비례한다.

그러나 분명한 문제들에 대해 우리가 분명한 안내를 받도록 하나님께서 직접적으로 우리에게 말씀하고 계시지는 않는가? 물론 그렇게 하신다. '인도하심'이라는 주제로 다룰 때 이 문제를 더 자세히 취급하겠다.

어쨌든 하나님의 가장 큰 관심은 우리에게 도덕적인 가르침을 주심으로 우리와 친교를 하시고 또한 불의와 의에 대해 말씀하시며, 하나님과 어떻게 관계를 가지는가를 알려 주시는 일이다. 기도할 때 성경 사용을 고려하는 것은 이런 영역에서다.

경험이 많은 사람들은 기도할 때 성경 이용하기를 좋아한다. 어떤 사람들은 하루하루를 위한 성구를 모아 엮은 책을 읽음으로써 기도를 시작한다. 그런가 하면 어떤 사람들은 성경을 조직적으로 읽는다.

다음 장에서 성경 공부에 대해 더욱 자세하게 논할 것이므로 여기에서는 부정적인 면들만 취급하려 한다. 성경을 이용하는 데 몇 가지 위험이 있다. 내가 아는 많은 그리스도인들은 점성을 관측하듯이 성경을 공부한다. 그들은 자신들의 특별한 염려나 소원을 마음에 품은 채로 하나님께 나아간다. 그러고는 그날 읽는 성경 구절을 통해 이것들에 맞는 말씀을 하나님께서 하시기를 원한다. 이런 접근 방법은 좋지 못하다. 그 방법을 적용했을 때 당신 자신의 소망과 두려움의 여과기를 통해 하나님 말씀의 교훈이 제한되기 때문이다. 결국 당신은 성경의 참교훈을 상실하고 만다. 자신의 정신적 문제를 해결하려다가 하나님의 말씀을 왜곡하고 마는 것이다.

하나님께서는 때때로 어떤 말씀을 취하실 것이며, 특별히 당신 생애의 문제점에 대해 직선적으로 말씀하실 것이다. 하나님은 당신과 친교하기를 원하시며 또 그렇게 하시는 데 많은 방법을 사용하실 수 있다. 그러나 당신이 말하고 싶은 것을 계속 고집하면서 그분께로 나아간다면, 하나님께서 당신에게 하시고자 하는 말씀이 있는데도 스스로 귀를 막고 듣지 않는 것과 같다.

만일 문제가 있다면 어떻게 해서든지 하나님 앞에 자신을 맡기라. 그 문제를 그분께 분명하게 맡기라. 또한 당신이 성경으로 돌아갈 때, 당신의 문제를 마음속에서 꺼내어 하나님께서 그 말씀 속에서 참으로 당신에게 무엇을 말씀하고 계시는가를 찾아라.

하나님 앞에 서는 훈련

때때로 당신의 생각이 하나님과 기도에서 멀리 떠나 방황할 때도 있다. 이때 우리는 당황하고 낙심한다. 생각이 방황할 때 나는 이렇게 기도한다. "오, 하나님 죄송합니다. 저는 이렇게 방황하고 싶지 않습니다. 저를 도와주십시오. 그리고 ……하지 않도록 …….''

그러고는 다시 다른 잡념 속으로 빠져 들어간다. 어떻게 하면 잡념을 피할 수 있는지 방법은 잘 모르지만, 당신이 무엇을 하는지 깨닫는 순간 올바르게 반응하는 것이 참으로 중요하다.

무엇이 당신을 그렇게 공상에 빠지게 하는지 이유를 생각해 보았는가? 더 나아가 그렇게 하도록 하는 것이 누구인가에 대해 생각해 보았는가? 나는 내가 공상에 빠져 있음을 발견하는 순간 하나님께 감사한다. "하나님, 감사합니다. 저를 다시 구해 주셔서 감사합니다. 만일 하나님이 아니셨다면 저는 더 많은 시간을 공상에 낭비했을 것입니다."

나는 굴복하지 않는다. 나는 자학하고 실망하느라 시간을 소비하지 않는다. 나는 결코 포기하지 않으시고 나를 계속 부르시는 무한히 인내하시는 하나님 안에서 즐거워한다.

매일 하나님과 교제하기 위해 일정한 시간을 정해 두는 것이 좋다. 만일 그건 제한된 짧은 시간에만 하나님과 교제하도록 하는 부정적인 측면이 있다고 생각한다면 따르지 않아도 된다. 신비주의자 마이스터 에크하르트(Meister Eckhart)는 그리스도인들에게 '하나님과의 개인적인 만남을 통해 생긴 마음 상태를 실제 삶의 현장에서도 동일하게 유지해야 한다'고 권고했다.

당신이 그 교제의 장소를 떠나더라도 하나님께서 당신을 떠나지 않는 것같이 당신도 하나님을 떠나지 않는다.

'경건의 시간'(Quiet Time)은 주파수를 맞추는 시간이다. 일단 하나님에서 온 전파에 주파수가 맞추어졌다면 그 영적 라디오를 꺼서는 안 된다. 토마스 켈리(Thomas Kelly)는 〈헌신의 약속 Testament of Devotion〉에서 같은 시간에 두 가지 상황의 삶을 사는 것에 대해 말한다. 불가능해 보일지 모르나, 그것은 언제나 하나님을 의식하며 사는 그리스도인들만이 누리는 특별한 특권이다. 로렌스(Lawrence) 수사는 그의 책 〈하나님의 임재 연습The practice of the Presence of God〉에서 이와 같은 일에 대해 간단하고도 직선적으로 설명한다.

말로 표현하는 기도를 쉬지 않고 할 필요는 없으나, 시편 기자와 같이 항상 당신 목전에 계시는 하나님을 기뻐할 수는 있을 것이다. 사도 바울이 "쉬지 말고 기도하라"(살전 5:17)고 우리를 권고한 것은 이런 기도를 가리켜 한 말일 것이다. 기도의 장소를 떠날 수는 있으나 당신 내면의 깊숙한 성소를 떠날 필요는 없다.

마음의 오랜 습관을 버리기는 어렵다. 의식하든 못하든 간에 대부분의 시간 동안 우리 마음은 가까이 있는 지적인 과제나 주변 것들에 대해 갖고 있는 생각 또한 그 밖의 수많은 여러 가지 일들로 가득 차 있다.

하지만 하나님을 계속 찬양하면서 자신의 업무를 효과적으로 해 내는 문제에서 우리 두뇌 용량은 그것을 충분히 소화해 낼 수 있다.

성령은 우리가 하나님에 대해 더욱 알기를 원하신다. 그런데 우리의 생각은 온종일 여러 곳으로 옮겨 다닌다. 하지만 우리의 생각이 그렇게 옮겨 다니는 것을 알게 된다는 것은 하나님께서 우리에게 깨닫게 하시기 때문이다.

생각이 마땅히 있어야 할 곳에 있지 않다는 사실을 깨달을 때마다 불평하는 일로 시간을 낭비하지 말라. 불평보다는 즉시 하나님께 감사 기도를 드리라. "하나님, 감사합니다. 저와 계속 대화해 주심을 감사드립니다. 항상 저에게 가까이 계심을 감사합니다."

하나님은 우리와 교제하기를 원하신다. 기도는 하나님께 대한 반응이다. 날마다 기도를 위한 특별 시간을 떼어 두라. 이 기도 시간에 예배와 감사, 죄의 고백과 하나님과의 친교, 그리고 간구와 다른 사람들을 위한 중재에 자신을 헌신해야 한다. 이 기도 시간에는 특별한 형식은 필요하지 않지만 하나님을 기다릴 때, 성령께서 우리가 하나님을 경외할 수 있도록 가르치실 것이다. 정해 놓은 경건의 시간을 끝마쳤을 때, 하루 종일 하나님의 존전에 머무르는 비밀을 가르쳐 달라고 기도하라.

STUDY 06

전략:
기도로 하나님과 접촉하다

찬양과 예배에 이용할 수 있는 성경 구절을 찾아보라(가능하면 이것을 찬양처럼 불러 보도록 하라).

시편 92:1-5
시편 93:1-5
시편 95:1-11
시편 96:1-13
시편 97:1-12
시편 100:1-5
시편 103:1-22

함께 읽으면 좋을 책

〈오 할레스비 기도 Prayer〉, 오 할레스비
〈하나님의 임재 연습 The Practice of the Presence of God〉, 로렌스 수사
〈헌신의 약속 A Testament of Devotion〉, 토마스 켈리

The Fight

기도에 대한 결단

"새벽 아직도 밝기 전에 예수께서 일어나 나가 한적한 곳으로 가사 거기서 기도하시더니"(막 1:35).
"이때에 예수께서 기도하시러 산으로 가사 밤이 새도록 하나님께 기도하시고"(눅 6:12).

나는 하나님의 도우심 안에서
하나님 앞으로 나아가 날마다 최소한
20분 동안을 기도하기로 작정합니다.

서명: _____

날짜: _____

07

무기 :
하나님 말씀으로 무장하다

The Fight

**그들은 처음에 전혀
가망성이 없어 보였다.** 하지만 '그 후' 나는 그들이 진실한 그리스도인으로 태어났다는 것을 확신했다. 내가 직접 그들을 그리스도께로 인도했다. 내가 그들이 변화되어 가는 모습을 보고 싶은 것처럼, 그들도 확인하고 싶어 했다.

우리는 같은 기숙사에 사는 학생들이었다. 처음에 그들은 그리스도인의 삶과는 거리가 먼 행동들을 일삼았다. 그러나 일 년쯤 지나서는 그들을 '경건한 자들'이라고 부르는 데 주저할 필요가 없었다. 그들은 자신들이 무엇을 믿으며 또한 그들의 삶이 어디로 가는지 알았다. 진짜 그리스도인이 되어 있었다.

이런 변화는 그 사이 몇 개월 동안 우리 모두가 개인적으로나 공동으로 성경을 공부한 덕분이었다. 다른 이유는 없었다.

패트는 키가 큰 운동선수로 마음이 온유했는데, 나에게는 친절하고 좋은 친구였으나 그에게 어떻게 하면 복음을 전도할지 실마리를 잡을 수가 없어 걱정이 많았다. 그러다 순간적인 충동에 못 이겨 그에게 매일의 성경 공부에 관한 책을 불쑥 내밀었다. 이후 일부러 그런 건 아니었는데 6개월 동안 그를 못 만났다.

그런데 그를 다시 만났을 때 놀라움을 금할 수 없었다. 같은 얼굴, 같은 체격이었으나 그는 완전히 다른 사람이 되어 있었다. 그는 '매일의 경건한 성경 연구가 나의 생활을 이렇게 변화시켰다'고 진지하게 말했다. 패트는 지금 선교사로 일한다. 성경이 그 깊은 **효력**을 나타냈던 것이다. "갓난아기들같이 순전하고 신령한 젖을 사모하라 이는 그로 말미암아 너희로 구원에 이르도록 자라게 하려 함이라"(벧전 2:2).

그리스도인이 되었을 때, 당신 안에 하나님께서 심어 주신 생명으로 당신은 거듭났다. 육체적 생명과 마찬가지로 영적 생명도 성장할 필요가 있다. 성경에서 진리를 흡수할 때, 영적 생명은 당신 안에서 성장할 것이다. 사도 베드로가 지적했듯이 말씀의 우유를 먹을 때 당신은 성장할 것이다.

성경의 진리는 우유 그 이상이다. 영적으로 성장할수록 성경의 '굳은' 음식을 더 많이 소화시킬 수 있는 능**력**이 생긴다. 강**력**한 진리는 그리스도인을 더욱 강하게 만든다. 또한 성경은 삶의 분명한 도덕적 안내자다. 하나님께서는 성경을 어느 문화권 어느 연령, 어느 도덕적 풍토 속에 사는 사람들에게라도 도덕적 지침이 될 수 있게 하셨다.

당신의 선악에 대한 개념은 당신의 교육과 당신 주변 사람들의 도덕적 영향**력**에 의해 발전했다. 만일 당신이 절대 금주자인 엄격한 부모 밑에서 자라났다면, 객관적인 음주의 도덕성 여부에 관계없이 술을 마실 때 대단한 불안을 느낄 것이다. 어느 야만족은 어떤 상황에서는 덕스러운 행위라는 생각으로 살인을 한다. 하지만 어느 미국인도 그와 같이 생각하지는 않을 것이다.

당신은 '절대적인 악과 절대적인 선이 과연 존재하느냐?'라고 질문할지도 모른다. 틀림없이 그것들은 존재한다. 하나님 그분이 절대적인 표준이다. 동기와 어떤 지역의 관습과 같은 것들이 중요하지만 우주에는 분명히 절대적인 도덕이 존재한다.

성경은 하나님 자신을 계시하기 때문에 도덕에 대해 명백히 설명한다. 희생을 감수하고 기꺼이 순종하겠다는 자세로 성경을 공부하라. 그러면 그 진리를 점점 더 분명히 깨달을 것이다. "청년이 무엇으로 그의 행실을 깨끗하게 하리이까 주의 말씀만 지킬 따름이니이다" (시 119:9).

그러나 성경은 그 이상의 작용을 할 것이다. 진리는 자유롭게 한다. 성경은 기준을 제시할 뿐만 아니라, 당신을 자유롭게 해서 그것을 준행할 수 있도록 해 준다. 바로 이것이 도덕적으로 고투하는 자들을 도울 만한 아무런 힘도 없는 다른 윤리적 체계와 성경이 다른 점이다. 성경의 충만한 효**력**을 즉시 체험할 수는 없을지 모른다. 그러나 시간이 지남에 따라 성경은 당신의 행동을 결정짓는 데 지대한 영향**력**을 발휘할 것이다. "내가 주께 범죄하지 아니하려 하여 주의 말씀을 내 마음에 두었나이다"(시 119:11).

갈등 없이는 변화가 일어나기 힘들다. 하나님께서 원하시는 대로 살려고 하면 기존의 악한 습관이 마귀와 한편이 되어 당신을 방해한다. 바울 사도는 마귀의 간계를 분쇄하는 최대의 무기는 "성령의 검 곧 하나님의 말씀"(엡 6:17)이라고 했다. 성경 지식은 당신이 어두움의 권세를 대적할 때 참으로 귀중하다.

성경 읽기의 유익

성경이 당신을 위해 할 수 있는 일은 여러 가지가 있다. 성경은 당신을 지혜롭게 한다. 당신 주위에 있는 어떤 사람들보다도 더 지혜롭게 할 것이다. '더 지혜롭게'라는 말은 지식이 더 많다는 것을 의미하는 것이 아니다. 지혜로운 사람은 사소한 것과 근원적인 것을 분별할 줄 안다. 환경이 어떠하든지 인생이 무엇이고 어떻게 처신해야 하는지 아는 사람이다.

수준 높은 말들로 우리에게 깊은 인상을 주는 많은 사람들이 있다. 생각이 훌륭한 사람도 많다. 그러나 지혜로운 사람들은 많지 않다. 오래전에 시편 기자는 말했다. "내가 주의 증거들을 늘 읊조리므로 나의 명철함이 나의 모든 스승보다 나으며 주의 법도들을 지키므로 나의 명철함이 노인보다 나으니이다"(시 119:99-100). 이 지혜는 항상 겸손하며 편견 없이 배우려는 자세를 갖고 있다.

그리고 성경은 그리스도인의 생활에서 인도하심에 대해 어떻게 가르치는지 언급한다. 시편 기자는 "주의 말씀은 내 발에 등이요 내 길에 빛이니이다"(시 119:105)라고 말한다. 그가 말하는 길은 도덕적인 길이다. 성경은 점성이 아니다. 성경 속에서 매일의 활동에 대한 어떤 신비적인 교훈을 찾으려고 읽지는 말라.

또한 성경을 읽음으로써 평안을 느낄 수 있다. "주의 법을 사랑하는 자에게는 큰 평안이 있으니"(시 119:165). 의학적인 진정제는 고통의 충격을 잠시 둔화시킨다. 그러나 성경은 진정제와는 다르다. 성경은 평안을 파괴하는 내적 갈등을 해결하는 방법을 제시함으로써 참된 평안을 가져다준다.

평안은 걱정이 없는 상태 그 이상의 것이다. 평안은 내적 조화로 일어나는 적극적인 것이다. 외적 위협에 의해 사라져 버리는 평안은 평안이 아니다. 성경을 더 잘 깨달을수록 더 커지는 하나님이 주시는 평안은 불안과 두려움을 깨뜨려 버린다.

그것은 고대 경기장에서 굶주린 사자들과 맞부딪쳤던 로마 그리스인의 눈 속에 나타났던 평안이다. 그리고 많은 그리스도인들이 투옥 당하고 고문받으며 신변이 위협을 받을 때에도 그들 마음속에서 발견할 수 있는 그런 평안이다. 그것은 모든 것을 책임지시는 하나님을 깨닫는 데서 오는 평안이다. 또한 당신이 그에게 속했으며 당신을 둘러싼 불확실성과 혼동이 다만 표면적인 혼란일 뿐이라는 사실을 아는 데서부터 오는 평안이다. 이런 평안은 육체적인 건강도 증진시켜 당신의 '골수를 살지게' 한다.

성경 읽기의 실제적인 문제들

성경은 살아 계신 하나님의 말씀이다. 우주의 통치자이신 하나님이 친히 자신을 인쇄된 말씀 속에 나타내고 계신다. 그런데도 우리는 왜 아직 망설이는가?

어쩌면 성경이 하나님에 의해 영감되었다는 것을 의심할 수도 있다. 마음속에 가득한 의심 때문에 경외심이나 일련의 특별한 감정을 갖고 성경을 읽으라고 요구받는 일이 불편할 수도 있다.

이런 내적 의심을 제거하는 최선의 방법은 당신을 성경 앞에 그대로 노출시키는 것이다. 성경에서 알게 된 진리를 기쁨으로 삶에 적용하라.

성경이란 그 신빙성을 역사적 자료로써 거듭 인정하는 여러 역사적 문헌들을 편집해 놓은 것이다. 성경을 읽고 성경이 직접 당신에게 말씀하도록 하라. '하나님, 만일 이 성경의 기록들이 주님의 말씀으로 이루어졌다면 나에게 보여 주십시오'라고 기도하라. 내용을 이해하려고 **노력**하라. 그 진리를 당신의 생활 속에 기꺼이 적용시켜라.

한편 당신의 문제는 그것과는 전혀 반대일 수 있다. 당신은 성경의 독특한 성격을 지나치게 의식할지도 모른다. 그런 의식 때문에 성경을 읽을 때 억제를 당하고 있다.

오래전 라틴 아메리카에서 로마 가톨릭 학생들과 공산주의 학생들이 복음주의 교회들의 학생들보다 훨씬 더 성경 공부를 잘하는 걸 보고 무척 놀랐다. 당시 로마 가톨릭 학생들은 성경을 거의 접하지 못할 때였기 때문이다. 그룹 성경 공부에서 공산주의 학생들과 가톨릭 학생들은 성경이 '실제로 무엇을' 말씀하는지 빨리 깨달았다.

한편 많은 복음주의 학생들은 이 점에서 정신적 장애를 가지고 있었다. 그들은 다만 통념적으로 '성경이 이렇게 말하고 있다고 간주된다'는 것 외에는 보지 못하는 것 같았다. 그들은 단순히 훈련받은 대로 성경을 보며 교리적인 여과 장치로 성경말씀을 가로막고 있었다. 복음주의 학생들은 이런 말을 입에 달고 살았다. "성경이 그렇게 가르치지 않기 때문에 그런 해석은 할 수 없어."

그렇지 않으면 당신은 아마 어떤 종류의 마법을 기대하는지도 모른다. 몇 년 전 매섭게 추운 이른 아침에 일어났던 나의 경험이 그런 문제였다. 나는 그때 하나님께서 성경을 통해 말씀하시는 방법에 대해 선입견을 갖고 있었다. 내가 기대했던 일들이 실제로 일어나지 않자 나는 혼란에 빠지고 실망했다. 성경은 마법이 아니다. 성경은 말씀과 문장과 구절로 기록된 진리다.

어떤 사람들은 이렇게 말할 수도 있다. "성경은 성령께서 우리를 깨닫게 하시고 우리에게 말씀하실 때만 이해할 수 있는 것이 사실 아닙니까?" 맞는 말이다. 그러나 이 질문은 사람이 성령을 설득해서 그가 깨달음을 주도록 할 필요가 있다는 부정적인 의미를 내포한다. 또한 이 질문은 성령께서 말씀하시기 전에 우리가 특별한 '준비 과정'을 거쳐야 한다는 것을 암시하는 것처럼 보인다. 또한 성경 자체가 너무 어렵고 애매하기 때문에 특별히 영감을 받지 못하면 도저히 그 심오한 뜻을 알아낼 길이 없다는 것을 말하고 싶은 것처럼 들린다.

그러나 하나님의 말씀은 어떤 사람, 어떤 시대, 어떤 곳에서도 쉽게 이해할 수 있도록 되어 있다. 우리에게 간결하고 명료하게 기록된 성경을 주신 하나님이 성령을 통해 성경말씀을 생생하게 느끼고 깨닫도록 도우실 것이다.

자만과 편견과 선입관은 진리를 깨닫는 데 큰 장애물이 된다. 겸손하라. 성경에 적힌 그대로를 보라. 당신이 극히 제한된 지혜를 가지고 있음을 안다는 사실을 하나님께 아뢰라. 당신이 이해할 수 있도록 도우시는 하나님께 감사하라.

'이해한다'(understand)는 말은 두 가지로 해석이 가능하다. '나는 이해할 수 없다'는 말은 '무엇을 말하려고 하는지 이해할 수 없다'와 '무엇을 말하는지는 알겠는데, 그것이 어떻게 참이 될 수 있는지는 알 수 없다' 두 가지로 풀 수 있는 것이다.

성경을 읽을 때도 위 두 가지 형태가 모두 일어날 수 있다. 가끔 뜻을 이해할 수 없는 말씀이 있을 때, 현대어판 번역 성경을 읽음으로써 그 문제를 해결할 수 있다.

두 번째 '그 말씀의 뜻은 알겠지만 그러나 그것을 사실이라고 믿을 수가 없다'는 문제는 읽고 있는 말씀에 대해 당신이 생각하고 있다는 증거다. 이런 문제와 마주친 적이 없는 사람들은 그저 성경을 '읽기만' 하는 사람들이다.

당신이 가장 먼저 해야 할 일은 성경을 정확하게 읽는 일이다. 첫째, 성경에서는 그렇게 말하지 않는데 뜻을 오해해서 그럴 수 있다. 그러나 만일 그 뜻이 분명한데도 여전히 혼란스러우면 당신은 여러 단계를 거쳐야 한다. 무수히 많은 사람들이 이미 그런 체험을 했다. 이런 생각의 일부는 성경 주석에 기록되어 있다.

'성경은 당연히 이런 말을 하고 있어야 한다'라는 선입관을 갖고 있기 때문에 성경말씀과 갈등을 겪을 수도 있다. 성경을 연구할 때 당신의 기존 관념들을 흔들고 어지럽힐 새로운 사상을 만날 수 있다. 어떤 생각은 당신을 계속 혼란하게 할 것이다. 그렇더라도 배우기를 중지하지 말라. 그리고 그 혼란을 기도로써 하나님께 맡기고, 해결할 수 없는 문제들을 마음속 한 부분에 쌓아 두라. 5년쯤 지나 다시 보면 그것이 뭐 그렇게 해결하지 못할 문제였던가 회상할 수도 있을 것이다.

성경을 연구하는 방법

성경 연구 방법에는 여러 가지가 있다. 이 여러 가지 방법을 모두 활용하기 바란다. 그러나 처음에는 한두 가지 방법으로 시작하는 것이 좋다. 또 어떤 방법도 다른 방법과 엄격히 구분할 수는 없다. 서로 중첩되어 있는 경우가 많기 때문이다. 당신이 각각의 방법을 적절하게 사용할 때, 다른 방법의 약점을 보강할 수 있게 된다.

경건한 방법으로 성경을 공부할 수 있다. 매일 일정한 시간에 조용히 몇몇 성경 구절을 기도와 명상으로 공부하라. 어떤 성경 연구 형태를 채택하든지 늘 이렇게 해야 한다.

규칙적인 계획을 세우는 것이 최선의 방법이다. 성경을 읽을 때 당신의 지성을 사용하는 것도 괜찮다. 다만 당신의 강조점을 경외하는 마음으로 당신의 실제 삶에 적용하는 데 두어야 한다.

몇 년 전, 나름대로 작은 계획을 세웠다. 작은 수첩에 그 구절에서 얻은 유익한 교훈들을 기록했다. 그러고는 그 구절 옆 성경 여백에 내가 알아볼 수 있는 표시를 해 두었다. 예를 들면 B65라는 표시는 B수첩 65페이지에 그 구절에 관한 나의 묵상을 참고할 수 있다는 뜻이다.

성경을 여러 번 읽었을 때 그 성구들 옆에는 많은 기록이 남았으며, 그것들은 나에게 깊은 통찰력을 주었다. 기록을 남긴다는 것은 나를 생기 넘치게 했으며, 동시에 나를 게으르지 않게 해 주었다. 또한 내가 깨닫지 못하던 내용을 분명히 깨닫게도 해 주었다.

기록할 때 다음과 같은 질문을 염두에 둔다면 이런 식의 성경 연구가 더욱 유익할 것이다.

- 여기에 나에게 주시는 경계의 말씀이 있는가?
- 여기에 내게 주신 약속이 있는가?
- 여기에 내가 따라야 할 모범이 있는가?
- 여기에 내가 순종해야 할 계명이 있는가?
- 여기에 내가 피해야 하거나 혹은 고백해야 할 죄가 있는가?
- 여기에 내가 하나님께 대해 감사할 수 있는 새로운 교훈이 있는가?
- 여기에 내가 하나님께 드릴 수 있는 찬양의 말씀이 있는가?
- 여기에 나도 체험할 수 있는 경험담이 있는가?

성경 연구를 경건한 연구 방법에만 제한시키는 것은 일종의 불균형 식사 요법과 같은 단점이 있다. 그러므로 다른 형태의 성경 공부 방법으로 이 문제를 보완할 수 있다.

전체 성경을 귀납적인 방법으로 연구할 수도 있다. 귀납적인 연구는 성경이 증명하는 기본적인 원리들을 발견하려는 시도로 성경을 연구하는 방법이다. '저자가 의도하는 요점이 무엇인가? 그 요점들을 내가 어떻게 나 자신의 말로 표현할 수 있는가?' 하는 등의 질문을 할 수 있다.

귀납적인 추론과 연역적인 추리는 상호 보완 작용을 한다. 어떤 훈련에서도 이 두 가지 방법은 모두 필요하다. 많은 학생들이 성경 연구를 연역적인 방법에 국한시키면서 이렇게 말한다. "A와 B가 참이므로 이 책의 다음에는 X와 Y라고 말해야 한다."

연역적 방법을 사용하려면 미리 어떤 원리를 갖고 시작해 성경 본문을 평가해야 한다. 귀납적 추론은 반대로 성경 본문을 보면서 그것에서 어떤 원리를 이끌어 내는 것이다. 두 가지 모두를 성경 연구에 활용하면 성경 교훈의 통일성과 일관성에 놀라게 될 것이다. 그러나 초보자들은 귀납적인 방법으로 시작해야 한다.

귀납적 성경 공부는 체계적 성경 연구의 기초를 쌓는 일이다. 이 방법은 혼자서도 할 수 있고, 같은 책을 갖고 서로의 생각을 점검해 줄 수 있는 사람들과 그룹으로 해도 된다.

성경을 처음부터 끝까지 전체를 통독할 수 있다. 이것은 생각만큼 어렵지 않다. 언젠가 캠벨 몰간(G. Campball Morgan)이 성경을 통독할 때, 설교하는 속도로 읽었더니 96시간 정도 걸렸다고 한다. 만일 당신이 성경을 하루에 4장씩만 읽는다면 9개월 만에 성경을 한 번 읽을 수 있을 것이다.

성경 통독은 여러 가지 유익이 있다. 당신은 1600여 년의 기간에 걸쳐 기록된 광범위한 성경 내용에 대한 전체적인 시각을 얻는다. 또한 성경 여러 부분들의 상호 연관성에 놀랄 것이다. 특히 신약과 구약 사이의 연관성은 더욱 그러하다.

처음 읽는 어떤 구절들은 당신에게 매우 귀중한 말씀이 될 것이다. 물론 어떤 구절들은 이해하기 힘들 수도 있다. 성경 통독을 위해 현대 어역 성경을 사용하는 것도 좋다. 간식을 먹듯 가벼운 마음으로 시도해 보라.

성경을 체계적으로 혹은 교리적으로도 연구할 수 있다. 이것은 어떤 사상을 성경 전체를 섭렵해 추적해 보라는 의미다. 당신이 발견할 것과 오랜 기간 동안 성서학자들이 주장해 온 것과 비교해 보고 싶어 할지도 모르겠다.

이 방법은 가장 어려운 방법이다. 내 생각으로는 앞의 세 가지 성경 공부 방법에 익숙해지기 전까지 이것은 보류해 두는 것이 좋겠다. 이 공부 방법을 시작하는 데 도움이 되는 책들을 장 마지막 부분에 적어 두었다.

성경 공부, 시간을 낸 후 이렇게 하라

"나에게 성경 전체를 공부할 만한 시간적 여유가 있을까? 그리스도께서 나에게 안식을 주신다고 약속하셨으나, 오히려 그분은 나에게 할 일만 잔뜩 주시지 않았나?"

우리에게 일거리를 잔뜩 안겨 준 것은 그리스도가 아니다. 우리에게 과중한 일을 하게 하는 것은 우리 자신이다. 우리는 끊임없이 자신이 할 수 있는 일보다 더 많은 일은 떠맡아 놓고서는 할 일이 너무 많다고 불평한다.

우리 자신이 짊어진 일 가운데는 좋은 일이기는 하나 반드시 필요한 일은 아닌 것들도 있고, 더러는 사소하거나 의미없는 일들도 많다. 불필요한 많은 사소한 것들을 제거하라. 가장 필수적인 것만으로 인생을 사는 것이 바로 자유를 누리는 것이다.

진지한 성경 연구는 그리스도인에게 필수적이다. 당신의 생활에서 불필요한 것들을 제거하고, 매일 성경을 읽을 뿐 아니라 일주일에 한 번 진지한 성경 공부를 위해 세 시간을 따로 떼어 두라.

당신에게 먹고, 자고, 목욕하고, 일할 시간은 있다. 어떤 사람들은 이에 더해 일주일에 한 번씩 영화 구경을 하고, 게임을 즐기며, TV를 보고, 취미 생활을 하며, 악기를 연주하고, 사교 활동을 하고, 시시한 잡동사니 책들을 읽을 시간도 있다. 이런 것들 중에서 한 가지를 하지 않고서라도 어떻게 해서든지 성경 공부 시간을 만들어라.

그러나 어떻게 성경 공부를 해 나갈 것인가? 일주일에 3시간씩 성경 공부할 시간을 낸다고 하더라도, 어떻게 내가 혼자서 성경 공부를 할 수 있을 것인가?

첫째, 적당한 연구 자료를 준비할 수 있다. 시작하기 위해서는 다음 자료들이 필요할 것이다.

- 성경

· 현대어역 성경 또는 영어 성경

· 자유롭게 기록할 수 있는 필기장

(여기에 다음의 한두 권의 책을 추가해 준비하는 것이 도움이 될 것이다.)

· 성경 주석

· 성경 사전

어디서부터 시작할 것인지 공부를 시작할 부분을 결정해야 한다. 나는 4복음서 가운데 어느 하나에서부터 시작하는 것이 절대로 필요하다고 생각한다.

복음서는 각각 특색이 있다. 그들의 가치는 기독교 신앙의 역사성을 강조하는 데 도움이 된다는 데 있다. 기독교는 시간과 공간 속에서 실제로 일어났던 사건들을 기초로 하고 있다. 특별히 그것은 2000년 전에 동정녀를 통해 시공 속으로 들어오신 신이시면서 동시에 인간이셨던, 예수 그리스도의 생애와 교훈, 죽음, 부활에 중점을 두고 있다.

누가복음은 다른 복음서보다 더 예수님의 출생과 생애와 죽음, 그리고 부활에 대한 모든 기록을 분석하고 선택하는 일에 집중한다. 또한 가능한 한 그 사건들에 대해 정확하게 기록하려고 애쓴 복음서다.

만일 초신자라면, 누가복음부터 시작하는 것이 좋다. 요한복음은 비그리스도인들에게 그리스도의 신성을 확신시켜 주기 위해 기록되었다. 그렇기 때문에 요한복음을 공부하는 것도 좋다. 다만 만일 당신이 다른 성경에서 시작하고 싶은 어떤 분명한 확신이 있다면, 원하는 대로 해도 좋다.

필기장과 성경, 그리고 주석을 준비한 다음에는 어떻게 할까? 성경에 대한 참이해는 성령의 도움을 떠나서는 불가능하다. 성경 연구는 다른 책을 연구할 때와는 다르다. 책을 연구하는 목적을 상기해 보자.

1. 본문이 무엇을 말하는지 정확하게 파악하라.
2. 그 본문의 의미를 결정하고,
3. 그 본문이 현시대의 삶, 특히 당신 자신의 삶과 어떤 연관성이 있는지 연구하라.

이렇게 되기 위해서는 성경 본문을 이해해야 한다. 첫째, 책 전체 내용을 이해해야 한다. 성경 주석에서 그 성경에 관한 서문을 읽거나 혹은 성경 사전에 나타난 성경 입문을 읽음으로써 기록 연대와 당시의 관심사와 문제점, 저자의 문제에 대해 알 수 있다. 이전의 성경 연구가들이 직면했던 문제점들과 논의를 알 수 있을 것이다. 그러나 주석에 있는 그 책의 자세한 분석은 당신이 개인적으로 그 본문을 공부한 후에 읽어야 한다.

성경 본문의 전체 분위기를 이해하고, 성경의 중요 내용을 요약하기 위해 간단히 기록하라. 그 다음에는 그 성경 본문을 전체적으로 정독한다. 이때 아무 생각 없이 읽지 말고 질문에 대한 해답을 찾으려는 자세로 읽어야 한다. 이 성경을 기록한 저자의 의도가 무엇인가? 왜 저자가 이 사건을 기록했는가? 이 책에는 어떤 서술 구조가 있는가? 여러 문단으로 나눌 수 있는가? 만약 나누어진다면 각 문단마다 제목을 정할 수 있는가? 이 책 전체에 흐르는 주제가 있는가?

이런 질문들에 답할 수 있다면, 필기장에 한층 더 발전된 자신의 서문을 덧붙이라. 동시에 주요 부분이라고 생각되는 문단들의 개요를 적어 보고, 그 문단들이 시작과 끝을 기록해 보라. 그 다음 당신은 각 부분들을 자세하게 연구할 것이다. 왜냐하면 그때에 항목과 문장, 그리고 단어들이 들어 있는 전체 본문을 깨닫기 시작할 것이기 때문이다.

그렇게 할 때에 다음과 같은 세 가지 기본적인 질문이 마음속에 생길 것이다. 그 구절은 실제로 무엇을 뜻하는가? 그것은 무슨 의미가 있는가? 그 말씀이 지금 여기에 어떻게 적용되는가? 앞의 두 가지 질문에 답하기 전까지는 절대로 세 번째 질문의 해답을 찾으려 하지 말라. 당신이 첫 번째 질문을 정확하게 발견할 때까지는 절대로 두 번째 질문으로 옮겨 가지 않도록 철저히 훈련하라.

성경 연구는 나의 생애를 분쇄시켰고 또 나의 생애를 새롭게 전환시켰다. 하나님께서 말씀을 통해 이것을 이루셨다. 모든 일이 절망적으로만 보였던 내 생애의 흑암 중에, 나는 잿빛 새벽을 이용해 성경말씀의 진리들과 투쟁하곤 했다. 그때 내 문제에 대한 즉각적인 해답을 찾지는 못했다. 다만 나의 영혼에 생명을 주는 원천에서 생수를 마시고 있다는 것을 직관적으로 깨달았을 뿐이다.

내가 성경 본문과 신학적인 문제들과 씨름할 때, 어떤 힘이 서서히 내 안에 깊이 자라고 있었다. 그 생명의 샘은 시간과 공간의 한계를 넘어 다른 시계의 바위로 둘러싸여 있었고, 나는 더욱 강하고 생기에 넘쳤다. 만일 내가 그것을 시로 쓸 수만 있다면 시를 쓰고 싶었다. 또한 내가 그 종이를 통해 노래를 부를 수만 있다면, 발견한 그 진리의 기쁨을 영광스러운 음률을 통해 당신의 영혼 깊숙이 심어 주고 싶다.

목표를 분명히 알라

성경 공부에서 나는 인간에 대한 깊은 지식을 체험했다. 우리가 안다는 것에 대해 말할 때는 그 말을 두 가지 다른 뜻으로 사용한다. 사실을 알 수 있다는 것과 사람을 알 수 있다는 것이 그것이다. 사실을 아는 것은 지적인 과정이며 사람을 아는 것은 그들과의 감성적, 의지적 작용을 말한다.

당신은 어떤 사실을 알기 위해 성경을 읽을 수 있다. 그러나 이것은 시작일 뿐이다. 당신의 참목적은 그리스도를 아는 데 있다. 그러므로 당신은 성경 공부를 할 때 단 한 분, 그리스도를 알도록 자신을 집중시켜야 한다.

성경에 대해 잘 아는 전문가들은 많다. 어떤 사람은 인용하는 성경 구절의 장과 절까지 명확히 안다. 또 다른 사람들은 성경 원문에 대한 지식이 해박하다. 그런가 하면 어떤 이는 어떤 성구를 말하자마자 곧 그 성경 본문의 세밀한 의미까지 자세히 설명한다.

그렇다고 그들을 흉내 내지는 말라. 성경 지식은 포도주와 같은 효과를 나타낸다. 당신은 현기증이 날 만큼 강렬함을 느낄 것이다. 그러나 성경 연구는 그리스도에 대한 지식을 깨닫는 것이 아니라 그를 개인적이며 인격적으로 아는 것이어야 한다.

성경은 하나님께서 당신이 하나님을 알기 원하시기 때문에 영감되었다. 하나님은 사랑의 친교 속에서 당신에게 자신의 마음을 나타내시기를 원하신다. 만일 당신이 그렇게 하기만 한다면 하나님께서는 아주 귀중한 하나님과의 개인적인 친교를 당신과 나누려 하실 것이다.

당신은 그분과 충분히 기쁨으로 교제할 수 있으며 하나님의 선하심에 대해 다른 사람들에게 기쁨으로 말할 것이다. 그러나 당신과 하나님 사이에는 그 어떤 사람들과도 함께 나눌 수 없는 비밀스러운 관계가 있다. 하나님은 또한 당신의 삶을 반석 위에 서 있는 것처럼 확고하고 생기 있게 해 주실 것이다.

> 성경말씀 저너머에서
> 나는 하나님, 당신을 찾습니다.
> 나의 영혼이 당신을 사모하나이다.
> 오 살아 계신 말씀이여.[9]

STUDY 07

무기 :
하나님 말씀으로 무장하다

성경 연구에 도움이 되는 자료들

▶ 성경 주석 : 주석의 분석을 살펴보기 전에 먼저 성경 본문의 구절을 깊이 연구하고 참고한다면 도움이 될 것이다.

▶ 성경 사전 : 성경 연구를 위한 훌륭한 도구다. 성경의 어떤 주제나 단어, 배경 등을 포함한 실제적인 백과사전이다.

▶ 첫 아침을 주님과 함께(This Morning with God) : 네 권으로 되어 있으며 경건한 성경 연구에 도움이 된다. 이 책은 예리한 질문과 적절한 암시를 줌으로써 당신이 나른한 몽상에 빠져들지 않게 하며 당신이 전체 성경을 섭렵하게 해 준다.

당신의 경건의 시간(QT)을 위해 **시편 19편**을 읽으라. 하나님께서 사람에게 친히 계시하시는 두 가지 방법을 기록해 보라.

1 ▶ 1-6절 : 성경을 떠나서는 하나님에 대해 아무것도 알 수 없다는 것

The Fight

이 때때로 암시되어 있다. 거룩한 실체들로부터 무엇이 알려질 수 있으며 또한 누가 그것을 알 수 있겠는가?

2 ▶ 7-10절 : 율법, 증거, 교훈, 그리고 여기서는 그 외 다른 용어들이 모두 비슷한 뜻으로 사용되고 있다. 그 단어들이 당신에게 어떤 의미를 부여하고 있는지 목록을 만들라.

3 ▶ 11-14절 : 이 구절들을 큰소리로 되풀이해 읽고 그것을 당신의 기도로 만들라.

08

공격 :
전도로
증인이 되다

The Fight

혁명의 기미는 보이지 않았다.

혁명을 약속해 줄 만한 것도 볼 수 없었다. 자신들을 이스라엘의 구원자들로 보았던 것은 터무니없는 일이었다. 그리스도의 죽음과 부활에 대한 그들의 이해는 여전히 애매하기만 했고, 자신들의 장래도 혼란스럽기만 했다.

정치적으로 어떤 일이 일어나고 있는가? 그들은 어떤 역할을 했는가? 그들은 어린 감람나무 숲에 앉아서 그에게 물었다. "당신은 이스라엘 나라를 회복하실 계획입니까?"

많은 사람들의 시선이 그에게로 집중되었다. 그가 대답했다.

"때와 시기는 아버지께서 자기의 권한에 두셨으니 너희가 알 바 아니요 오직 성령이 너희에게 임하시면 너희가 권능을 받고 예루살렘과 온 유대와 사마리아와 땅 끝까지 이르러 내 증인이 되리라"(행 1:7-8).

다시 말하면 다음과 같다. "그것은 너희들이 관여할 일이 아니다.

그것은 하나님 아버지의 일이다. 그분이 현재 정치를 움직이고 계신다. 단지 너희들이 할 일은 여기서뿐 아니라 온 땅의 민족에게 나를 증거하는 것이다."

아니, 예수님이 지금 정신이 어찌 되신 것 아닌가? 누가 그들을 믿어 주겠는가? 이 냉소적인 세상에서 소외당하는 소박한 하층민들인 우리를 누가 믿으려 하겠는가? 거칠고 적의에 찬 사람들의 마음에 도대체 얼마나 영향을 끼칠 수 있겠는가?

"오직 성령이 너희에게 임하시면……"

그리고 성령이 임하셨다. 예루살렘은 10년 안에 기독교의 기초로 위치를 굳혔고, 예수님을 따르던 연약한 추종자들은 예루살렘에서 로마까지 이르는 지중해 내륙을 온통 휘저어 놓았다. 새 신자들조차도 모두 전도자들이었다. 그중 소수의 사람들은 설득**력** 있는 언어와 능**력**으로 복음을 전파하는 은사를 받은 뛰어난 전도자들이었다. 증인과 전도자라는 두 종류의 사람들이 모든 나라에서 제자를 삼는 교회의 책임을 서로서로 감당했다.

오늘날도 그 상황은 변하지 않았다. 지금도 어떤 사람들은 전도자의 은사를, 어떤 사람들은 목회의 책임을 감당하는 한편, 세계 곳곳의 모든 그리스도인들은 다 그리스도의 증인들이다.

당신은 법정에 선 증인과 같이 오직 진실만을 이야기해야 한다. 미화시켜서 이야기하는 것이 아니라 실제로 자신에게 일어났던 것만을 이야기하는 것이 진실을 말한다는 의미다. 그리고 진실을 모두 이야기해야 한다는 의미는 기회가 주어질 때 아무것도 감추지 말고 전부를 말하라는 것이다.

당신의 생애에서 실제로 일어난 일들이나 혹은 현재에 일어나는 일들을 과장할 필요도 없고 축소시킬 필요도 없다. 당신의 생애는 주위 모든 사람이 읽는 공개적인 교과서가 될 수도 있다. 당신은 '자기 혼자만의 사적 인간'이 될 수 있는 권리를 포기해야 한다.

그리스도께서는 만났던 모든 사람들에게 자신이 가지셨던 모든 것을 기꺼이 나누어 주셨다. 이처럼 당신도 만나는 어떤 사람에게나 그리스도께서 당신 속에 이루어 주신 모든 것들을 기꺼이 나누어야 한다. 다만, 그것을 상대방의 목구멍에 억지로 쑤셔 넣으려고 해서는 안 된다. 단지 그것을 공개하고 나누기만 하면 된다.

승리의 경험뿐 아니라 두려움이나 실패도 나누어야 한다. 그렇지 못할 경우 그 사람은 충실하지 못한 증인으로 행동하는 것이다. 허영심으로 여과시킨 진리보다 진리 그 자체가 훨씬 더 능력 있다. 우리 모두는 증인으로서 더욱 폭넓은 책임을 갖고 있다.

길 안내판과 같은 증인의 역할

증인이 된다는 게 대체 무슨 뜻일까? 무엇에 대해 증언한다는 말인가? 그리고 누구 앞에서 증거한다는 말인가? 당신이 살아가는 모습이

나 당신이 하는 어떤 말 혹은 당신이 하는 어떤 행동이 당신의 증언 내용인가? 당신은 누군가가 증거를 요청할 때까지 기다리는가 아니면 요청하든 하지 않든 먼저 나아가는가?

어쨌든 당신은 무엇인가의 증인이다. 그러나 당신의 현재 인격이 언제나 말과 행동을 결정한다. 존재, 말, 그리고 행동 이 세 가지는 하나의 전체를 이루는 구성 요소다. 증인이란 "자신이 직접 보고 듣고 체험한 것에 대해 진실한 사람"을 두고 하는 말이다. 게다가 예수님의 증인들은 진실을 말해야 함은 물론이고 그대로 살아야 한다.

두 가지 예가 그 의미를 명확히 하는 데 도움을 준다. 법정에서 증인은 재판관의 질문에 직접 듣고, 말하고, 행한 것으로 답해야 한다. 만일 그가 이렇게 말한다면 그의 증언은 전혀 쓸모없어진다. "나는 그 피고들이 그날 밤에 주택 지구에 있었다고 믿습니다. 왜냐하면 누구인지는 기억할 수 없지만 어떤 사람이 나에게 그들을 보았다고 말했기 때문입니다."

법원이 알고 싶은 것은 '당신이 직접 시내에서 그들을 보았는가?' 하는 것이다. 증언은 증인의 추측이나 전해들은 이야기여서는 안 된다. 그리스도인으로서의 증언 역시 직접적인 증언이어야 한다. 그것은 기도나 성경을 읽던 도중 혹은 그리스도를 신뢰했을 때나 그 밖의 것을 통해 깨달은 것에 관한 것이어야 한다.

증인에 관한 두 번째 실례는 길 안내판이다. 길 안내판은 목적지를 가리켜 준다. 겉모습이 아름답거나 추하거나 낡았거나 새롭거나 하는 것은 별로 중요하지 않다. 다만 글자가 굵고 선명하면 도움이 된다. 그러나 길 안내판이 반드시 갖추어야 할 것은, 올바른 방향을 가리키고 있어야 한다는 것이다.

예수님은 제자들에게 "너희들은 나의 증인이 되리라"고 말씀하셨다. 당신이 낡은 시골 길 안내판이든지, 혹은 고속도로 위에 높이 매달린 현대적인 길 안내판이든지, 그것은 별로 중요하지 않다. 당신의 존재 이유는 사람들의 생각을 하나님께로 인도하는 데 있다. 그러므로 개인적 경험을 이야기하면서 증거할 때, 직접 만난 예수님을 이야기해 준다면 그 증거는 당신이 체험한 그리스도에게로 초점이 맞추어질 것이라는 것이다.

새로 약혼한 두 남녀는 다음 두 가지 방법 가운데 하나로 그들의 약혼에 대해 이야기할 수 있다.

첫 번째는 상대나 파티에 대해 자기 중심적으로 이야기하며 약혼한 상대보다는 약혼했다는 그 자체를 더 좋아하는 것이고, 두 번째는 상대방에게 사랑을 고백하면서 약혼자를 열렬한 말로 자랑하는 것이다. 당신이 그리스도인이 된 축복받은 상태에 도취되지 말고 그리스도에게 도취되고, 그가 당신에게 어떤 의미가 있는 분인지 고백하라.

하지만 불행하게도 요즘은 단순히 사실을 이야기하거나 길 안내판이 됨으로써 전도하는 그리스도인들이 눈에 잘 띄지 않는다. 전도는 기술이 필요한 어려운 일이 되고 말았다.

어떤 사람들은 가죽 표지의 성경을 가지고 다니면서 증거하고, 어떤 사람들은 주유소 점원에게 전도용 소책자를 전해 줌으로써 증거한다. 또는 공중 화장실에 책자를 남겨 둠으로써 증거하려 한다. 또 어떤 사람들은 자동차 뒷면에 그리스도를 상징하는 물고기 모양을 부착하기도 한다. 또 어떤 사람들은 옷에 글귀를 새겨 전도한다.

무엇이 참된 증거인지 어떻게 알 수 있는가? 본래 문제로 되돌아가자. 증거는 예수 그리스도를 나타내는 것이다. 종교적인 운동이나 혹은 어떤 생활 방법이 아니라, 한 사람에 대한 것이다. 증인은 그가 개인적으로, 그리고 직접, 예수 그리스도와 하나님의 말씀에 대해 발견한 사실들을 다른 사람에게 말하는 것이다. 그는 단지 하나의 길 안내판일 뿐이다.

직접 체험한 그리스도를 나타내지 못하는 한, 자동차 스티커나 전도를 목적으로 성경을 들고 다니는 것이나 글귀가 새겨진 옷을 입고 다니는 것은 아무 효과가 없다.

어떤 경우엔 이런 전도 방법들이 자멸적이거나 잘못 인도하는 것일 수도 있다. 길 안내판이 예수님보다는 그 자신에게로 주의를 끌었기 때문이다. 괴상한 방법으로 예수님을 나타내는 것은 조롱거리가 되기 때문에 그런 것으로 사람들을 그리스도인이 되게 할 수는 없다. 아무리 좋은 의도라도 말이다.

기교나 세세한 방법에 집중하기 전에 증거할 수밖에 없는 절대적 필요성을 먼저 인식하라.

당신이 새 신자라면 결코 그 사실을 숨기지 말라. 당신을 위해 죽으신 그리스도께서는 친구들 앞에서 당신이 그리스도께 헌신하고 있음을 고백하기를 원하신다. 만일 그렇게 하지 않는다면 그리스도께 신실하지 못한 것이며 상반된 두 세계에 동시에 거하려고 하는 불행한 사람이 되는 것이다. 그렇게 되면 어느 세계에서도 평안하지 않게 된다.

그리스도인 동료들과 함께 있으면 아무래도 '그리스도인'의 언어로 말한다. 농담할 때도 격이 달라지며, 윤리적인 것들을 더 많이 이야기한다. 그러나 둘 가운데 어느 쪽에 가 있더라도 나머지 한쪽에 마음이 가 있는 자신을 발견하고는 당황할 것이다.

중요한 것은 다른 한쪽과의 관계를 긴밀히 하기 위해 나머지 한쪽과 절교하는 것이 아니고, 양쪽에 모두 진실해지는 것이다. 어느 쪽에 속해 있는가는 당신이 결정할 사항이 아니다. 당신은 그리스도에게 속해 있다. 그에게 속해 있음을 공개하라. 그러면 어떤 사람들은 당신을 기피할 것이고, 또 어떤 사람들은 더 열렬히 맞이할 것이다.

어떤 그리스도인들은 이것을 쉽게 공개한다. 이런 사람들은 친한 친구에게 전화로도 이야기한다. "잘 들어봐. 네게 할 말이 있어. 난 그리스도인이 됐어. 내가 어떤 모임에 갔는데, 이 모임이 참 좋아. 너도 알다시피 여러 주일 계속 참석하고 있어. 너도 이 모임에서 그리스도를 만날 수 있어."

체험이 그들을 열렬한 그리스도의 증인으로 만든 것이다.

그러나 어떤 그리스도인들은 공개하는 것을 상당히 어려워한다. 그들은 하나님이나 예수님, 그리고 그리스도인이라는 말을 하려고 하면 긴장한 나머지 목이 메인다. 이야기를 시작해 보지만 요점을 말하지 못하고 변죽만 울린다. 그들은 애매한 단어들을 사용한다. 그들의 문장은 새끼 고양이의 엉겨 붙은 털처럼 무의미한 단어들로 엉클어져 있다.

그리스도를 위한 세일즈맨?

어떻게 증거할 것인가? 당신에게 기술은 가르쳐 줄 수 없다. 나는 당신을 잘 모른다. 게다가 나는 당신이 매일 어떤 사람을 만나는지도 모른다. 당신의 교사는 오직 성령뿐이시다.

그러나 잘못된 증거가 어떤 것인지는 말해 줄 수 있다. 잘못된 증거는 정직하지 못한 증거다. 아무도 부정직하기를 원치 않을 것이나 전도 기술 훈련 프로그램은 잘못된 증거가 될 우려가 있다.

예를 들면, 그리스도는 시장 개척이 필요한 일종의 상품이라는 암묵적 가정을 기초로 한 여러 전도 기술들이 있다. 우리는 그리스도라는 상품을 대량 생산해서 그것들을 팔아야 한다. 어떤 사람들에게는 거래를 못 박기 위한 급박한 심정으로 맹렬한 판매술을 구사한다. 어떤 사람들에겐 '네가 그리스도를 만나도록 하기 위해 난 너에게 다정한 친구가 될 것이다'라는 식의 '우정 전도'같이 여유 있게 대한다. 시장을 개척할 필요는 없다. 시장은 이미 거기에 있다. 들판은 이미 추수할 때가 되었다.

세일즈맨 하면 말쑥한 옷, 하얀 이, 빛나는 유머, 번영을 확신시키는 화술 등의 이미지가 떠오른다. 판매 코치에게 교육받은 회사의 전통적 선전 어구들이 많이 있겠지만, 그가 제일 먼저 하는 행동은 그것이 아니다. 그들은 자신이 자기 회사 상품을 당신에게 팔므로써 사회에 호의를 베푼다는 것을, 먼저는 자기 자신에게 다음은 당신에게 납득시키려 애쓴다.

우리는 그리스도라는 상품을 판매한다. 우리는 TV, 라디오, 잡지, 그리고 그 외에 동원 가능한 모든 판매 수단을 통해 이것을 판다. 그렇지만 무엇보다도 설교단에서 이것을 파는 성직자들이나, 가끔씩 가가호호 방문하는 그리스도인 세일즈맨을 통해 판매한다.

내 말을 듣고 이런 종류의 일이 단지 우스운 희극에 불과하다는 인상을 받지 않았기를 바란다. 내가 말하려는 것은, 교회란 부분적으로는 성경의 산물이며 부분적으로는 서구 자유 시장 체재의 산물이라는 것이다.

그리스도인들은 이렇게 말하곤 한다. 그리스도인들은 세일즈맨들처럼 좋은 인상을 주도록 해야 한다. 그리스도인은 '그리스도에 대한 증인으로서' 의복을 단정하게 입어야 하고 미소를 지어야 한다. 그리스도인은 화를 내지 않고도 비그리스도인보다 더 말을 잘하며 부드러운 말로 그들을 감싸 주어야 한다. 그리스도인은 비그리스도인보다 스포츠도 더 잘 해야 하고, 직장에서 일도 더 잘 해야 하며, 더 총명해야 한다. 이렇게 모든 방면에서 무의식 중에 증거에 관한 성경의 견해보다는 문화적인 견해를 취하는 것이다.

말할 수 없는 긴장 속에서 살거나 위선자가 되지 않는 한 이 모든 일을 행하기는 힘들다. 더군다나 당신이 그리스도인이라고 모든 것을 알 수는 없는 노릇이다. 그것은 당연하다. 그런데 그리스도에 대해 증거하다 보면 상대가 당신이 생각해 본 적이 없는 논점을 제기할 때가 있다. 단지 논쟁을 위해 그럴 수도 있고, 정말 궁금해서 묻는 것일 수도 있다.

이때 어떻게 대처하겠는가? 논쟁에서 이기기 위해 허세를 부릴 수도 있다. 하지만 그렇게 하는 것은 허위다.

이처럼 그리스도인다운 인상을 주려는 것은 그 자체에 함정이 있다. 그러나 만일 슬플 때에 거울을 들여다보고 웃으면서 '내가 어떻게 느끼든지 나는 나의 구속주가 살아 계시다는 것을 알고 있다!'라고 말하는 것은 좋은 훈련이 될 것이다.

하지만 마음이 괴로울 때 즐거운 인상을 가장하기 위해 웃는 것은 위선이다. '나는 마음이 아프지 않아야 한다'라고 말할 수는 있다. 그러나 당신을 염려하는 다른 사람들을 속이는 것은 훨씬 더 나쁘다. 두 가지 죄 모두 순종이 아니다. '그리스도인으로서 기쁨을 가져야 한다는 것은 알고 있다. 그러나 지금은 그렇지 않다'라고 비그리스도인들에게 말하는 것이 더 좋을 것이다. 증거라는 것과 어떤 인상을 주는 것은 별개다.

주님을 증거할 때는 모르는 것을 아는 체하지 말고, 당신의 마음 상태를 가장하려 하지 말라. 그리스도께서는 다른 사람들이 당신이 약하고 어리석은 것을 알기를 원하실지도 모른다. 그리스도께서는 약하고 어리석은 인간의 삶에서 역사하시는 그분의 **능력**에 사람들이 감동받기를 원하신다. 바울 사도는 고백했다. "우리가 이 보배를 질그릇에 가졌으니 이는 심히 큰 **능력**은 하나님께 있고 우리에게 있지 아니함을 알게 하려 함이라"(고후 4:7).

어린 그리스도인이었을 때, 나는 증인으로서의 우리의 일이 꼭 좋은 인상을 주는 일은 아니라는 것을 잘 알지 못했다. 그때 나는 동료 그리스도인들의 바보 같아 보이는 전도 전략에 흥미를 잃었기에 분별 있게 행동하기로 결심했다. 그 결과는 내가 단순히 좋은 녀석이 된 것뿐이었다. 친구들은 "저 친구 약간 종교적인 데가 있지만 고리타분하지 않고 분별 있어"라고 이야기했다.

나는 서로를 어색하고 당황하게 할 수 있는 심각한 대화를 비껴 가게 하는 일을 훌륭히 해냈다. 내 모든 감각은 그 일에 부지런히 움직였다. 그러나 점점 내가 좋은 전도자라는 확신이 들지 않았다. 나는 곤란을 피하느라 바빴다. 나는 사람들이 그리스도에 대해 어떻게 생각하는가보다는 나 자신에 대해 어떻게 생각하는가에 더 많은 관심을 기울였다.

나는 그게 정말 유쾌하냐고 스스로에게 질문해 보지 않고도 그들의 농담에 웃어 줄 수 있었다. 아주 냉소적인 논평에 대해 냉소적인 말로 응수해 줄 수도 있었다. 그러나 나는 단순히 다른 사람의 자아를 흉내 내려고 했을 뿐, 나 스스로는 아무것도 아닌 것처럼 되고자 했다.

솔직해지기

증거의 본질은 당신이 체험한 진실을 공개적으로 나타내는 것이다. 위증은 잘못이다.

가능한 한 내가 다른 사람들에게 단순하고 정직한 태도를 취하기로 결정한 그 아침을 결코 잊을 수가 없다. 우리는 한 시간 동안 그리스도에 대한 진지한 대화를 나눌 수 있었다. '영혼을 얻으려는' 의식적인 노력은 하지 않았다. 나는 단지 진실하려고 노력했다.

그러나 매순간 '진실한 인간'이 되기는 어렵다. 진실한 감정을 '자유롭게' 표현한다는 것이 꼭 진실된 모습은 아니다.

진실되다는 것은, 당신이 탐욕을 느낄 때 도둑질을 해야 한다거나 혹은 당신이 분노를 느낄 때 살인을 해야 한다는 것을 의미하지는 않는다. 정당한 행동일 때 자신을 정직하게 표현한다는 말이다.

그러나 우리는 두려움 때문에 진실할 수가 없다. 두려움 때문에 말해야 할 때 입을 봉해 버린다. 괴로울 때에도 미소 지어야 하고, 마음속으로는 '아니오'이면서 '그렇습니다'라고 얘기한다.

진실해진다는 것은 우리를 사로잡은 공포로부터 해방된다는 것을 의미한다. 그리스도는 당신에게 그런 자유를 주기 원하신다. 하나님은 당신의 가면 뒤에 있는 모든 것을 다 용납하셨다. 만일 당신이 하나님의 사랑을 확신하고만 있다면 당신의 참모습에 대해 다른 사람들이 어떻게 생각하든 문제가 안 된다. 그러나 오랜 습관을 깨뜨리기는 어렵다. 당신은 진실해지려고 많은 **노력**을 해야만 한다. 그것은 믿음과 담대함을 요구한다. 이것들은 곧 증인이 되는 데 필요한 자질이다.

왜 당신은 비열한 농담에 웃는가? 그게 재미있기 때문인가? 혹은 사람들이 당신을 흥을 깨뜨리는 사람이라고 생각하기를 원치 않기 때문인가? 아마 당신은 농담하는 사람을 난처하게 만들고 싶지 않을지도 모른다. 그때마다 상황은 다양하다. 만일 그 농담이 전혀 유쾌하지 않다면 거짓 미소를 지을 필요가 없다. 만일 꼭 어떤 반응을 보여야 한다면 '나는 당신을 당황하게 하고 싶지는 않다'라고 솔직하게 말하라. '그런 건 농담으로 가볍게 말할 문제가 아닌 것 같다'라고 말하라. 당신이 정직하게 답함으로써 어쩌면 그 문제에 대해 더 진지하게 대화를 나눌 수도 있을 것이다.

그리스도가 참으로 소중해지면 농담을 하든 진지한 대화를 나누든 그리스도의 증인으로서 자처해서 나설 것이다. '전시 효과'에 의존하지 말고 당신의 모습 그대로 나타내라.

진실하다는 것은, 어떤 사물에 대해서나 혹은 어떤 사람에 대해 충성스럽다는 것을 의미한다. 당신은 당신의 생애에 최고의 존재가 되시는 예수 그리스도께 충성해야 한다.

그리스도인은 일상에서뿐 아니라 유일한 진리에 대해서도 신실해야 한다. 그것은 곧 그리스도를 부인하지 않는 것을 의미한다. 당신의 전 생애를 그리스도께 헌신하라. 또한 그 헌신에 합당하게 행동하고, 생각하고, 말해야 한다.

복음서에서 가장 비통한 이야기 가운데 하나는, 베드로가 격렬하게 그리스도를 부인했던 사실과 또 어느 이른 아침 그가 다시 바닷가로 돌아간 일이다. 예수님께서는 잡히시기 직전에 그의 고난이 가까웠다는 것을 제자들에게 경고하시면서 또한 베드로가 새벽 동트기 전에 그를 부인하리라는 사실을 예고하셨다. 베드로는 그의 충성됨을 열렬히 주장했다(눅 22:31-34 참조). 그는 그의 주장을 입증하기 위한 무익한 행동으로, 그리스도를 체포하려는 일당 가운데 한 사람의 한쪽 귀를 베어 버렸다(요 18:10-11 참조).

예수님께서 두려워하는 군인들에게 그 자신을 체포하라고 권하시면서 당당하게 자신의 체포에 대한 책임을 지셨을 때, 제자들은 모두 도망하고 말았다. 그러나 베드로와 요한은 주춤거리면서 그 군인들을 따라가 안마당에 들어갔다.

베드로가 두려워하는 것은 당연했고 또 그럴 만한 충분한 이유가 있었다. 예수님을 따르는 모든 일이 갑자기 불길한 형세로 바뀌었다. 궁정의 위엄과 안뜰에 있는 사람들의 군건함과 그 권세를 온 몸으로 느끼며 베드로는 더 불안해졌다.

그리고 그날 밤, 그는 그의 주를 세 번씩이나 부인했다(요 18:15-27; 눅 22:54-62 참조). 그는 자신의 부인을, 생명의 안전을 위해 어쩔 수 없는 일이라거나 또는 전략상의 한 방법이라고 변명했을지도 모른다. 그는 이미 예수님에 대한 충성을 **강력**히 내세웠다. 그는 이미 맹세했던 충성을 어떻게 계속할 것인지 갈등했을 것이다. 뭐라 해도 그는 원수들로 들끓는 안마당에 용감하게 서 있지 않았는가? 그는 세 번째 예수님을 부인할 때, 닭이 우는 소리를 들었으며 동시에 그의 어리석은 자만을 산산히 깨뜨린 예수님의 눈길을 발견했다. 갑자기 그는 감상적이고 연약하며 또한 성미가 급한 어리석은 자신을 발견했다. 수치심으로 몸둘 바를 모르게 된 베드로는 마침내 그곳을 떠나 통곡했다.

첫 번째 그리스도를 부인했을 때 그가 자신의 입술로 한 그 부인의 말은 이미 그의 행위에 나타나 있었음이 틀림없다. 그는 자신을 바보로 만들고 또한 주위에 있는 사람들마저 바보로 만들려는 연극을 하고 있었다. 나 자신의 많은 경솔한 언행은 틀림없이 그런 종류의 부인일 것이다. 그것은 예수 그리스도에 대한 나의 난처한 관계를 위한 은

신처였다.

베드로는 그리스도를 사랑했으며 또한 나도 그리스도를 사랑했다. 정부(情婦)와 부인 사이에서 고통당하는 사람처럼 베드로는 사람들의 칭찬과 그리스도의 면전을 동시에 사랑했다. 그것은 불안한 상황이었다. 정부나 부인 그 어느 한쪽도 그 사람의 마음에 평안을 안겨 줄 수는 없다. 그리스도는 질투심 많은 배우자처럼 그를 따르는 자들에게 자신에 대한 절대적인 신뢰와 충성을 원하시고 또한 요구하신다. 당신의 모든 행동, 모든 생각, 모든 말로써 그에게 충성을 표시해야 한다. 당신의 충성을 비밀로 해서는 안 된다.

만일 당신이 신실한 증인이라면, 당신의 생각을 계속 하나님께로 향하게 하라. 다른 사람을 만나는 모든 경우에 그것이 습관이 되도록 해야 하며, 또한 어떤 행동을 할 때에라도 다음과 같이 기도해야 한다. "주님, 저는 주님의 보혈로 값주고 사신 종입니다. 지금 제가 주님의 종답게 행동하도록 저를 도와주십시오."

정중하라. 당신의 재치로 다른 사람들에게 어떤 좋은 인상을 주려는 목적을 갖지 말라. 화제를 독점하거나 주목의 대상이 되려고 하지 말라. 오히려 다른 사람들을 평안하게 하는 것을 목표로 하라. 모르는 것은 아는 체하지 말라. 토의할 때는 다른 사람들이 말하는 내용이 무엇인지 이해하라. 당신이 이해하거나 혹은 이해받는 일에서 대화 상대방을 이기려고 하지 말라.

만일 당신이 자신의 있는 그대로의 모습으로 산다면 당신의 행위와 언어는 일치할 것이다. 친구나 가족을 위해 마음을 쓰는 일에서 기쁨을 느낄 것이다. 다른 사람에서 빌리기보다는 빌려 주거나 또 그들에게 더 많이 나누어 줄 것이다. 더 많이 양보하고 불평하지 않을 것이다.

물론 갑자기 완전해질 수는 없다. 그러나 잘못 행동했을 때는 사과를 해야 한다고 금세 깨달을 것이고 즉시 행동에 옮길 것이다. 당신이 관대하게 행동하지 못할 때는 하나님께서 그 행위를 깨닫게 해 주실 것이다. 당신은 자신의 연약함을 하나님께 기쁘게 아뢸 것이며 또한 그리스도인이나 비그리스도인들에게도 그렇게 할 것이다. 그리고 만일 어떤 사람이 당신의 성격을 칭찬한다면 겸손히 답할 것이다. "감사합니다. 그러나 제가 항상 그런 것은 아닙니다. 이전과는 많이 달라졌습니다."라고 정중하게 말할 것이다.

마음의 준비를 하라

역사에서 폭군이 나쁜 소식을 전하는 사신의 목을 베는 일이 있었다. 베드로의 사건으로 되돌아가 보자. 그는 생명이 위험했다. 당신 주위 사람들은 당신이 그리스도에 대해 이야기할 때 그렇게까지 적대적이지는 않겠지만 모든 사람이 긍정적인 것도 아니다.

신약성경에서 '증인' 혹은 '증거'라고 번역된 헬라어에서 영어의 순교자라는 단어가 파생되었다. 초기 그리스도인들에게는 증거와 순교가 거의 동전의 양면과 같이 여겨졌다. 오늘날에도 그런 일은 다시 일어날 수 있다.

어떤 이는 그리스도에 대해 극단적이고 과대망상적인 증오를 품는다. 또 어떤 이는 간절히 바라며 기쁜 마음으로 그리스도를 받아들인다. 관심을 나타내는 정도도 매우 다양해서 약간의 호기심을 보이는가 하면, 때로는 예상 밖의 강렬한 반응을 보이기도 한다. 이때 마음의 준비가 되어 있지 않으면 당신은 상대방이 자신이 비난한다고 느낄 수도 있다. 그러나 사실 그런 반응은 당신과는 아무 관계가 없을 때가 많다.

내 전문의 실습을 감독했던 정신과 의사가 내 말을 듣고 격렬한 반응을 나타냈던 일이 있다. 그는 동성연애자인 환자에게 어떻게 아가씨들과 데이트를 하고 어떻게 그들을 사랑할 것인지 쉬운 단계를 가르치면서 그 환자를 치료했다. 그런데 그것은 사실 여자를 유혹하는 방법이었다. 나는 나의 종교적 확신으로는 그와 같은 방법을 사용하기가 어렵다고 말했다. 그러자 그의 얼굴은 분노로 붉어지더니 나에게 욕설을 퍼부었다.

그런 일이 그때보다 몇 년 전에 있었다면, 나는 내가 무엇을 잘못했나 생각하면서 걱정과 죄책감에 사로잡혔을 것이다.

그러나 나는 교수님이 종교와 성의 영역에서 잘못 생각하신 것 같다는 내 의견을 단순히 이야기했을 뿐이었다. 나는 어깨를 한번 으쓱하는 것으로써 그것을 참고, 내가 가진 그리스도인으로서의 확신에 대해 허심탄회하게 그와 대화를 계속했다.

기억하라. 사람들은 당신에게 반응할 것이다. 적대적 반응이 당신의 잘못을 의미하는 것이 아니듯, 호의적 반응도 당신의 증거 기술의 능숙함을 의미하는 것은 아니다. 당신이 서툴고, 거칠며, 비판적이고, 무례하고, 독선적이지 않았는가에 대한 자기 비판을 하고 그 사실들을 점검할 필요는 있다. 그러나 그들의 반응은 당신에 대한 것을 말하는 것이 아니라, 당신이 증거하는 그 사람들의 상태에 대해 말해 준다.

적대적인 반응을 받아들여야 한다. 그것은 당신을 자극하는 반응이 될 수 있기 때문이다. 다메섹의 바울 이상으로 그리스도인의 증거에 대해 극악무도한 잔인성을 나타낸 실례는 없을 것이다. 그의 광포함은 자기 양심과의 처절한 투쟁의 깊이가 밖으로 드러난 것이었다. 그리스도께서 하신 '나는 네가 핍박하는 예수라'는 말씀은 적절한 대답이었다(행 9:5 참조).

만일 당신이 격렬한 반응들을 용납해야 함을 깨닫는다면 어리석게 분노를 터뜨리지 않게 될 것이다. 더불어 논쟁에 휘말리지도 않을 것이다. 성령께서는 당신에게 그런 반응을 일으키는 사람들을 긍휼히 여기고 이해할 수 있는 힘을 주신다.

격렬한 반응은 일반적으로 당신이나 그리스도를 비판하는 형태를 취할 것이다. '위선자', '변명', '비과학적' 그리고 '현실 도피' 이런 말들로 당신을 공격할 것이다. 그러면 나는 정신과 의사로서 이런 반응을 보일 것이다. "당신은 이것에 대해 너무 심각하게 생각하시는 것처럼 보입니다. 왜 그러십니까?"

나를 모방하라는 것은 아니다. 단지 나는 당신이 자신의 행위와 태도를 변호하려는 함정에 빠져들지 않도록 권하는 것이다.

더 많이 알아야 한다

전도할 때도 외판원처럼 어떤 일정한 말을 기억해 두었다가 끄집어내면 훨씬 쉬울 것이다. 실제로 어떤 기독교 단체는 교인들에게 대화할 내용을 미리 기록하고, 그것을 외워서 기회 있을 때마다 활용하라고 권한다. 하지만 나는 그런 절차를 반대했다. 어떤 만남도 같을 수 없다. 그러므로 모든 만남에서 같은 말을 쓰면 대화 상대의 참된 필요에 민감해지지 못할 위험성이 있기 때문이다.

만나는 모든 사람 앞에서 정직하라. 그리고 그리스도께 매순간 신실하면 그 말씀들이 그들을 보살필 것이다. 정직은 때때로 당신의 믿음의 어떤 면에 대한 당신의 무지를 인정하도록 한다. 모든 것을 다 알지 못한다고 부끄러워할 이유는 없다. 그렇지만 당신의 믿음에 대해 무지한 상태로 남아 있어서도 안 된다.

믿음에 대해 근본적으로 더 깊이 깨닫는 것을 일생의 과업으로 하라. 믿음에서 전문가가 되라. 몇 가지 문구들을 기억하는 것으로 만족하지 말라. 당신이 왜 믿는지 그 이유를 분명히 설명하기 위해 '하나님의 전체적인 섭리'를 이해해야 한다.

오늘 시작하라. 성경 공부뿐 아니라 개인적인 경건의 시간을 가지라. 정직과 무지가 같이 있을 필요는 없다. 당신의 지식이 당신을 오만스럽게 만들어서도 안 되며 또 당신과 대화하는 사람들에게 당신 자신을 과시하려는 것이 되어서도 안 된다. 그러나 당신은 성실하게 "너희 마음에 그리스도를 주로 삼아 거룩하게 하고 너희 속에 있는 소망에 관한 이유를 묻는 자에게는 대답할 것을 항상 준비하되 온유와 두려움"(벧전 3:15)으로 해야 한다. 우리는 "지혜에는 아이가 되지 말고 악에는 어린아이가 되라"(고전 14:20)는 가르침을 받았다.

당신이 원하든 원하지 않든 당신은 증인이다. 당신은 좋은 증인이 아니면 부족한 증인이다.

좋은 증인은 개인적으로 경험한 진실을 증거한다. 그렇게 함으로써 다른 사람들을 그리스도께로 인도하는 길 안내판과 같은 역할을 한다.

전도의 기술은 신중하게 사용해야 한다. 전도의 기술이 성령의 능**력**이나 솔직함을 대치하도록 해서는 안 된다. 증인의 임무는 사람들을 개조시키거나 협상하는 것이 아니라, 성령께서 자기에게 확신을 주기 위해 사용하셨던 자료들을 그들에게 제시해 주는 것이다. 이 일을 효과적으로 하기 위해서는, 당신의 개인적 경험에다 믿는 이유에 대한 전반적인 설명을 첨가해야 할 것이다.

STUDY 08

공격 :
전도로 증인이 되다

요한복음 4:1-30, 39-42을 읽으라.

1 ▶ 어떤 사람들은 예수님께서 사마리아 여인과 대화할 기회를 잡기 위해 우물가에 앉으셨다고 말한다. 이런 추측을 입증할 만한 확실한 근거가 있는가?

2 ▶ 제6시에는(6절) 해가 높이 떠 있다. 예수님이 여인에게 물을 좀 달라고 부탁한 것을 두고 전도를 시작하기 위해 운을 뗀 것이라고들 말한다. 그러나 이것에 대한 증거는 없다. 당신은 예수님의 부탁이 단순히 갈증 때문이었다고 생각하는가 아니면 전도 전략적 차원에서 그러셨다고 생각하는가?

The Fight

3 ▶ 9, 19-20절. 여인의 말에 대한 예수님의 반응은 어떠하셨는가?

4 ▶ 29-30, 41-42절. 다른 사마리아인들이 예수님을 믿은 것과 관련해 (1)그 여인의 전도와 (2)예수님이 직접 하신 말씀 사이의 관계를 주목해 보고 논해 보라. 이 교훈을 당신의 전도에 어떻게 적용할 수 있겠는가?

09

비밀 병기 :
하나님의 관점으로 살다

The Fight

미아가

우리에게 차를 담은 주전자를 주었다. 미아는 어떻게 하면 십대 문제아들에게 신뢰를 얻을 수 있는지 알고 있는 주의 깊고 신중한 부인이었다. 그녀가 내온 찻주전자를 보고 두 가지 깊은 인상을 받았다.

첫째, 주전자가 참 아름다웠다. 형태와 그 위에 그려진 꽃들, 초벌구이의 어두운 붉은 색은 더할 수 없이 정교했다. 다른 한 가지 내 눈길을 끈 것은, 무엇인가 장식해 놓아야 할 벽난로 가까이 벽감(꽃병 따위를 놓는 벽의 움푹 들어간 곳 - 옮긴이 주)에 그것이 놓여 있는 것이었다. 아주 조화로워 보였다. 내 느낌을 알아챘는지 미아가 한마디했다. "이건 아주 특별한 거예요. 도공이 이런 건 하나밖에 만들지 않았답니다."

일주일 후 창 박사 가족이 커피를 마시러 왔는데, 창 박사 역시 그 찻주전자를 놓치지 않았다. 그는 감탄했다. "믿을 수 없군요. 내가 태어난 마을 가까이 이런 것을 만드는 곳이 있었어요. 그곳의 흙은 다른 곳의 흙과는 다르죠." 그의 목소리는 점점 달아올랐다. "이런 것들이 어떻게 만들어지는지 잘 알아요. 이것은 대단히 귀한 것이랍니다. 중국에서도 구하기 힘든 거예요."

마음을 담아 주님을 위해 일하라

공업 기술이 지배하는 세계에서는 장인정신이 차지할 자리가 거의 없다. 내게는 세 개의 아름다운 플라스틱 화분이 있는데, 그것들은 모양이나 형태가 다 똑같다. 나는 그 화분이 좋아서 샀다. 만일 그와 동일한 물건들이 오천 개가 생산되었던들 나에게 그게 무슨 상관인가? 내 것은 여전히 그대로 아름답다.

공업 기술이 초래한 불행은 다량의 동일한 미를 산출하는 데 있는 것이 아니라, 창의성을 무참히 억누르는 데 있다. 문제는 그 상품 자체에 있는 것이 아니라 그것이 사람들에게 끼치는 역할에 있는 것이다. 나의 플라스틱 화분을 일관된 작업으로 뽑아내는 공장 직원들은, 그 일을 할 때 아무런 느낌도 갖지 않았을 것이다. 그러나 그 찻주전자를 만든 도공은 자부심과 만족을 느꼈을 것이다.

일과 노동 사이의 관계를 살펴보자. 미아의 찻주전자에는 만드는 사람의 마음이 담겨 있다. 그 찻주전자의 아름다움이 그것을 만드는 사람의 기쁨을 감동적으로 증거한다. 공업 기술이 공장 일을 단순하고 고되기만 한 노동으로 만든 것은 사실이다. 물론 고된 노동은 공업 기술이 있기 전에도 존재했다. 그러므로 대량 생산을 모두 비난할 수는 없다.

다른 사람들의 도움을 받으면서 일해 보라. 한 가지 일을 두세 사람의 가족과 함께하면 더욱 기쁘다. 노동량은 줄어들고 기쁨은 배가 된다. 나는 때때로 카리브 해에서 보았던 흑인 여인들을 떠올린다. 그들은 무늬 잇는 바구니와 지갑과 모자를 짤 때나 민첩한 손가락으로 밀짚과 라피아 야자 잎의 섬유실을 풀 때 모두 함께 합창을 한다.

그것은 회사 일과는 차원이 다른 힘든 노동이다. 그러나 노예들은 목화밭이나 사탕수수 지배지에서 함께 노래를 부르며 일했다. 노래 부르는 게 도움은 되겠으나 노동은 역시 노동이었다.

나는 꽃바구니를 짜는 여인들이 기쁨으로 그 일을 했다고 생각한다. 적어도 내가 그들에게 물었을 때 그들은 그렇게 대답했다. 그들은 그들의 일을 자랑스러워했다. 그들은 자신의 손에서 아름다움이 창조되는 것을 보면서 만족해했다. 그러면 일에 대해 느끼는 만족감과 자부심이 일과 노동의 차이일까?

당신이 만든 것이 얼마나 아름다우냐가 중요한가? 그것이 당신의 도예나 직조 혹은 당신의 잔디 깎기를 흐뭇한 마음으로 바라보는 데는 도움이 될 것이다. 그러나 지난 며칠간 고된 노동을 한 사람들도 중국인 도공이나 카리브 해 여인들이 가졌던 동일한 자부심을 가진다. 목조로 된 마룻바닥을 힘껏 닦는 사람을 예로 들어 보자.

하얀 마룻바닥이 깨끗하게 빛날 때 어떤 여인들은 행복한 미소를 짓는다. 그런가 하면 어떤 여인들은 깨끗한 마루를 보며 사랑의 감정 같은 것을 느낀다. 그 여인들은 자신의 능력과 완벽함을 자랑스럽게 여기며, 서투르게 일하는 다른 여인들을 비웃는다.

다른 허드렛일을 할 때도 마찬가지다. 심지어 자동차 엔진 손질에도 만족감이 있을 수 있다. 이 주제는 자신의 기쁨과 심지어는 우리 모두의 거룩을 위해 중요하다.

공부에 관하여 생각해 보자. 어떤 과목들은 과목 자체가 다른 과목보다 더욱 흥미를 불러일으키기도 한다. 반면에 아무리 흥미가 없는 과목이라도, 그 과목에 관심을 갖고, 또 사랑으로 우리를 감화시킬 수 있는 교사가 가르친다면, 그 과목에 흥미를 느낄 것이다. 그러나 사실 교과서 내용을 보면 당황스럽기는 하다. 딱딱하고 현학적인 언어가 수두룩하다. 때로는 한 단어 한 단어 사전을 찾아가며 어렵사리 한 장 한 장 넘길 때도 있다. 그렇다고 해서 교과서를 전혀 쓸모없는 따분한 책으로 치부해 버린다면 공부는 점점 더 고리타분하게만 느껴질 것이다.

또한 우리 앞에는 거쳐야 할 시험장의 공포가 끝없이 펼쳐져 있다. 침묵, 바스락거리는 시험지 소리, 시험 감독관의 일정한 발걸음, 또 씨름을 해야 할 문제들, 신중한 발걸음, 무정하게 달리는 시계 등. 우리는 자신에게 그것이 그렇게 나쁜 것만은 아니라고 말하면서, 그 공포를 제거시킨다. 그러나 우리의 두뇌는 시험기간이 다가올수록 얼어

붙고 또한 공책들은 공허하고 무의미하게 우리를 노려본다. 시험 정책 변화도 그 문제점을 완화시키지는 못했다. 합격과 불합격의 성적 제도, 동료들 간의 비교 평가와 또 다른 방법들도 학생들의 어려움의 근원을 제거하지 못한다.

시험에 대한 염려에서 벗어났을 때 느꼈던 그 해방감을 기억한다. 인체 병리학을 공부할 때 일이다. 책상 앞에 앉아서 열린 유리 창문으로 보이는 나무 꼭대기를 바라보았다. 내 마음의 절반은 책을 읽고 있었고 나머지 절반은 의문으로 가득 찼다. '내가 이 시험 공부 내용을 다 기억할 수 있을까? 시험을 치르는 것이 옳은 일인가? 공부해야 할 것이 너무 많은데 내 공부 속도가 너무 느리지는 않은가? 강의 노트만 공부할까? 공부는 왜 이렇게 지루한가?'

그때 문득 '왜 이 장을 주님을 위해 읽지 못하는가?' 하는 생각이 떠올랐다.

나는 숨을 가다듬었다. 한편으로 해방감을 체험했으며, 기쁨은 더욱 커졌다. 그러나 다른 한편 어떤 반발심도 느꼈다. 이런 생각이 위험한 것이 아닌가 하는 생각이었다. 왜냐하면 나의 시험관들은 하나님에 대한 의식 같은 일에는 관심이 없었다. 자연 내가 어떤 답안을 작성하느냐에만 관심을 기울일 것이기 때문이었다.

하지만 잠깐 갈등하다 곧 하나님 편을 택했다. 학점을 위한 고된 공부와 억지로 해야 하는 공부의 중압감 때문에 병이 난 적도 있다. '공부하는 방법'에 대한 책도 읽었지만 그것도 별 도움이 못 되었다. 수많은 생각 끝에 내가 내린 동기요, 결론은 '하나님을 위해'였다.

나는 그의 멍에는 쉽고, 그의 짐은 가볍다는 기쁨을 발견했다. 가벼운 마음으로 공부를 시작하자 병리학에 점점 흥미가 생겼다. 내가 읽는 책에 대한 호기심이 일기 시작했다. 내가 읽은 장들의 간단한 내용을 기록했다. 싫증은 사라지고, 마음속에서 기쁨과 감사가 일어났다. 시험이 있든지 없든지 나는 하나님을 위해 공부했다. 그리고 마음의 여유를 가지고 정구를 칠 수 있는 시간도 가졌다.

몇 개월 만에 맡은 과정을 마쳐야 한다는 것을 잊어버렸다는 말은 아니다. 그러나 나의 책임감이 변화되었다. 나는 더 이상 시험에 합격하기 위한 책임감 때문에 공부하지 않았다. 오히려 공부 시간을 하나님을 기쁘시게 해 드리는 방법으로 활용하는 책임감을 갖게 되었다. 나는 같은 일을 했지만 내가 하는 일에 기쁨과 즐거움을 느꼈다.

그것이 내 학점에 어떻게 영향을 미쳤는지는 몰랐으나, 더 많은 것을 배웠다. 더 이상 학점에 관심을 두지 않았다. 학점을 위해 공부하지 않고 그리스도를 위해 공부했다. 공부는 내게 나이 많은 중국인 도공이 기쁨과 긍지로 찻주전자를 만드는 것과 같은 일이 되었다. 공부라는 활동 자체에 만족을 느꼈으며, 한 과를 내 **능력**껏 이해했을 때에도 만족을 느꼈다.

물론 때때로 실망할 때도 있었다. 공부하면서 그리스도 안에서 기뻐하는 것은 새로운 수영법을 배우는 것과도 같았다. 끊임없이 훈련해야 하는 것처럼 공부할 내용 또한 계속 달라지기 때문이다.

어떤 사람이 내게 이런 질문을 했다. "교과 내용에 완전히 흥미를 잃었을 때는 어떻게 해야 할까요? 나는 나의 자세를 바꿀 수 있도록 최선을 다했습니다. 그러나 나의 마음은 회복되지 않았습니다. 내가 학점을 딸 수 있다는 희망이 없는데도 계속 밀고 나가는 것이, 그리스도인으로서의 의무일까요?"

물론 그렇지는 않다. 지도 교수나 혹은 상담자들을 찾아가 상담을 받아라. 만일 감당할 수 없는 과목을 택했다면 가능한 한 빨리 그 과목을 그만두라. 그리스도의 멍에는 쉽고 그의 짐은 가볍다. 그는 당신이 배우는 데에 기쁨을 느끼도록 당신을 가르치고 싶어 하신다. 그는 당신에게 어떤 면에서 타고난 재능을 주셨다. 그러나 당신을 모든 면에서 천재로 만드신 것은 아니다.

쉽고 가벼움

그리스도께서 그의 추종자들에게 가벼운 짐을 주신다는 것은 짐을 없이 하시겠다는 약속이 아니다. 이 장 첫 부분에서부터 가벼운 일과 고된 노동에 대한 차이점을 다루었다. 고된 일은 피곤하지만, 큰 만족감을 준다. 고되고 힘든 노동이라는 말에 자칫 노예를 떠올릴 수도 있다. 하지만 한 가지 염두에 둘 것은 성경 어느 곳에도 게으름을 권장

하는 구절은 없다는 것이다.

지금까지 신학전인 관점을 피해 일에 대한 심리적인 면을 다루었다. 전도서의 한 구절을 인용함으로써 이 공부를 시작하자. "네 손이 일을 얻는 대로 힘을 다하여 할지어다"(전 9:10).

한편 바울 사도는 다음과 같이 기록했다.

> 종들아 두려워하고 떨며 성실한 마음으로 육체의 상전에게 순종하기를 그리스도께 하듯 하라 눈가림만 하여 사람을 기쁘게 하는 자처럼 하지 말고 그리스도의 종들처럼 마음으로 하나님의 뜻을 행하고 기쁜 마음으로 섬기기를 주께 하듯 하고 사람들에게 하듯 하지 말라 이는 각 사람이 무슨 선을 행하든지 종이나 자유인이나 주께로부터 그대로 받을 줄을 앎이라(엡 6:5-8).

이 말씀은 노예뿐 아니라 학생들, 공장이나 사무실 직원들처럼 고용된 자유인들에게도 동일하게 적용된다. 바울 사도는 여기서 고용인의 신분보다는 그 정신에 대해 말한다. 곧 어느 곳, 어떤 상황에서라도 그리스도인들이 하는 일의 특징이 되어야 할 정신적 면과 질적인 면, 그리고 동기에 대해 말하는 것이다.

일과 고된 노동에 대해 간단히 설명해 보겠다. 그리스도인들은 일을 기쁨으로 하는 자유를 누리는 사람들이다. 인간은 일을 하도록 창조받았다. 아담은 타락하기 전에 자연을 경작하고 다스릴 책임을 받았다. 그는 피조물의 세계를 다스리고 그 피조물의 이름을 지으며, 식물과 동물들을 분리하는 책임을 맡았다(창 2:15-20 참조).

그러나 그의 불순종과 타락이 그와 일의 관계에 변화를 가져왔다. 하나님께서는 말씀하셨다. "아담에게 이르시되 네가 네 아내의 말을 듣고 내가 네게 먹지 말라 한 나무의 열매를 먹었은즉 땅은 너로 말미암아 저주를 받고 너는 네 평생에 수고하여야 그 소산을 먹으리라 땅이 네게 가시덤불과 엉겅퀴를 낼 것이라 네가 먹을 것은 밭의 채소인즉 네가 흙으로 돌아갈 때까지 얼굴에 땀을 흘려야 먹을 것을 먹으리니 네가 그것에서 취함을 입었음이라 너는 흙이니 흙으로 돌아갈 것이니라 하시니라"(창 3:17-19).

사람은 그때부터 다른 사람들을 부릴 수 있을 만큼 강력한 힘이 없는 한, 노동에서 결코 벗어날 수가 없었다. 그러나 구속을 통해 변화가 왔다. 구속받은 사람들은 압제에서 자유함을 얻었다. 그리스도인은 의식주 문제를 염려하지 않고 하나님 아버지를 신뢰해야 한다. 염려는 하나님께 맡겨 두어야 한다.

그는 여전히 열심히 일을 한다. 그러나 고된 일에서 오는 고통은 사라졌다. 땅은 여전히 저주받은 상태로 남아 있다. 그러나 구속받은 사람들은 자유함을 얻었다. 그는 다른 어떤 사람보다도 하나님의 사랑을 느끼기에 일하는 기쁨을 더욱 많이 누릴 수 있다. 그가 하는 일이 힘들수록 그의 마음은 더욱 기뻐할 것이다.

단, 우리가 에덴 동산으로 돌아간 것은 아니라는 사실에 주의해야 한다. 주변을 둘러보면 에덴 동산에 관한 생각은 곧 사라질 것이다. 과학 기술은 땅이 인간에 내린 저주를 그 형태만 바꿔 놓았을 뿐이다. 무거운 쟁기를 메고 땀을 흘리던 사람이 이제는 컨베이어 벨트 곁에 서서 수많은 동일한 너트를 죄고 있다. 그의 육체는 덜 힘들지 모르나, 그의 마음은 공허감으로 더욱 지쳐 있다.

만일 당신이 컨베이어 곁에 서서 일을 한다면, 당신에게 이렇게 말하고 싶다. 감독 대신 그리스도를 위해 일하라. 또 구속받은 사람에게 더 적합한 일이 없는지 하나님께 여쭈어 보라. 하나님께서 당신에게 다른 일자리를 보여 주실 수도 있다. 다른 한편 당신은 봉급이 많다는 단순한 이유 때문에 디트로이트의 공장에서 일하기를 선택할 수도 있다. 그 경우 당신은 돈의 노예가 될 것이다.

세속적인 것과 종교적인 것

'그리스도인의 직업'에 관한 문제는 앞에서 인도하심과 직업을 논의할 때 제기했던 문제다. 어떤 사람들은 현재 하는 공부나 직업을 그만두고 다른 방법으로 하나님을 섬기라는 부르심을 받는다. 예수님의 제자인 베드로와 요한은 고기 잡는 어부에서 사람을 낚는 주님의 제자로 부르심을 받았다. 마태는 세무원으로부터 그리스도의 사역자로 부르심을 받았다.

표면상으로는 영혼을 구하고 그들을 양육하는 일보다 더 중요한 것은 없다. 그러므로 우리가 자신의 공부나 일에 시간을 낭비하고 있지 않은지 때때로 돌이켜보는 것은 아주 당연한 일이다. 영혼을 구할 수 있다면 누가 응용 수학에 매달려 있으려 하겠는가?

불행하게도 우리는 그 문제를 너무 단순화시킨다. 한 가지 일에 대한 동기는 여러 가지다. 지금 있는 곳이 아주 편안해서 가야 할 선교지에 가지 않는 것이 가능한 것처럼, 집에서의 어려움들을 피할 요량으로 선교지로 가는 것도 똑같이 가능하다. 게다가 학위를 하나 더 취득하라는 학교측과 더 좋은 일자리를 구하라는 부모님, 그리고 전임 사역자가 되라는 동료 그리스도인들로부터 압력을 받아 혼란이 더 가중될 수도 있다. 이미 이런 점에서의 인도하심에 대해서는 언급했으므로 그 문제로 다시 돌아가지는 않겠다. 오히려 현재 우리 활동이 얼마나 보람 있는 것인가에 대한 문제를 논하려 한다.

사도 바울은 일할 때는 최선을 기울이라고 종들에게 편지했다. 신약성경은 사람들에게 비슷한 권고를 많이 한다. 신약성경 어느 곳에도 그리스도인들에게 전임 사역을 위해 그들의 일상을 버리라고 권유하는 곳은 없다. 희생을 무릅쓰라고? 그렇다. 모든 것을 고려할지라도, 손해가 있다 할지라도? 그렇다. 그러나 만일 세상을 복음화하라는 지상 명령이, 그리스도인들은 기본적으로 직업을 떠나 전문적인 복음

전도자가 되어야 한다는 부르심이었다면, 이런 사상은 신약성경에 기록되지 않았을 것이다. 이 사상은 거룩한 부르심을 받을 때, '그들의 그물을 버리는 것'이 하나님의 은사를 받는 일이었던 제자들에게는 그렇게 보일 것이다.

내 말을 오해하지 않기를 바란다. 복음 사역을 위한 **노력**이나 전임 사역을 멸시하는 것이 아니다. 내가 말하는 요지는 그것이 다른 일보다 질적으로 우월하다는 관념은 성경 어디에도 없다는 것이다. 하나님께서 중요시 여기는 것은 당신이 어디에 있든지, 무엇을 하든지 오직 주님의 영광을 위해 행동하라는 것이다.

만일 당신이 어떤 것을 추구한다면, 당신은 가장 '영적'인 직업이 아니라 '가장 최고의 재능'을 추구해야 한다. 그런 재능을 받기 전까지 하나님께 봉사하기 위한 최대 준비는 당신이 지금 하는 일 속에서 그를 섬기는 것이다.

성공하면 전도된다?

무슨 일을 맡았든 그 일을 최선을 다해 하라는 주제로 다시 돌아가자. 이 말은 그리스도인들이 그런 자세로 일하면 자동적으로 주님을 전하는 것이 된다는 뜻을 암시한다. 분명히 그런 태도는 사람들의 호기심을 불러일으킨다.

그러나 서구 기독교인들 사이에 이 진리에 대한 미묘한 곡해가 만연해 있다. 성공이 모든 것을 말해 준다는 생각이 바로 그것이다. 다시 말해 만일 그리스도인 학생이 모두 A학점을 받기만 하면 그의 말이 신빙성이 있을 것이라는 생각이다. 어떤 사람은 어느 분야에서 제1인자가 됨으로써 예수님을 빛낸다. 챔피언인 권투 선수는 구세주를 위해 힘 있는 펀치를 휘두른다. 성공한 그리스도인 억만장자는 불신자인 백만장자에게 예수님이 **능력** 있으시며 실재하는 분이심을 확신시킬 수 있다는 사상이 바로 그것이다.

무엇을 하기에 **능력** 있으시다는 말인가? 우리가 모두 A를 받는 학생이 되도록 하는 **능력**인가? 이런 표준에 의한다면, 대부분의 신자들은 실패자들이며 또 그런 상태로 영원히 남아 있을 것이다. 그렇게 본다면 엽전 두 닢을 헌금한 과부는 오늘날 그리스도인의 대열에 설 자리가 없을 것이다.

성공을 앞세우지 말라. 하나님께서 당신을 성공하게 하셨다면 기뻐하고 그를 찬양하라. 당신의 목표는 당신 주변 사람들이 평가하는 식의 '성공'에 있는 것이 아니다. 당신이 세상적인 기준에서는 보상 받지 못할 일을 할지라도 그 일을 통해 그리스도를 기쁘시게 해 드리는 데 있다. 일은 당신이 '더 나은 것'에 이르기 위한 디딤돌이 아니다. 그것은 구세주를 섬기는 행위다.

어느 수도원의 수도사들은 곡조가 틀리고 화음도 안 맞는 찬송이지만 열심히 기쁘게 부른다. 그러나 그들의 기쁨과 열정은 그 소리를 장

엄한 찬가로 바꾸어, 그들의 목소리는 하나님의 보좌에 상달되었다.

이와 같은 일이 당신의 일에서도 일어날 수 있다. 당신이 하는 일이 아무리 비천한 일일지라도 하나님을 찬양하는 행위로 그 일을 하라. 17세기의 로렌스 수사에 대해 이와 같은 기록이 있다. "하나님의 사랑 때문에 하나님만을 찾으면서 그 외의 것은 아무것도 생각지 않고, 더구나 하나님의 은사에조차도 마음을 쓰지 않으면서, 땅에 떨어진 하나의 지푸라기를 주울 수 있을 때, 그의 마음은 그렇게도 기뻤다."

로렌스 수사는 싫어하던 수도원의 부엌 설거지를 맡았다. 어느 날 그는 다음과 같은 기록을 읽었다. "하나님의 사랑 때문에 그곳의 모든 일을 익혔으며 그가 맡은 일을 잘 하게 해 주신 하나님께 항상 감사 기도를 드렸고, 그가 그곳에서 일하던 15년 동안은 모든 것이 순조로웠던 것을 발견했다."

로렌스 수사에게는 모든 행위가 하나님을 경외하는 예배였다.

그렇게 일을 하면 일이 더 가벼워지고 부담이 덜하다는 사실은 의미심장하다. 그러나 그 이유 때문에 내가 그것을 추천하는 것은 아니다. 하나님은 찬양을 받으셔야 할 분이시기 때문에, 그리고 그 일을 하나님을 경배하는 것 외의 다른 목적으로 할 때는 잘못 이용될 수 있기에 나는 그것을 추천한다.

오 나의 하나님,

나의 생활을 당신으로 가득 차게 하여 주소서.

모든 일에 당신을 찬양하게 하여 주소서.

당신의 실존하심과 당신의 길을

나의 전 존재로 선포하게 하여 주소서.

입술로만 하는 찬양이 아니라

가슴으로만 하는 찬양이 아니라

저의 생명 전체로 모든 면에서

하나님을 찬양하게 하여 주소서.

제 생활의 사소한 일에서도

당신을 찬양하게 하여 주시며

저의 외부와 내부에서 일어나는 모든 일 가운데서

하나님을 찬양하게 하여 주소서.

그 일이 아무리 작고 비천할지라도

저의 모든 의무와 행위에서

하나님을 찬양하게 하여 주소서.[10]

그러므로 결코 당신 주변에 있는 당신보다 더 많은 재능을 받은 사람들을 부러워할 필요는 없다. 당신이 할 일은 그들보다 뛰어나는 것이 아니며 그들의 두뇌나 재능을 탐내는 것도 아니요, 단지 당신 나름의 능력을 하나님을 경외하는 데 바치는 것이다.

시간 사용법

　훈련은 중요하다. 많은 학생들이 커피를 마시면서 무의미한 논쟁으로 시간을 낭비한다. 기독교 위원회 모임은 불필요한 많은 논쟁으로 시간을 소비한다. 성경 공부나 모임이 비록 중요하다 해도 그것들이 흥미가 덜한 다른 의무들을 피하기 위한 도피처가 될 수도 있다.

　생활 시간표를 짜고 생활하는가? 한 주간 계획을 종이에다 치밀하게 세우는가? 실제적이고, 지나치게 부담스럽지 않은 계획을 세운다면 그것은 좋은 훈련이다.

　시간을 어떻게 사용하고 싶은지 기록해 보라. 만일 지금껏 시간표를 짜 본 일이 없다면, 시간표대로 생활해 본 뒤 놀라움을 금치 못할 것이다. 하고 싶은 모든 일을 할 만한 시간이 없기에 일들의 우선순위를 정해야 하는 것이다.

　그렇게 하면 앞으로 당신 자신에게 진실해질 수 있을 것이다. 기분 전환이나 사교적 모임에 시간을 할애하는 것도 꺼려하지 말라. 친구와 식사하면서 대화할 수 있는 시간도 조금 떼어 두라. 그리스도께 헌신하는 생활은 잠시의 여유도 없는 삭막한 생활이 아니다. 진정한 의미의 시간 낭비는 무의미한 잡담, 현실 도피적인 독서, TV 청취 혹은 오랫동안 위원회에 앉아 무의미한 토론으로 시간을 보내는 것들이다.

'회장님, 용서하십시오. 저는 이만 가겠습니다' 하고 위원회에 말하고 회의실을 걸어 나올 수 있는 용기가 필요하다. 만일 회장이 거부한다 해도 웃으면서 다시 한 번 정중히 말하라. "죄송합니다. 그러나 제가 없이도 회의는 진행될 수 있지 않습니까?"

TV 화면에 푹 빠진 자신을 발견했을 때는 그 최면 상태를 깨고 일어나 찬물에 얼굴을 씻고 책으로 돌아가라.

떡과 물고기

평범한 재능을 가진 학생들이나 사무원들에게 공감이 간다. 나는 왜 하나님께서 당신을 천재로 만들지 않으셨는지 모른다. 그러나 믿지 않을지 모르겠으나 매우 총명하다는 사람들도 당신과 똑같은 괴로움을 겪는다. 그들은 그들이 가진 재능에 만족하는 경우가 거의 없으며, 일반적으로 자신들보다 더 우수한 사람들을 의식한다.

당신이 얼마나 많은 재능을 가졌느냐가 문제가 아니라, 당신이 그것으로 무엇을 하느냐가 문제다. 주님께 당신의 생명을 드리고 또한 재능과 함께 당신이 가진 두뇌와 은사 그 모든 것을 드려라. 당신의 힘도, 당신의 기도 시간도 또한 당신의 능력도 모두 그에게 드려라.

1,000년 전 어느 날, 오천 명이 훨씬 넘는 군중들이 하루 종일 예수님의 말씀을 들은 후에 몹시 굶주려 있었다. 예수님께서 제자들에게

그 백성에게 먹을 것을 주라고 제의하셨을 때 그들은 몹시 당황했다. 가까운 곳에 보리떡 다섯 개와 물고기 두 마리를 가진 한 소년이 있었다. 그때 빌립은 '이것이 이 많은 사람들에게 무슨 소용이 있겠습니까?' 하고 지적했다. 그러나 예수님께 바쳐진 그 평범한 것들은 많은 군중을 먹이고도 남았다.

당신은 지혜가 부족한 학생인가? 평범한 일꾼인가? 당신의 재능은 일반적인 수준 이하인가? 그것을 결코 묻어 버리지 말라. 그것을 말 아래 감추어 두지 말고(마 5:15절 참조) 구세주께 바치라. 그분은 당신이 당신의 모든 재능으로 최선을 기울여 그를 위해 공부하고 그를 위해 일하기를 원하신다.

그는 이 세상이 말하는 의미의 성공에는 관심이 없으시다. 그가 당신을 그에게로 인도하시는 것은 당신의 어떤 탁월한 재능 때문이 아니라, 당신과 기쁨을 함께 나누시려는 이유 때문이다. 그에게 당신이 가진 빵과 고기를 드리라. 주님께서 그것들을 자유롭게 활용하실 수 있도록 그것을 그에게 바치라. 이적이 나타나지 않을지도 모른다. 그러나 예수님은 기뻐하실 것이며, 당신은 잘된 일을 보고, 기쁨으로 맛보기 시작할 것이며 또한 고된 노동의 굴레에서 벗어날 것이다.

STUDY 09

비밀 병기 : 하나님의 관점으로 살다

The Fight

창세기 1:26-30, 2:15-20, 그리고 3:16-19을 읽으라.
낙원은 일반적으로 이미 창조된 세계에서 일하지 않고 기쁨만을 누리는, 노동이 없는 즐거운 곳이라 생각된다.

1▶ 인간이 타락 전에 했으리라고 생각하는 활동을 죽 적어 보라. 이런 것들은 인간 속에 있는 하나님의 형상을 얼마나 반영하는가?

2▶ 타락의 결과로 인간의 일에 어떤 변화가 일어났는가?

10

정복 :
믿음의 싸움에서 승리하라

The Fight

십자가 군병들아,

일어나 무장을 하여라.

하나님의 영원하신 아들을 통해

하나님께서 주시는 힘으로 굳게 무장을 하여라.

만군의 주 안에서 그의 강한 능력으로 무장하라.

예수의 힘을 신뢰하는 자.

그는 정복자보다 강하도다.[11]

우리는 싸움을 추한 것으로 생각한다. 또 사실이 그렇다. 역사를 통해 공포와 잔인, 야만성, 살인의 고통과 포로, 자식을 잃은 부모, 부모를 잃은 고아들의 비참한 흐느낌과 절망이 없었던 전쟁은 없었다. 무자비한 대량 파괴의 잠재**력**을 가진 현대전은 절대로 있어서는 안 되는 악몽이다. 우리는 지상의 평화를 위해 많이 기도하며 **노력**한다.

그러나 잔인성과 야만성을 드러내는 그 전쟁이 또한 인간 속에 가장 고귀한 것을 낳기도 했다. 상상 이상의 용기, 믿을 수 없는 자기 희생, 헌신, 충성과 사랑, 승산이 없는 가운데서의 기발한 책략, 인간의 한계를 넘어선 인내, 이런 것들도 또한 전쟁의 일면이다. 진흙 속에서 백합이 피듯이 전쟁의 공포 속에서 그 무엇과도 비교할 수 없이 아름다운 인간의 미덕이 피어난다는 사실을 잊어서는 안 된다.

신약성경은 전쟁을 정죄한다. "너희 중에 싸움이 어디로부터 다툼이 어디로부터 나느냐 너희 지체 중에서 싸우는 정욕으로부터 나는 것이 아니냐 너희는 욕심을 내어도 얻지 못하여 살인하며 시기하여도 능히 취하지 못하므로 다투고 싸우는도다"(약 4:1-2).

그런데도 성령께서 그리스도인 생활의 본질을 전쟁에 비유한다. 이것을 두고 놀랄 필요는 없다. 아마 그보다 더 적절한 비유는 없을 것이다. 용기, 경계, 충성, 인내, 책략, 힘, 기술, 적에 대한 지식, 그리고 무슨 일이 닥쳐와도 어떤 희생을 치르더라도 끝까지 싸우겠다는 결심 등은 그리스도인들이 지상에서의 영적 전쟁을 할 때 그들의 특징이 되어야 한다.

그리스도인의 삶은 하나의 전쟁이다. 이 땅 위에서 벌어지는 전쟁은 참된 실체에 대한 희미하고도 추한 반영일 뿐이다. 몇 광년 전에 발생했던 지진에서 전해 오는 약한 진동과 같다. 그것은 그리스도인이 뛰어들어야 하는 참전쟁이 아니다. 그리스도인의 전쟁은 지진의 진원지에서 일어나는 전쟁이다. 그런데 이 진정한 전쟁이 하찮은 잡담거리 이상의 중요성을 갖지 못한다면 대단히 치명적인 것이다.

가장 근본적이면서도 치명적인 이 싸움터로 그리스도를 따라갈 준비가 되어 있는가? 이 문제에 대해서는 반드시 생각을 결정해야 한다. 전쟁에는 희생이 따른다. 많은 위험과 시련이 실제로 따른다. 충동적으로 순간적인 열정에 사로잡히지 말고, 당신이 무엇을 하고 있는가를 곰곰이 생각해 보아야 한다. 그 값을 계산하라.

'그 값을 계산하라'는 표현에서 '그리스도인이 전쟁 없이 사는 것도 가능한가'라는 의미를 읽는다면 잘못 생각한 것이다. 진짜 계산은 당신이 그리스도인이 되기 전에 했어야 한다. 예수님을 주님과 구원자로 고백하는 것은 곧 군대에 입대하는 것이다. 당신이 그것을 알든 모르든 당신은 이미 명단에 기록되었다. 당신이 선택할 수 있는 다른 선택은 탈영병이 되든지, 제복을 숨기든지, 실제의 당신이 아닌 것처럼 행동하는 것이다. 탈영병이 된다고 그 군대를 떠날 수 있는 것이 아니라(하늘의 법에는 군인을 제대시키는 조항이 없다) 사령관이 내린 임무를 회피하는 것일 따름이다.

> 십자가 군병 되어서 예수를 좇을 때
>
> 무서워하는 맘으로 주 모른 체할까.

> 그리스도 내 구주여 나를 속량했으니
> 나 십자가를 벗은 후 저 면류관 쓰리.[12]

　치를 대가를 산정해 보라던 내 제안을 취소할 생각은 없다. 단지 계속 읽어 보라고 말하고 싶다. 당신이 참전한 그 전쟁, 더불어 싸우는 적들, 당신이 이용하는 무기, 그리고 승리를 쟁취하기 위한 전략 등의 본질에 대해 당신에게 분명히 알리고 싶다.

　당신은 참전할지 도주할지, 충성할지 기피할지 선택할 수 있다. 그러므로 나는 이렇게 말하겠다. 당신이 기대할 수 있는 것은 무엇이며 또한 당신에게 기대할 수 있는 것은 무엇인지 잘 살펴보라.

　옛 청교도들은 그리스도의 군병들이 생각할 수 있는 세 가지 공격 대상을 세상, 육신, 그리고 사탄이라고 말했다. 신약성경은 이 세 가지에 하나를 더 추가하는데, 그것은 사망이다. 부분적으로 이미 그것들을 살펴보았다. 그러나 이 네 가지를 더 자세하게 설명하도록 하자.

세상과의 싸움

　성경은 세상에 대해 다음 세 가지로 말한다. 우리가 육안으로 볼 수 있는 것은 공간적인 땅이다. "땅과 거기에 충만한 것과 세계와 그 가운데에 사는 자들은 다 여호와의 것이로다"(시 24:1).

　두 번째로 하나님이 사랑하셔서 그의 아들 그리스도를 보내어 죽게 하신, 사람들의 세상이 있다. "하나님이 세상을 이처럼 사랑하사 독생자를 주셨으니"(요 3:16).

마지막으로 시대 풍조가 있다. "이 세상이나 세상에 있는 것들을 사랑하지 말라 누구든지 세상을 사랑하면 아버지의 사랑이 그 안에 있지 아니하니"(요일 2:15).

사도 요한은 우리가 사는 시대, 그 시대의 가치, 그 시대가 추구하는 목적, 그 시대의 생활 방식 등에 대해 말한다. 우리는 그 가운데 어떤 세상과 싸워야 하는가? 시대 풍조를 어떻게 정의해야 하는가? 우리가 싸워야 할 요소가 무엇인가? 우리는 새로운 정치 질서를 세우기 위해 싸워야 하는가? 현정부 대신 새로운 정부를 대치시키기 위해 어떤 시도를 해야 하는가?

사도 요한이 의도하는 것은 그런 것이 아니다. 그는 계속 이렇게 말한다. "이는 세상에 있는 모든 것이 육신의 정욕과 안목의 정욕과 이생의 자랑이니 다 아버지께로부터 온 것이 아니요 세상으로부터 온 것이라"(요일 2:16).

즉 세 가지 정욕은 육신의 정욕과 눈으로 보는 것의 정욕과 명예에 대한 정욕이다.

정욕이란 신(神)이 되어 버린 욕구를 일컫는 말이다. 나는 기회가 주어지면 내가 좋아하는 음식들을 먹는다. 그러나 만일 내가 먹기 위해 산다거나 식도락을 인생의 주요 목표로 삼는다면 그때 당신은 음식물에 대한 나의 정욕 때문에 나를 비난할 것이다.

C. S. 루이스가 지적했듯이 음식물에 대한 정욕은 단순히 과식하는 것만을 의미하지 않는다. 그것은 자신의 입맛에 맞지 않는 음식은 거들떠보지도 않는 그런 마음이다. 이와 마찬가지로 수면욕, 육체적 휴식에 대한 욕구, 그리고 성욕 등도 이것들을 충족시키는 것이 그리스도를 섬기고 영화롭게 하는 일을 조금이라도 방해할 때는 육신의 정욕이 된다.

이미 앞 장에서 육체의 정욕, 안목의 정욕, 이생의 자랑 같은 세상적인 것들을 다루었다. '세상'과의 싸움, '악마'와의 싸움은 이 점에서 하나의 싸움이며, 같은 싸움이다. 또한 사탄의 유혹에 관한 부분에서 당신이 어떻게 그것과 싸워야 하는가에 대하여 이미 언급했다.

그러나 세속적이란 말은 사물에 대한 관점 이상의 것이며 육체적 즐거움이나 소유욕 또는 명예를 자신이 섬길 신으로 만들어 버리는 것 이상의 말이다.

그리스도인으로서의 당신은 출세나 물질 획득 혹은 이들 둘 다를 얻기 위해 살아가는 사람들, 곧 세속적인 사람들에 의해 둘러싸여 있다. 당신이 사는 이 세계에서 그리스도를 높이기 위해 시대 풍조를 거절하는 정도만큼 당신의 생활 방식은 세속적인 사람들의 생활 방식과 충돌할 것이다. 그들 가운데 일부는 당신에게 분개할 것이다. 당신은 사소한 비판을 받거나 혹은 굴욕적인 거절을 당할지도 모른다. 예수님께서는 말씀하셨다. "세상에서는 너희가 환난을 당하나 담대하라 내가 세상을 이기었노라"(요 16:33).

그리스도인들과 세상과의 관계에 대한 수많은 오해들이 있다. 어떤 시대를 살던 그리스도인들은 비그리스도인들과의 관계를 전적으로 기피했다. 수도원이나 폐허가 된 은둔처에 머물면서 접촉을 최대로 줄이고 오직 신자들과만 접촉한다. 그들은 사회 생활을 하지 않고 교회와 관계있는 활동에만 매달린다. 우리는 죄로부터의 분리와 죄인으로부터의 분리를 혼동한다.

그러나 예수님은 격리되어 살도록 우리를 부르지 않으셨다. 세상적인 가치관을 절대 가져서는 안 되지만 세상 안에 있어야 한다는 것은 사실이다. 세상으로부터 은둔하는 것은 우리의 '빛을 말 아래 숨겨 두는 것'(눅 11:33 참조)이며 또한 "세상의 소금"(마 5:13)을 봉지 안에 감추어 두는 일이다.

그것은 또한 충돌과 거절의 고통을 회피하는 일이다. 비그리스도인들과의 사회적 접촉을 피하는 것은 교회를 벽 안에 가두는 것이다. 그것은 전투적인 교회를 포위당한 교회로 변화시키는 것이다. 이 변화야말로 바로 사탄이 원하는 교회의 모습이다.

그러므로 세상과의 전쟁에서 두 가지 분명히 해야 할 것이 있다. 우리는 이 세상의 풍조는 미워하고 혐오하며 거절해야 한다. 음식이나 잠, 섹스, 아름다운 소유물이나 명예를 섬기려는 반역적 성향을 우리

가슴 속에서 찢어내야 한다. 이 모든 것들이 제 위치에 있는 것이 옳다. 하지만 결코 섬김의 대상이 되어서는 안 된다. 금욕을 한다고 해서 이런 것들을 다 극복하지는 못한다. 오직 예수님을 자기 삶의 주인으로 모심으로써 이 전쟁에서 승리할 수 있다. 그리스도께 순종하는 것과 욕망을 따르는 것 사이에 충돌이 일어날 때마다 그리스도를 우선시해야 한다.

예를 들어 하나님을 섬긴다면 충분한 휴식을 취할 수 없을 거라는 어리석은 두려움을 가질 수 있다. 물론 우리에게는 적절한 휴식과 기분 전환이 필요하다. 그러나 수면 문제는 대단히 중요해 때때로 마음에 상처를 받는다. 그렇게 되면 두려움에 떨며 다른 것들은 고려하지 않고 다음과 같이 생각하게 된다. '만일 내가 지금 휴식하자고 강하게 주장하지 않는다면 나중에는 대처할 수 없을 것이다.'

두려움은 우리를 위협해 믿음을 질식시킨다. 오직 군인 정신으로 무장하고 명령에 순종하며 나아갈 때에만, 두려움이 사라지고 마음의 평화가 회복된다. 물론 그 과정에서 지칠 수도 있다. 그러나 전쟁터에서 지치지 않는 사람이 어디 있겠는가? 사도 바울은 디모데에게 말했다. "너는 그리스도 예수의 좋은 병사로 나와 함께 고난을 받으라"(딤후 2:3).

그러므로 세상에 있다는 것, 곧 동료 인간들과 매일같이 서로 영향을 주고받는 생활에는 불쾌한 일들이 생기기 마련이다. "의인은 고난이 많으나 여호와께서 그의 모든 고난에서 건지시는도다"(시 34:19).

유대인 그리스도인들은 핍박받을 때 과거 자신들의 인내를 회상했다. "전날에 너희가 빛을 받은 후에 고난의 큰 싸움을 견디어 낸 것을 생각하라 혹은 비방과 환난으로써 사람에게 구경거리가 되고 혹은 이런 형편에 있는 자들과 사귀는 자가 되었으니 너희가 갇힌 자를 동정하고 너희 소유를 빼앗기는 것도 기쁘게 당한 것은 더 낫고 영구한 소유가 있는 줄 앎이라"(히 10:32-34).

그들의 핍박은 자신들의 교만이나 자신들의 잘못된 행위 때문이 아니라 오로지 그리스도께 대한 그들의 충성 때문에 온 것이다. 우리가 사는 이 세대가 핍박이 좀 덜하다 해도 우리가 그리스도의 군병으로서 명령에 순종하며 살려 하면 어떤 형태로든 고난이 따른다.

또한 지금은 우리에게 신앙의 자유가 주어질 때의 하루 해가 기울어져 가는 오후다. 곧 어두움이 올 것이며 고난과 위험이 점점 무섭게 다가올 것이다. 언젠가는 그들이 예수님을 배반하고 결국 그를 십자가에 못 박았듯이 우리를 대적하고 핍박하는 사태가 일어날지도 모른다. 그러나 우리는 예수님께서 그렇게 하신 것처럼 이 세상 사람들을 사랑해야 한다.

육신과의 싸움

바울 사도는 종종 '육신'이라는 말을 육체의 욕망이라는 뜻이 아니라 우리가 그리스도를 만나기 이전부터 가지고 있었던 육체와 마음의 습관, 본능, 성향 등을 뜻하는 용어로 사용한다. 여기에서 다시 전쟁이 계속된다.

바울 사도는 고백했다. "내 지체 속에서 한 다른 법이 내 마음의 법과 싸워 내 지체 속에 있는 죄의 법으로 나를 사로잡는 것을 보는도다"(롬 7:23). 또 베드로는 이렇게 말했다. "영혼을 거슬러 싸우는 육체의 정욕을 제어하라"(벧전 2:11).

전쟁이 우리를 위협한다. 그때 우리는 낙심하고 용기를 잃을 수도 있다. 사기가 승리의 절대적인 요소인데 반해, 절망은 치명적이다.

물론 우리는 전쟁에서 상처를 입을 수도 있다. 그러나 다시 일어나서 싸우는 사람이 참군인이다. 전쟁터 한가운데 앉아서 이렇게 탄식하는 군인이 있다면 어떻게 생각하겠는가? '나는 소용없어. 더 이상 어떻게 해 볼 도리가 없어. 이젠 내가 할 수 있는 일이 없지 않은가!'

전쟁터에서는 포기할 여지가 없다. 전쟁은 한 개인의 굴욕보다 훨씬 더 큰 문제다. 자신을 불쌍하게 여기는 자기 연민은 아주 부적절하다. 이런 군인에게 나는 찬물을 한 통 들이붓고 싶다. 그리고 그를 일으켜 세워 뒤에서 걷어차면서 손에 검을 쥐어 주며 '자, 싸우라!'고 소리치겠다. 어떤 상황에서는 호의를 잔인함으로 나타내야 할 때도 있는 것이다.

만일 당신이 원수의 계략에 넘어진다면 어떻게 될 것인가? 만일 당신이 전쟁터에서 가장 뛰어난 군인이 아니라면 어떻게 되겠는가? 당신 손에는 이미 무적의 무기가 쥐어져 있다. 만일 당신이 싸움을 계속하기에 너무 지쳐 있다면, 전선에서 물러나 잠깐 휴식을 취하라. 그리고 다시 힘을 얻어 전쟁에 참여하라. 당신의 근육이 굳어져 버리기 전에 다시 당신의 전쟁을 수행하라.

그러나 경계심을 늦추지 말라. 육신과의 전쟁에서 긴장해 있는 것보다 더 중요한 것은 없다. 일단 당신이 부주의해서 자만심이 생기기 시작했다면 경계하라! "그런즉 선 줄로 생각하는 자는 넘어질까 조심하라"(고전 10:12).

만일 낙심하지 않는다면 교만해질 확률도 적어진다. 자만과 낙심은 교만이라는 같은 동전의 양면이다. 교만을 제거하라. 당신에겐 자랑할 만한 것이 전혀 없다. 오히려 이 사실을 자랑하라. 당신은 하찮은 존재다. 그런데 하나님께서 당신을 하늘나라 왕자로 삼으신 것이다. 우리는 부랑자와 같은 우리들을 군사로 모으시고 무장시켜 주신 하나님께 감사해야 한다.

흑암의 권세와의 싸움

"우리의 씨름은 혈과 육을 상대하는 것이 아니요 통치자들과 권세들과 이 어둠의 세상 주관자들과 하늘에 있는 악의 영들을 상대함이라"(엡 6:12).

이미 논의한 내용으로 더 설명할 필요는 없지만, 한두 가지 요점을 더 추가해 보자. 바울 사도는 다음과 같은 말씀으로 기도의 중요성을 역설하며 결론을 내렸다. "항상 성령 안에서 기도하고 이를 위하여 깨어 구하기를 항상 힘쓰며 여러 성도를 위하여 구하라"(엡 6:18).

> 지옥의 군대는 기도에 떤다.
> 가장 연약한 성도일지라도
> 그가 무릎 꿇고 하나님께 기도할 때에
> 사탄은 떨며 두려워한다.

성경에서 읽는 것처럼 다니엘이 굳은 기도 결의를 했을 때 지옥의 권세는 떨었다. 천사는 두려워하는 다니엘에게 이렇게 말했다.

> 다니엘아 두려워하지 말라 네가 깨달으려 하여 네 하나님 앞에 스스로 겸비하게 하기로 결심하던 첫날부터 네 말이 응답 받았으므로 내가 네 말로 말미암아 왔느니라 (단 10:12).

인간의 기도와 하늘 전쟁!

요한계시록 8장에는 한 천사가 신자들의 기도가 섞인 향기를 취해서 하나님 보좌 앞에 바치는 극적인 장면이 묘사되어 있다. 그러다가

천사는 같은 제단으로부터 기도가 담겼던 향로에다 단위의 불을 담아서 땅에 쏟는다. "천사가 향로를 가지고 제단의 불을 담다가 땅에 쏟으매 우레와 음성과 번개와 지진이 나더라"(계 8:5) 이것은 기도의 폭발적인 **력**을 나타낸 것이다.

기도에 대한 장에서 기도할 때 당신에게 도움을 줄 수 있는 많은 것들을 언급했다. 그러나 신약성경에 기도뿐 아니라 흑암의 권세와의 전쟁과 관계된 특별한 사항이 하나 있다. 자신의 개인적인 죄 때문에 그리스도인들과의 교제에서 멀어진 형제나 자매가 있다면, 즉시 그 사람을 용서하고 그 사람과 교제를 가지라. "이는 우리로 사탄에게 속지 않게 하려 함이라 우리는 그 계책을 알지 못하는 바가 아니로라"(고후 2:11).

당신의 기도가 불화나 독선, 용서하지 않음 때문에 가려지지 않도록 하라.

성령과 영적 전쟁

내 설명을 통해 우리의 전쟁이 방어적으로 들렸다면 그런 생각은 빨리 없애 주기를 바란다. 이 주제의 핵심은 "전쟁은 여호와께 속한 것인즉"(삼상 17:47)이라는 원리다.

성경은 전쟁이 우리의 개인적인 것이 아니라는 점을 분명하게 가르친다. 우리는 절대로 패배하는 일이 없는 지도자의 인도를 받는다. 또 선한 장군이신 그분은 그의 군사의 이름을 한 사람 한 사람 기억하시며, 그들의 안전과 행복에 관심 많으신 분이다. 그에게는 전쟁에 필요한 군수품의 부족이 전혀 없다. 그 전쟁의 결과는 우리의 지도자이신 그분의 무적의 **력**에 좌우된다.

참으로 우리는 이미 승리한 전쟁을 하고 있다. 예수님께서 봉한 무덤의 권세를 깨뜨리고 부활하셨을 때 이미 승리를 거두셨다. 세계 제2차 대전 중 연합군이 유럽에 상륙했을 때 온 세계는 그 전쟁이 이미 끝났음을 알았다. 그러나 여전히 수개월에 걸친 치열한 전투가 앞에 놓여 있었다. 추위와 극도의 피로, 위험과 고통, 폭탄의 파괴와 비행기 추락 등의 일도 일어났다. 그러나 참으로 전쟁은 이미 끝나 있었다. 제정신이 아닌 히틀러를 제외하고는 아무도 그 사실을 의심하지 않았다.

우리는 지금 그와 똑같은 상황에 놓여 있다. 최후의 모습이 계속 펼쳐지고 있을 뿐이다. 예수님은 말씀하셨다. "세상에서는 너희가 환난을 당하나 담대하라 내가 세상을 이기었노라"(요 16:33).

이에 우리는 기쁨으로 외친다. "우리 주 예수 그리스도로 말미암아 우리에게 승리를 주시는 하나님께 감사하노니"(고전 15:57).

"항상 우리를 그리스도 안에서 이기게 하시고 우리로 말미암아 각처에서 그리스도를 아는 냄새를 나타내시는 하나님께 감사하노라"(고후 2:14).

때때로 승리한 군대의 군인이 아니라는 감정을 느낄 때도 있을 것이다. 외롭고, 초라하고, 약하다고 느낄 때도 있을 것이다. 그때마다 기억하라. 이 전쟁은 본질적으로 믿음의 전쟁이다. 두려움과 공포가 깨어졌을 때 "세상을 이기는 승리는 이것이니 우리의 믿음이니라"(요일 5:4)라는 승리가 온다.

새영어성경(NEB)은 다음과 같이 이 구절을 번역했다. "하나님의 자녀들은 모두 세상을 이긴 자이다. 세상을 패배시킨 승리는 우리의 믿음이다. 세상을 이긴 사람이 누구인가? 예수가 하나님의 아들이심을 믿는 자가 곧 그 사람이다"(요일 5:4-5).

그러므로 우리는 효과적인 전쟁을 할 수 있다. "믿음의 선한 싸움을 싸우라 영생을 취하라 이를 위하여 네가 부르심을 받았고 많은 증인 앞에서 선한 증언을 하였도다"(딤전 6:12).

히브리서 저자는 다음과 같이 기록했다. "그들은 믿음으로 나라들을 이기기도 하며 의를 행하기도 하며 약속을 받기도 하며 사자들의 입을 막기도 하며 불의 세력을 멸하기도 하며 칼날을 피하기도 하며 연약한 가운데서 강하게 되기도 하며 전쟁에 용감하게 되어 이방 사람들의 진을 물리치기도 하며"(히 11:33-34).

가만히 앉아 있어서는 안 된다. 승리 바로 직전의 순간에는 그 어느 때보다 전쟁이 치열하다. 그러므로 바울 사도는 "나는 달음질하기를 향방 없는 것 같이 아니하고 싸우기를 허공을 치는 것 같이 아니하며 내가 내 몸을 쳐 복종하게 함은 내가 남에게 전파한 후에 자신이 도리어 버림을 당할까 두려워함이로다"(고전 9:26-27)라고 기록했다.

또 다음과 같이 덧붙였다. "너는 그리스도 예수의 좋은 병사로 나와 함께 고난을 받으라 병사로 복무하는 자는 자기 생활에 얽매이는 자가 하나도 없나니 이는 병사로 모집한 자를 기쁘게 하려 함이라"(딤후 2:3-4).

군대 사령관에게 모든 것을 맡김으로 자기 생활에 얽매이지 말라는 말씀에 주목해야 한다. 혹시 '사적인 문제'에 얽매어 있지 않은가? 생활에 대한 염려가 생겨나서 하나님의 말씀을 질식시켜 버리고 있지는 않은가? '나는 사령관이신 예수 그리스도께 모든 것을 맡기고 따르고 있는가?'라고 질문해 보아야 한다. 승리의 때에 사소한 사적 문제로 낭비할 시간적 여유는 없다.

마지막 결전이 계속되고 있다. 이 전쟁이 승리로 끝난 후에는 더 이상의 전투가 없을 것이다. 또한 이 세상의 삶이 끝난 후에는 더 이상 전쟁이 없을 것이므로 시간과 영원의 정복자이신 주님과 발맞춰 개선 행진할 기회도 없을 것이다.

최후의 적

요즘 죽음에 관한 연구들을 많이 한다. 정신과 의사, 내과 의사, 간호원, 사회사업가, 목회 상담자들 모두가 죽음을 앞둔 사람의 심리에 대한 강의를 듣고 또 그것에 관한 책을 읽는다.

곧 죽음을 앞둔 환자의 주위 사람들은 환자가 받을 충격을 걱정해 그들끼리 비밀리에 병상 뒤에서 합의한 후에 별일 없을 거라고 거짓 미소를 지으며 이야기한다.

때때로 환자는 가장 친하고 사랑하는 사람들이 거짓 행위를 하는 데 대해 상당한 소외감을 느낄 수도 있다. 그는 다른 사람들이 위선을 행하고 있으며 자신의 생을 정리할 수 있는 약간의 시간만이 남아 있음을 어렴풋이 깨닫는다.

어떤 사람들은 큰 충격을 받는다. 현실은 비현실적인 것 속으로 용해되며, 연약함의 벗인 거짓 희망은 그들의 구원이 된다. 그러나 병약함과 무력함과 절망이 다시 서서히 일어난다.

자신이 죽어 가는 것을 안 그리스도인 동료가 나에게 했던 말이 기억난다. "나는 죽음을 받아들였어요." 그러나 그의 어깨는 힘없이 처져 있었다. 그에게는 기쁨이 없었다. 그가 침대에 앉아서 나에게 말을 하고 있을 때 그는 이미 죽음 저편에 있는 것처럼 보였으므로, 우리는 서로가 아무런 위로의 말을 찾을 수 없었다.

한편, 백혈병으로 죽어 가는 한 중년 간호사에 대해서는 따뜻하고 행복한 기억이 있다. 그녀는 자신의 병세를 정확하게 알고 있으면서도 얼굴에는 늘 미소가 가득했다.

"기분이 어떠세요?" 내가 묻자 그녀는 나를 쳐다보면서 대답했다.

"당신도 알고 있듯이 내 생명은 3개월 내지 6개월 정도 남았어요.

수혈 후 기분이 더 좋아졌어요. 몇 가지 일들을 할 수 있는 기력을 갖게 될 거예요."

"어떤 일들을요?"

"나는 항상 피아노를 배우고 싶었어요. 그러나 결국은 배우지 못했지요. 찬송가 한두 곡조 정도 칠 수 있는 것만으로 충분해요. 우리는 피아노를 샀답니다. 다음 주부터 피아노를 배울 거예요. 또 나는 아이들을 좋아해요. 아이들과 함께 좀 더 많은 시간을 보낼 수 있는 일을 하고 싶어요." 그리고 그녀는 눈을 반짝이면서 덧붙여 말했다. "내가 죽기 전에, 남편과 함께 짧은 여행을 할 수 있으리라고 생각해요."

나는 웃고 싶은 동시에 울고도 싶었다. "당신 남편은 그 일을 어떻게 생각하나요?"

그녀의 눈은 잠깐 어두워졌다. "모르겠어요. 그는 나를 아주 걱정해요. 나는 남편이 나에 대해 염려를 하지 않기 원해요. 그런데……."

그리고는 그녀는 시선을 다른 곳으로 옮겼다. 나는 그녀의 손을 잡았다. "당신이 오셔서 이렇게 나를 만나 주시니 아주 좋아요. 당신과 이야기하고 싶었어요." 그리고 그녀는 계속 이야기를 했다. 행복하고, 아주 실질적으로 또 뭔가 아쉬운 듯이 또 때로는 익살스럽게.

그녀가 나에게 말했던 것은 훌륭한 삶에 관한 것이었다. 그녀의 마음은 하나님께 대한 감사로 밝게 꽃피어 있었다. 그녀는 즐거운 마음으로 하나님께서 그녀에게 주셔야 했던 것을 마지막 몇 주간에 집중적으로 얻어 내겠다고 결정했다. 그녀에게 있어서는 최후의 적이 완전히 패배당한 것이다.

나는 또 그녀와 같은 승리의 최후를 맞은 한 노부인을 알고 있다. 그녀는 말했다. "의사들이 내게 튜브를 꽂아서 더 오래 살게 하려고 애쓰지 말게 해 주세요. 하나님께서는 지금까지 나에게 선하게 대해 주셨습니다. 나는 일생의 그 어느 때보다도 지금이 행복합니다. 이 세상에는 내가 즐길 수 있는 일이 많이 있어요. 그러나 지금은 떠날 준비를 하고 있지요. 사실은 …… 주님과 함께 영원히 거하는 것이 좋을 거예요. 그러니까 의사들이 나를 괴롭히지 못하게 해 주겠다고 약속해 주세요." 나는 그러겠다고 약속했다.

가끔 토마스 아 켐피스(Thomas à Kempis)에게 실망한다. 그는 여러 면에서 빈틈이 없다. 그러나 그가 아무리 훌륭하다 해도 죽음의 문제에 관해선 요점을 완전히 놓친 듯싶기 때문이다. 그는 '날마다 당신의 죽음에 대해 생각하라'고 말한다. 그러나 당신은 당신의 적을 똑바로 쳐다보아야 한다. 그렇게 할 수 있겠는가?

존 돈(John Donne)이 죽음에 대해 쓴 한 권의 책이 나의 생활을 변화시켰다. 존 돈은 죽음과 대결하여 그 죽음에서 승리했다. 그래서 자신의 죽음이 왔을 때, 자신의 수의를 주의 깊고 침착하게 준비했으며, 기도하는 자세로 자신의 손을 가슴에 얹고 기쁘고 평화스러운 자세로 죽어 갔다.

나는 죽음에 대한 교리를 논하려는 것이 아니다. 성도들의 소망은 자신이 친히 죽음을 정복하셨기에 자신을 따르는 자들도 자기처럼 육체적으로 죽음의 문을 깨뜨리고 부활할 수 있게 만드신 그리스도로부터 생겨난다는 사실을 당신은 알고 있어야 한다. 만일 당신이 그 교리에 대해 좀 더 알기를 원한다면, 존 스토트(John Stott)의 〈기독교의 기본 진리Basic Christianity〉라는 책의 부활에 대한 장을 읽어라.

내가 말하려는 것은 죽음의 공포에 대한 것이다. 당신은 당신이 무서워하는 적과는 싸울 수가 없다. 성자 하나님께서 죽을 인간의 몸을 입고 오셨다는 사실은 우리를 죽음의 공포로부터 구출해 준다.

한 가정의 자녀들은 같은 육신과 혈통을 나누어 가졌다. 따라서 그리스도께서는 우리와 같은 혈통을 나누어 가지셨다. 그러므로 히브리서에서는 다음과 같이 쓰여 있다. "자녀들은 혈과 육에 속하였으매 그도 또한 같은 모양으로 혈과 육을 함께 지니심은 죽음을 통하여 죽음의 세력을 잡은 자 곧 마귀를 멸하시며 또 죽기를 무서워하므로 한평생 매여 종노릇하는 모든 자들을 놓아 주려 하심이니(히 2:14-15).

그는 당신의 죽을 육체를 함께 나누어 가지셨으며, 당신을 위해 죽음에 들어가셨다. 그리고 그는 죽음의 사자를 멸망시키시고, 당신이 두려움 없이 그 길을 딛고 그에게로 갈 수 있는 넓고 견고한 다리를 건축하셨다.

> 그는 지옥에, 지옥에 내려가시기까지 낮아지셔서
>
> 죄를 짊어지심으로 죄를 멸하시고,
>
> 무덤에 내려가심으로 무덤을 파괴하시고,
>
> 죽으심으로써 사망을 철폐하셨도다.

바울 사도는 다음과 같이 기록했다. "아담 안에서 모든 사람이 죽은 것 같이 그리스도 안에서 모든 사람이 삶을 얻으리라 그러나 각각 자기 차례대로 되리니 먼저는 첫 열매인 그리스도요 다음에는 그가 강림하실 때에 그리스도에게 속한 자요 그 후에는 마지막이니 그가 모든 통치와 모든 권세와 **능력**을 멸하시고 나라를 아버지 하나님께 바칠 때라 그가 모든 원수를 그 발 아래에 둘 때까지 반드시 왕 노릇 하시리니 맨 나중에 멸망 받을 원수는 사망이니라"(고전 15:22-26).

사망의 권세는 이미 패배했다. 그러나 아직 멸망하지는 않았다. 우리는 그를 다른 측면으로부터 멸망시킬 것이다. 죽어야 할 것이 그때 영원히 죽지 아니할 것이며, 나와 같이 당신도 우리의 최후의 원수인 사망 앞에 서서 우리를 떨게 만들었던 그것의 하찮음에 고소를 금치 못할 것이다.

당신은 지금 죽음을 극복할 수도 있다. 죽음의 공포가 더 이상 당신을 괴롭히지 않도록 하자. 죽음이 오기 전에 당신의 생애가 몇 년이나 남았는지 살펴보라. 자기 생의 남은 연수를 누가 알 수 있겠는가? 병사여, 그 기간 동안에 당신은 무엇을 성취하려 하는가? 사망을 정복하신 분과 지옥이 당신의 어깨 위에 팔을 벌리고 있다.

주님은 말씀하신다. "그것은 나의 것이다. 무서워하지 말라. 보라, 나는 너의 방패다. 내가 너의 가슴에 갑옷을 입히고, 네 손에 든 것을 사용하는 방법을 너에게 가르쳐 주겠다. 만일 네가 그것을 굳게 잡으면 손이 떨리지 않을 것이고 곧 너의 공포는 모두 사라질 것이다. 내 가까이에 있으라. 내가 항상 전쟁 속에 있을지라도, 나는 언제나 너에게서 멀리 떠나지 않고 네 가까이에 있다. 나를 따르라, 나의 병사여! 자, 나를 따르라!"

정복자이며 승리자이신 예수 그리스도를 바라보라. 당신과 나는 싸움터에서 혹은 싸움을 모두 끝마친 후에 다시 만날 것이다. 지금 우리에게 주어진 명령은 이것이다. 오직 그리스도를 바라보며 앞으로 나아가라. 지금이 바로 그때다!

이러는 사이 나는 기도하면서 당신을 전선으로 내보내고 있다. 언젠가는 당신도 로마 감옥에 갇힌 한 노인이 했던 고백을 동일하게 할 것이다.

> 전제와 같이 내가 벌써 부어지고 나의 떠날 시각이 가까웠도다 나는 선한 싸움을 싸우고 나의 달려갈 길을 마치고 믿음을 지켰으니 이제 후로는 나를 위하여 의의 면류관이 예비되었으므로 주 곧 의로우신

재판장이 그날에 내게 주실 것이며 내게만 아니라 주의 나타나심을 사모하는 모든 자에게도니라(딤후 4:6-8).

그렇게 이루어지이다.

각주

1장

1) Samuel W. Gandy, "I Hear the Accuser Roar."
2) Ibid.
3) Martin Luther, "A Mighty Fortress Is Our God"

2장

4) "How Firm a Foundation," in John Rippon's *Selection of Hymns*.

5장

5) Horatius Bonar, *God's Way of Holiness*(Chicago: Moody Colportage Library, n.d.), p.3
6) J. C. Ryle, *Holiness*(London: Jas, Clarke & Co. Ltd., 1956), p.30
7) Charles Wesley, "Soldiers of Christ, Arise."

8) John Owen, "The Nature and Causes of Apostasy," in *The Works of John Owen*, Vol. 7(London: Banner of Truth Trust, 1965), p.26.

7장

9) Mary A. Lathbury, "Break Thou the Bread of Life."

9장

10) Horatius Bonar, "Fill Thou My Life."

10장

11) Charles Wesley, "Soldiers of Christ, Arise."
12) Isaac Watts, "Am I a Soldier of the Cross."

사명선언문

너희가 흠이 없고 순전하여……세상에서 그들 가운데 빛들로
나타내며 생명의 말씀을 밝혀 _ 빌 2:15-16

1. 생명을 담겠습니다
만드는 책에 주님 주신 생명을 담겠습니다.
그 책으로 복음을 선포하겠습니다.

2. 말씀을 밝히겠습니다
생명의 근본은 말씀입니다.
말씀을 밝혀 성도와 교회의 성장을 돕겠습니다.

3. 빛이 되겠습니다
시대와 영혼의 어두움을 밝혀 주님 앞으로 이끄는
빛이 되는 책을 만들겠습니다.

4. 순전히 행하겠습니다
책을 만들고 전하는 일과 경영하는 일에 부끄러움이 없는
정직함으로 행하겠습니다.

5. 끝까지 전파하겠습니다
모든 사람에게, 땅 끝까지, 주님 오시는 그날 까지
복음을 전하는 사명을 다하겠습니다.

서점 안내

광화문점 서울시 종로구 새문안로 69 구 대한군회관 1층
02)737-2288 / 02)737-4623(F)

강남점 서울시 서초구 신반포로 177 반포쇼핑타운 3동 2층
02)595-1211 / 02)595-3549(F)

구로점 서울시 동작구 시흥대로 602, 3층 302호
02)858-8744 / 02)838-0653(F)

노원점 서울시 노원구 동일로 1366 삼봉빌딩 지하 1층
02)938-7979 / 02)3391-6169(F)

일산점 경기도 고양시 일산서구 중앙로 1391 레이크타운 지하 1층
031)916-8787 / 031)916-8788(F)

의정부점 경기도 의정부시 청사로47번길 12 성산타워 3층
031)845-0600 / 031)852-6930(F)

인터넷서점 www.lifebook.co.kr